浙江省教育厅课题"公民道德养成的心理机制和路径研究"(Y201635315)成果
杭州市哲社后期资助课题"公民道德养成的心理机制和路径研究"(M17JC023)
成果

U0743924

公民道德建设的心理学路径

魏彩霞 著

浙江工商大学出版社
ZHEJIANG GONGSHANG UNIVERSITY PRESS
·杭州·

图书在版编目(CIP)数据

公民道德建设的心理学路径 / 魏彩霞著. —杭州：
浙江工商大学出版社，2019.8
ISBN 978-7-5178-3426-7

Ⅰ. ①公… Ⅱ. ①魏… Ⅲ. ①公民教育－社会公德教
育－社会心理学－研究－中国 Ⅳ. ①D648.3

中国版本图书馆 CIP 数据核字(2019)第 176474 号

公民道德建设的心理学路径

魏彩霞 著

责任编辑	沈明珠　张晶晶	
封面设计	林朦朦	
责任印制	包建辉	
出版发行	浙江工商大学出版社	
	(杭州市教工路 198 号　邮政编码 310012)	
	(E-mail:zjgsupress@163.com)	
	(网址:http://www.zjgsupress.com)	
	电话:0571－88904980,88831806(传真)	
排　版	杭州朝曦图文设计有限公司	
印　刷	杭州宏雅印刷有限公司	
开　本	710mm×1000mm　1/16	
印　张	13	
字　数	225 千	
版 印 次	2019 年 8 月第 1 版　2019 年 8 月第 1 次印刷	
书　号	ISBN 978-7-5178-3426-7	
定　价	52.00 元	

目　　录

引　言

　　千百年来,在统治阶层呼吁提倡、士族精英躬行引导和普通民众日常践行下,"仁、义、礼、智、信"等传统道德理念成为中华民族立国之基、为人之本。然而,进入现代社会以来,无论是生产生活方式,还是作为社会生产生活导向的各种规范制度和道德理念,都处于迅速变革之中,多元化和不确定性增加了人们在面对道德选择时的混乱和迷茫,使社会产生了诸多现实问题。虽然互助友爱、团结协作依然是当今社会的主旋律,但层出不穷的缺德和败德事件,如近年来的食品安全问题、环境污染问题、社会公德失格等现象,不断冲击着人们的神经和心理,道德挫折频现,道德焦虑蔓延。

一、当下道德焦虑的积极意义

　　焦虑作为一种由紧张、忧虑、担心和恐惧等感受交织而成的消极心理体验,虽然会给人们带来轻重不一的困扰,但在改进心理素质、提升应对能力方面也有其积极作用。当今社会中弥散的道德焦虑同样如此,它为人们提供了反思道德认知、重塑道德行为的新机遇。

　　首先,道德焦虑可以激发人们向"善"的天性。虽然群居动物在一定程度上都表现出互助行为,但与蚂蚁、蜜蜂等低等种群出于生命本能或简单分工不同,在漫长的进化过程中,随着社会分工的不断深化和推进,人类逐渐演化出越来越高级的团结协作和互助友爱等亲社会行为,这些亲社会行为在改造人类大脑等生理结构的同时,也逐渐成为人类独特的文化基因,内化为个体自觉的善行和最本真的需求,引领着人们不断自我超越,从而达成整个社会的秩序与和谐。向"善"成为构建人与人之间、民族之间、种群之间道德伦理等行为规范的灵魂和核心。然而,现实中的人性又是复杂多变的,渴求欲望满足的自利天性在人类高智商、高主体性的护卫下不时冲击,甚至破坏着人们的善性,这引起了世人的担忧、痛苦甚至是焦虑。这种焦虑虽然会带来消极的心理体验,但同时也可以激发人们强烈的向善渴望和需求。正如保罗·里克尔在《恶的象征》中指出的："经由害怕而不是经由爱，人类才进入伦理世界。……畏惧从开始就包含了后来所有的要素，因为它自身隐藏着自己消失的秘密；由于它已经是伦理的畏惧，而不仅仅是肉体上的害怕，因此所畏惧的危险本身是伦理的。"①

其次，在消解道德焦虑心理的推动下，反思社会失序的原因和寻求解决之道才成为可能。人本主义心理学家马斯洛在分析人类基本需求时就提出，在生理需求得到满足之后随之而来的就是安全和秩序需求，它不但是人类最基本的需求之一，也是其他需求即生理需求、归属需求、社会认可需求、自我价值需求得以实现的前提和保证。因此，构建合理安全的社会秩序就成为道德建构的首要前提和目标。而一旦社会失序，安全感的缺失和未来的不可预期性就会刺激人们做出短视、自私甚至是相互侵害的败德行为，造成人间惨剧，引发道德焦虑。一方面，这种焦虑作为社会"失序"的重要信号，彰显出人们对现实道德生存困境的不满与担忧，另一方面，在一定程度上它也可以成为促进社会从"无序"走向"有序"的情感根源和精神动力。这是因为："道德焦虑作为一种复杂的心理情感，它不只是作为一种包含担忧、害怕、痛苦等心理因子在内的情绪表达，其更深刻的意义是能够发动行为，激励个体以至群体反思自身和社会的'失序'状态以及'失序'原因，在这种反思中，不仅把'如何建立秩序'作为一个形而上的问题进行追问，而且还会付诸实践，通过各种途径使社会从'失序'走向'有序'。"②

最后，道德焦虑可以彰显人们的道德主体性。在"向善"天性的引导和规约下，道德焦虑不仅仅是停留于主体内部的情绪，也可以成为具有实践性的道德情感，激发人们自觉遵循道德规范、确立强大的道德自我，将他律转化为自律，在面对各种道德选择时突显道德主体的向善力量，以一种人格挺立的精神摆脱焦虑情绪的困扰，成就所谓的"善"。也就是说，"道德焦虑一旦在'善'的引导下通过发挥道德主体'克己''成己'的力量摆脱焦虑情绪的困扰，就会以道德自我的姿态在道德磨炼中升华为具有积极性的良心"③。弗洛伊德曾经也说过："良心起源于'对社会生活的焦虑'而不是别的什么。"④道德焦虑不仅是良心产生的源泉，也是良心发挥作用的原初动力："人的内心有一大团情感（良心），人们要做违反道德的行为必定要冲过这个感情的重围。这样如果他做了违反道德的事，这团情感事后就会变成

① ［法］保罗·里克尔：《恶的象征》，公车译，上海人民出版社2003年版，第31页。
②③ 郭卫华：《"道德焦虑"的现代性反思》，《道德与文明》2012年第2期，第48—51页。
④ ［奥］弗洛伊德：《论创造力与无意识》，孙恺祥译，中国展望出版社1986年版，第315页。

悔悟、痛苦。"①从这个角度来说,道德焦虑在行为建构过程中可以激发道德主体向善的能动性和主体性,有其积极的意义和价值。

因此,在当今道德挫折、道德焦虑弥漫的社会氛围中,无须太过悲观,可以此为契机,反思传统道德理念的得与失,构建新型的公民伦理秩序,实现道德范式的现代转化。

二、传统道德范式的现代转化

什么样的伦理秩序既能激发人们的道德主体性,又能得到社会大众的普遍认可呢? 回答这一问题之前,首先需要了解一下当今社会的总体特征,这是因为,任何道德规范都不是凭空产生的,而是人们关于自己现实生活的思维及其产物,并随着生活方式和环境的变革而变化。不是意识决定生活,而是生活决定意识,建构与现代社会生活相适应的道德范式是从厘清当今社会变革的趋势开始的。

首先,从经济层面来看,传统自然经济向现代市场经济转型,"机械团结"向"有机团结"转化。在传统自然经济社会,自给自足的生活方式无须依赖他人即可满足自身的生产生活需求,因而社会秩序的维系只能依赖外部的来自共同体或国家的强制性整合力量,形成涂尔干所说的"机械团结"。但随着市场经济和社会分工的不断深化发展,功能各异的部门之间和社会成员之间建立起直接的、功能上相互依赖的关系,脱离了共同体的强制性政治约束后,社会变得更加宽容开放,个体也越来越独立自主。在复杂多元的社会分工中,通过平等合作、自由交换,各成员之间形成既相互依赖又独立自主的"有机团结"②。作为集体意识的道德规范也不再对分工协作行为做出具体的规定,而只是作为分工协作和契约交换关系得以实现并保持稳定所不可缺少的隐性前提而退居其后。

其次,从政治层面来看,封建王权集权等级制向现代自由、平等政体转化。在传统社会中,封建王权为了维护其专制统治,大多提倡服从、忠诚、奉献、牺牲等行为准则,并以此作为衡量、评断和褒贬人们观念与行为规范的标准,而把追求个体利益和自主意识当作自私自利来加以道义上的批判和谴责,甚至实施以制裁和惩罚。随着工业社会的深度发展和社会交换的日益频繁,经济活动逐渐成为社会活动的主要形式和核心领域,不但从传

---

① 罗国杰、宋希仁:《西方伦理思想史(下卷)》,中国人民大学出版社 1988 年版,第 397—401 页。

② [法]涂尔干:《社会分工论》,渠东译,上海三联书店 2000 年版,第 134 页。

统政治控制下脱离出来,还自成体系。政治也不再是专制统治的工具,而要为社会个体自主行使权益提供制度保证和法律支持。传统社会中单向的服从、奉献等传统道德要求不再是日常行为规范的核心和标准,而代之以平等、自由、法制、公正等现代行为准则和理念。

最后,人们的交往方式、交往范围从熟人社会向陌生人社会转化。随着传统自然经济的解体,人们的交往范围也逐渐从血缘、地缘等熟人狭小圈子不断扩大到来自不同地区、不同文化、不同人生目标的陌生人之间,在异质性的社会交往中充满了未知和偶遇,私人生活的藩篱被打破,个体交往行为越来越社会化和公共性。这就给人们的行为规范带来了挑战:"在现代交往中,因为交往对象的不确定性、随机性,交往的个体可能不会固守'熟人社会'的一些道德原则和规范,而转向境遇式伦理那里寻求交往的原则;因为交往对象的泛化、复杂化,整个社会不能仅仅以美德的方式来进行教育、培养和调控了,而必须更多地借助责任和义务来规范扩大化的交往活动,来强化社会的良好秩序。交往对象的偶遇性,使得人们不确定对方能否'以德报德';交往中呈现越来越多的'陌生人环境',使得道德的惩罚很多时候是无力的,至少不如村落社会时道德评价如此及时而有效。"①

面对这些变化,建立在宗教或形而上学基础上的传统道德范式已难以发挥作用。"天何言哉!""上帝死了!"在生产力和科学研究不断深化发展的冲击下,传统"天命""上帝"等纷纷"祛魅",代之而起的是符合当今社会形态的现代道德范式。道德范式作为道德基本概念、目标、取向所组成的道德体系,具有极强的时代特征。在传统社会中,道德范式是美德形态或德性伦理,例如,中国儒家倡导仁、义、礼、智、信等圣贤君子人格;在西方古希腊城邦时主张"智慧""勇敢""节制""正义"四主德,中世纪则强调爱、希望、信仰三达德。这种德性范式的关切点是"人"而不是"行为",旨在培养完善的道德个体和高贵卓越的人格。但自近代以来,随着社会经济模式的深入变化,道德范式开始从古典美德"德性"转向现代理性"规范",中心议题不再是个体品德的培养,而是纪律精神、对他人或社会的依恋和道德自主性(涂尔干"道德三要素")等行为的养成,在肯定个体自利需求的前提下,以公平、正义为核心协调群体之间、个体之间的利益关系,构建起"有机团结"中公众普遍认同并自主践行的行为规范和社会秩序。

---

① 龙静云、熊富标:《当前我国道德领域的突出问题及其深层原因探析》,《伦理学研究》2013年第1期,第71—77+84页。

三、道德建构中的心理学路径

现代公民道德范式虽然符合当下人们的价值诉求,但并非从生活形态中自然生成。事实上,社会分工各领域之间不同价值取向的分裂冲突,以及脱离传统价值规范束缚后个人主义的过度膨胀等因素,都让现代道德范式的构建困难重重,甚至对是否具有普遍意义上的道德范式这一根本问题产生怀疑。在此情况下,路径的选择就显得尤为关键和重要。

(一)道德认知、道德决策、道德行为都受心理因素的影响

道德作为人们依据一定社会准则去行动时所表现出来的稳定特征,一般由三个部分组成:道德认知、道德情感和道德行为。道德认知是对道德行为是非、善恶以及执行意义的认识,包括道德概念的掌握、道德判断能力的发展以及道德信念的形成;道德情感是伴随道德认知和道德行为而产生的内心体验;道德行为是在实际生活中所表现出来的具有道德意义的具体行动。在传统社会中,人们认为,有了道德认知就必然会带来一定的道德行为。例如,两千多年前,苏格拉底就提出了"美德即知识"的观点,在他看来,只要拥有了美德知识,人们就会自觉践行美德而成为高尚的人。在中国,传统儒家也主张,只要拥有"仁、义、礼、智、信"的道德认知,就可以通过修身齐家治国平天下成就君子人格。然而现实中诸多的道德问题提醒人们:鼓吹美德比践行美德要容易得多,具备道德认知不一定带来道德行为。当代认知心理学、社会心理学、道德心理学等诸多理论研究和实证观察都表明,从道德认知到做出道德行为受到诸多主客观条件的影响和制约,其中,心理因素最为突出。这是因为,"对道德理想和原则的阐释要受人的心灵的基本结构、人的主导情绪、心理发展模式、社会心理学和人的理性阐释能力等的限制"[①]。只有在了解人们真实心理的基础上,才能有的放矢地采取恰当策略来提升人们的道德认知、促成道德行为。毕竟从道德认知到具体的道德行为之间需要一定的桥梁和动力,来解决"我为什么要行善""如何正确地行善"等内在困惑,为道德行为提供合理的解释和心理支撑,否则,即使有一定的道德认知,也未必一定会带来相应的道德行为。

例如,在社会心理学看来,影响人们做出利他等道德行为经常会受到

---

① 杨韶刚:《道德心理学的哲学思考——论心理学与伦理学的会通与融合》,《心理学探新》2004 年第 3 期,第 19—25 页。

几个因素的制约:(1)对事件的关注。只有及时、敏感地发现紧急情况才会促成助人行为。这和人们的道德敏感性有关。所谓道德敏感性,就是指人们觉察到某人可能要做或正在做的某事将会直接或间接地影响到他人的幸福,是一种对情境的解释能力。该定义包括了三个基本成分:一是存在着道德情境(无论它显现与否);二是在某些方面影响自我和他人;三是正在做的事或将要做的事违背了社会准则。道德敏感性承担着对情境的领悟和解释,它是道德行为的起点,只有感知到情境中"这是个道德问题"时,才能引发后续的道德判断、道德情感和道德行为。它和个体人格特征、身心状态、移情能力、社会风气、行为习惯密切相关。(2)对事件的理解。当看到他人陷入困境时,有时人们会不假思索出手相救,但更多的时候是首先对他人困境进行分析:如果归因于天灾时会救助,如果归因于其自身过失时则认为其咎由自取而不一定出手救助。当情形不确定或信息模糊时,人们往往也会产生从众行为——依据他人的表现来做出反应,这是一种安全策略。(3)对自身责任的认识。因为涉及救助他人的代价和情感消耗体验,个体理性也会促使人们分析他人困境与自我的责任关系,如果直接相关就会担责,否则就会受到社会规范和舆论的压力以及自身良知的谴责。如果他人困境和自身无关,则可能会选择做个旁观者,出现责任扩散效应。(4)助人代价的评估。救助他人是需要消耗时间、经济、自由等个体利益的,如果代价太大或让自己陷入困境,即使有心救助也可能会袖手旁观。而举手之劳则是人们普遍乐意的。(5)榜样的影响。根据心理学家对模仿学习的研究,攻击性榜样会助长攻击性行为,同样,利他的榜样也会带来更多的利他行为。如果有他人带领,很多人还是会表现出自己的善意。(6)身心状态。神经心理学道德判断认知——情绪双过程加工理论认为:情绪先于理性认知 12 至 18 秒发挥作用,道德情境诱发情绪体验,进而影响道德判断。例如,当人处于身心愉悦的情绪状态中时,其助人行为增多,但当人处于焦虑、急躁、时间压力下或肮脏、杂乱环境时,其消极情绪则会引发消极行为。(7)求助者的特征,例如颜值、与本人相似性等等。相似性是人与人之间产生吸引的重要原因,如果具有相似的外貌、职业、经历、兴趣等特征唤起的喜欢很容易引发助人行为,特别是在拥有共同信仰或观念的群体内部助人行为明显增多。(8)宗教精神中的向善理念。调查显示,宗教精神会提升人们互助的动机和勇气,有宗教信仰的人比没有宗教信仰的人更多地从事志愿者工作。

又如,公正是当代道德规范的核心,但何为公正、它又具有什么特征,传统美德中鲜少论及,但当代心理学却给我们提供了细致入微的实证研究。学者们发现,公平关注(fairness considerations),即自我与他人收益的比较,是社会互动中强大的动机性驱动力。近年来,基于经济博弈的行为研究证明,个体不是追求自我利益最大化的纯粹理性人,他们还会在意自己与他人的相对收益。如在最后通牒博弈(Ultimatum Game,UG)中,反应者常常拒绝那些低于总额20%—30%的提议,并且随着所得金钱的降低,提议的拒绝率会急剧升高。在日常生活中,个体会倾向于凭借某些标签将互动对象区分为组内还是组外成员,这一区分可以帮助个体形成双方是否属于同一社会群体的感知,进而影响其互动时的心理加工与行为决策。社会认同理论(Social Identity Theory,SIT)认为,当个体的群体身份在群际情境中变得十分凸显时,往往会出现组内偏袒或者组外歧视的现象,即给予组内成员更多的资源和正性评价或给予组外成员较少的资源和负性评价。大量证据表明,群体知觉能够影响个体在经济决策中的他人关注行为。例如,有实验设置了启动共同性身份、启动区分性身份和启动非特定身份三种条件,并比较了不同条件下 UG 博弈结果。结果显示,在启动共同身份条件下被试表现出最多的合作行为,而在启动区分性身份条件下被试表现出最少的合作行为。相比于组外提议者的不公平提议,反应者更多地选择接受组内的不公平提议。大量文献也表明,即使最简单的线索操纵,甚至一个随意的标签,也足以形成隶属某一共同群体的意识。[①]

　　再如,在进化心理学看来,每一个体的天性都是想争取自己的最大利益,但社会性又需要人们时时控制着自己的行为以符合社会的期待和规范。但个人的精力毕竟有限,"根据有限自制力理论,当个体进行有目的、有意识的自我控制时,他们自身的自我控制资源会受到损耗,而在此之后紧接着进行的有目的、有意识的自我控制行为的质量便会下降,即处于自我衰竭的状态"[②]。研究发现,情绪调节、思想抑制、抵制诱惑、分心控制等方式都会消耗自我控制资源,当其不足或过度使用时,会导致自我控制资源的衰竭,继而自私行为增多。例如,研究者让自我衰竭的被试书写不包括字母 A 和 N 的短文(高耗费自我控制资源),而让控制组被试书写不包括 X 和 Z 的短文(低耗费自我控制资源),随后回答 25 个问题,并先在卷子上选择答案,每答对一道题可获得 0.1 美元报酬。又要求被试把答案涂到

　　① 　王益文、张振、张蔚、黄亮、郭丰波、原胜:《群体身份调节最后通牒博弈的公平关注》,《心理学报》2014 年第 6 期,第 1432—1437 页。

　　② 　范伟、钟毅平、傅小兰:《自我控制对欺骗的影响》,《心理科学进展》2016 年第 7 期,第 997—1008 页。

答题卡上,有2张答题卡可供自主选择,旧的一张上面有正确答案的痕迹,另一张则是新的答题卡。选择旧答题卡的被试答对题数越多被认为欺骗行为水平越高。结果发现,与控制组被试相比,自我衰竭的被试更多地选择旧答题卡。这些研究都表明,自我衰竭状态下人们可能更经不住诱惑而产生欺骗行为。基于进化心理学的观点来看:"如果存在能够从不诚实行为中获益的机会,这就有可能引发个体的欺骗行为,但假如个体拥有足够的自我控制能力,那么个体便能够克服自己的自私自利行为并表现出某些社会赞许行为。这就是说,许多时候人们在社会赞许或文明行为的表面下也许潜伏着某种自私自利的内部冲动,当个体处于自我衰竭状态时,其对自我的控制力出现了明显下降,这种内在的自私自利冲动就容易显现出来。"[1]不道德行为便会增加。当然,通过休息、放松或积极情绪诱导自我控制资源得到恢复后,道德行为又会随之增加。

可见,很多时候,人们的道德意识不仅来自道德理论的正规传授,还来自道德生活经验的潜移默化,来自当时切身情绪体验和道德冲动。我们只有正视这些主客观因素,才能公正客观地评价人们的道德行为,才能采取恰当的策略和措施,真实有效地促进人们形成恰当的道德动机,做出正确的道德行为。

(二)美德伦理学的现代发展与心理学的发展密切相关

传统美德伦理为向现代转化也积极吸取当代心理学的研究成果,例如,在对功利主义和义务论伦理学的批判中,美德伦理学也发展成为当代伦理学的显学。而美德伦理学的理论武器在很大程度上就是心理学的相关概念和成果。1958年伊丽莎白·安斯库姆(Elizabeth Anscombe)发表《现代道德哲学》(Modern Moral Philosophy)一文,正式开启美德伦理学对以功利主义和义务论伦理学为代表的道德哲学的批判。在开篇中安斯库姆便写道:我将首先陈述一下我在本文中所提出的论点,以此开始我的论文。第一个是,从事道德哲学在目前看来对我们是不合算的;除非我们拥有一种令人满意的心理哲学——而这正是我们明显欠缺的东西——这一工作无论如何应当被放在一边。第二个是,如果在心理上可能的话,义务与责任——亦即道德义务与道德责任以及道德上的对错之事,对应当的道德意思的概念应当被抛弃。在安斯库姆看来,美德伦理学较之于功利主

---

① 范伟、钟毅平、傅小兰:《自我控制对欺骗的影响》,《心理科学进展》2016年第7期,第997—1008页。

义和义务论伦理学更加强调人类心理的重要性,并以此来批评其竞争者。随后,迈克尔·斯托克(Michael Stocker)在学术辩论时也经常使用心理学术语和概念,来强调道德行为实施过程中人类内心的心理作用。这增加了美德伦理学人性的温度。"由于摒弃了规范、义务、责任这样的概念,美德伦理学削弱了功利主义和义务论的冷酷,代之以一种更加温暖的形象。而这种温暖便体现于对人类心理的关注,尤其是对人甚至是对每个个体的人格、动机以及情感的强调。"①

由于对人类道德行为实施过程中内在心理体验的关注和强调,美德伦理学更多地"以行为主体为中心"(agent-centered),而不是"以行为为中心"(act-centered)。因此,有专家认为,"从伦理学发展之初的古希腊伦理学家(如亚里士多德)到现代西方伦理学再到美德伦理学的这次复兴,伦理学似乎经历了从对人类内部心理到外部行为再到内部心理的关注这样一个循环过程"②。这一过程与现代心理学发展密切相关。例如,结构主义心理学家维尔海姆·冯特(Wilhelm Wundt)、功能主义心理学家威廉·詹姆斯(William James)、精神分析心理学家西格蒙德·弗洛伊德(Sigmund Freud)都没有过多地纠缠于行为,而是将注意力投注于分析意识的结构和功能、探求心理现象过程和规律之上。可以说,早期的心理学关注的都是个体内部的心理历程,这一传统直到 20 世纪初约翰·华生(John B. Watson)发表行为主义宣言才告一段落。在华生看来,心理学的研究对象不应是意识这种看不见摸不着的东西,而应该是可以科学测量的行为。这种对行为的强调直接影响了心理学家的思维和研究范式,他们不仅考虑人类内部心理过程,也直接观察人类行为,以外显行为推测人的内心,这促进了心理学的认知革命(cognitive revolution)。认知心理学通过精巧的实验技术以及反应等测量方法使行为的心理过程得以展现在人们面前。当然,认知心理学也观察行为,但它观察行为是为了推测心理,通过行为指标来反映心理过程。因此,在认知革命之后,心理学虽然又历经情感革命、文化革命甚至是神经科学革命等范式转换,但对心理过程的关注并没有发生根本性变化。所以在伦理学中从对内在心理因素的关注到对外在行为的青睐,再到重新开始关注内在心理因素这一过程和心理学的发展在脉络上是一致的。

在美德伦理学复兴之时,情境主义伦理学也向其发起了挑战,有趣的

---

①② 喻丰、彭凯平:《从心理学视角看情境主义与美德伦理学之争》,《华中师范大学学报(人文社会科学版)》2013 年第 1 期,第 169—176 页。

是,这一挑战同样是以心理学为基础的。情境主义领军人物之一,约翰·多里斯(John Doris)在其标志性著作《缺乏品德》(*Lack of Character*)一书前言中就这样写道:我开始怀疑,这些现代心理学的误导性概念会产生出有问题的伦理学概念,我写此书便是希望更好地研究心理学以帮助人们更好地研究伦理学,让人们正确地思考或至少是部分正确地思考品德和伦理学、认真地审视心理学和哲学中的那些微妙的问题。在情境主义看来,美德伦理学的问题在于不自觉地错误运用了心理学的概念和观念,对此,他们也常常试图以当代心理学的实证研究结果来反驳美德的现实可能性。

(三)神经伦理学等新兴交叉学科的兴起也依赖于心理学的最新研究成果

神经伦理学,最早由威廉·索菲尔于 2002 年在《纽约时报》上正式提出,目前已是国际学术界新兴的前沿交叉学科之一,被科学家们认为是未来 10 年发展前景最好的学科。神经伦理学主要有两大研究领域:神经科学中的伦理问题研究和伦理问题中的神经科学研究。其中后者最受关注,主要探讨道德推理和道德判断的神经科学机制,它们的许多观点都对之前伦理学诸多结论提出了挑战,例如,神经科学有证据表明,道德判断更多的是基于情感直觉的影响,而不是深思熟虑的理性推理;道德的最基本立场来自良好的自我克制能力和道德移情能力,这些主宰和支配着人的道德认知和行为。

神经伦理学最主要的贡献就在于揭示了人类道德认知、道德情感和道德行为的神经科学根据——大脑皮层的前额叶脑区,即能有效地自我克制和理解他人的神经机制,为进化伦理学提供了理论依据。当然,其他脑区也各有功能。在神经伦理学研究中,学者们发现,人脑由原始脑、边缘脑、大脑和大脑前额叶四个部分组成。原始脑又称爬行动物脑,负责个体和种族的生存;边缘脑又称哺乳动物脑,负责指导动物的情感;大脑是新哺乳动物脑,负责记忆、设计和解决问题;第四部分就是大脑前额叶,又叫大脑皮层额叶联合区,是大脑最前端的皮层区。在种族进化中,大脑前额叶是最后发展起来的神经结构,直到进化到人类阶段,大脑前额叶才发展到最完善和充分的程度,约占整个大脑皮层的 29%(黑猩猩只占到 17%)。在个体发育中,2—3 岁以后前额叶开始发育,青春期以后才最后发育完成。大脑前额叶之所以被称为"脑中之脑"是因为,来自全身的各种感觉信息和中枢神经系统不同部位的活动情况,都可以汇集到前额叶进行信息的最后处理;另一方面,全身(包括中枢神经系统内部)的各种活动,也都可能受到前额叶的影响或控制。正是因为进化出了大脑额叶前部（前额叶）这一人类特有的神经结构，人类才能领悟到应该照顾别人的需要、并愿意用自己的知识去照顾别人的痛苦等道德情感、道德信念和道德判断。近年来，对大脑腹内侧前额叶皮质区域（Ventro Medial Prefrontal Cortex，VMPFC）功能的认识与研究，又使人们对道德认知与行为神经科学基础的认识发展到一个新阶段。2007 年 4 月，《自然》杂志上的一篇文章报道了科学家的最新发现，就是 VMPFC 的激活与道德感的产生相关，对于亲社会的情感而言，VMPFC 至为重要，一旦受损，人们在道德判断上往往会表现得比较冷漠和实用主义。功能性影像学研究也支持了这一结论。2007 年《社会神经学》杂志发表文章证明，VMPFC 区域不仅在人们进行直接道德判断时发挥作用，当人们被动地暴露于可唤起亲社会道德感的刺激因素中时，VMPFC 也同样发挥作用。当然，虽然道德认知、道德情感与道德行为是以一定生理结构为物质基础的，但与原始脑、边缘脑、大脑相比，人的额叶前部最后发育，根浅力薄，又具有明显的后天获得性和可塑性，必须经过正确的引导、良好的环境、健康的教育和锻炼才能变得强大有力，在此过程中必须严格控制血腥、暴力、凶残等反人性因素的刺激，避免唤起原始脑和动物脑的注意和兴奋，通过连续不断、积极正向的强化和学习，才能成就良好的亲社会人格。①

　　在进一步深入研究的基础上，神经伦理学又发现了镜像神经元系统，在其看来，人类的道德认知、情感和行为都与镜像神经元系统的信息传递、编码和加工功能有关，是道德移情能力的生理基础。移情是指在人际交往中，当个体看到他人忍受痛苦或取得成功时，自己也能体验到不安或积极情感时的心理现象，是自我与道德行为之间重要的中介变量，移情能力的高低直接影响着个体是否充分产生利他行为。镜像神经元系统作为人类产生道德移情的重要神经基础，主要位于大脑额叶皮层内侧以及颞叶皮层内侧，能够将视（听）觉信息转化为观察者的经验，从而为其理解他人同样的动作、行为提供可能。同时，镜像神经元还赋予了人类四种模仿能力：对外部行为的直接模仿；对外部行为的大脑内部模仿；对符号、图形、语词等抽象刺激的行为模仿；对抽象刺激的内部模拟，而这四种能力的获得是一个循序渐进的过程。但无论是外部行为还是抽象刺激，都要具有视觉特征或直觉本质，模仿才能发生。在此基础上，才能使人在神经——心理反应

---

① 王敬艳：《道德教育的可教性到底源自何处——对"新性善论"引发的学术论争的神经伦理学思考》，《西北师大学报社会科学版》2014 年第 1 期，第 105—117 页。

上获得对观察对象的同质化,从而达到"人同此心、心同此理"的感受和理解。因此,神经伦理学认为是情感而非理性在道德认知和行为中发挥重要作用。①

可以说,这些心理学各领域的实证研究为现代道德教育和道德行为的养成提供了科学的理论参考。传统的简单说教、灌输、惩罚并不能达到道德教化的目的,它们只是解决了道德认知的问题,但在促成道德情感、道德行为生发的过程中,还需要诸多道德心理学理论的指导。研究证实,人类的大脑是个电化学体,由几百亿个神经元组成全世界最复杂的信息网络系统,在青春期结束之前,这些神经元都处在不断的发展变化中,每类神经元都有其特定的发展时间窗,一旦错过,发展时间窗关闭,某些神经元之间的链接难以被激活,甚至被删除,相关的认知能力或行为就难以建立。因此,在现代道德规范的养成过程中,应当根据道德相关脑区发育的关键时间窗,采取恰当的方式和良好的教育,通过不断地刺激和强化,提升人们的道德认知和道德决策能力,形成良好的道德人格。②

由此可见,在重构当代公民道德意识和信念时,以心理学为进路不失为一种理性而又科学的选择。可以说,心理学的相关理论为道德范式的现代建构和道德行为的养成提供了坚实的实证研究和理论支撑。

---

①② 王敬艳:《道德教育的可教性到底源自何处——对"新性善论"引发的学术论争的神经伦理学思考》,《西北师大学报社会科学版》2014 年第 1 期,第 105—117 页。

第一章　客观认知人性,建构道德规范

第一节　互惠合作促进自利利他

传统社会中,在强大的国家机器的宣导和圣贤君子们的言传身教下,普通民众只需遵守既定的行为规范即可,对人类为什么需要道德、人类需要什么样的道德等元伦理问题的追问则交给社会精英群体去思考。然而,在当今时代和社会,在道德祛魅、权威解构的状况下,个体道德主体性凸显,人们已不再满足于简单而直接地遵守社会既定规则,而是会去追问道德的理由、来源和依据,为自主践行道德规范提供足够的信念和动力。这首先涉及对人性的认知。

一、人性是自利与利他的综合体

(一)个体关注自我利益

近 300 年前,亚当·斯密在探讨人类道德情操产生问题时曾经说过:"毫无疑问,每个人生来首先和主要关心自己;而且,因为他比任何其他人更适合关心自己,所以他如果这样做的话是恰当和正确的。"①在现实中,人们对个体自我生存和发展的重视程度远远超过对其他人需求的关注。追求自我利益是人类行为最基本最核心的动力和前提。之所以如此,是因为和人类的生存方式有关:生命是以单独个体方式存在的,不但要独自生活,还要努力生存。因此,"人作为感性存在者而具有的欲望的冲动性、生命的

---

① 〔英〕亚当·斯密:《道德情操论》,蒋自强、钦北愚、朱钟棣、沈凯璋译,商务印书馆 2016 年版,第 104 页。

自保性以及利益追求的自我性等,预制了人具有按照个人欲求和利益去行动的倾向性"①。马克思作为唯物主义者的思想导师,也表达了类似观点:"任何人如果不同时为了自己的某种需要和为了这种需要的器官而做事,他就什么也不能做。"②"各个人的出发点总是他们自己。"③

然而,满足自利需求虽然会促进个人的成长和欲望的实现,从而推动整个人类社会在政治、经济、科技、文化、艺术等领域全面的发展和进步,但同时也会激发出人性的贪婪。正如马克思所说:"如果有 10% 的利润,资本就会保证到处被使用;有 20% 的利润,资本就能活跃起来;有 50% 的利润,资本就会铤而走险;为了 100% 的利润,资本就敢践踏一切人间法律;有 300% 以上的利润,资本就敢犯任何罪行,甚至去冒绞首的危险。"④这虽然说的是资本的贪婪,但资本是由人来掌控的,也是人性的表现。虽说弱肉强食是动物界的生存法则,但丛林中的猛兽和人相比,可谓残忍但并不贪婪,如狮子老虎吃饱后也只是巡山晒太阳,而人类的高智商、高能动性却会使欲望无限膨胀,在资源稀缺和竞争激烈的环境中,有时为了满足个体或族群的欲望不惜背叛与欺骗,甚至是自相残杀。为了避免制造人间地狱和惨剧,就有了对欲望给予合理节制和规范的需要。对此,儒家先贤荀子有过经典论述:"礼起于何也?曰:人生而有欲,欲而不得,则不能无求,求而无度量分界,则不能不争;争则乱,乱则穷。先王恶其乱也,故制礼义以分之,以养人之欲,给人以求。使欲必不穷乎物,物必不屈于欲,两者相持而长,是礼之所起也。"⑤在道德缘起的普遍意义上,正由于人具有了欲望和自利倾向,才形成了建构伦理规范、进行道德教育和提倡行为约束的必要前提。也就是说,道德"起源于社会的存在和发展的需要,是维持社会活动秩序从而保障其存在和发展的手段"⑥。道德作为一种社会力量,它的主要功能就是通过规范和约束社会成员过度膨胀的欲望和行为,避免人类之间的自相残杀、互相伤害,以维护和保障每个个体合理的欲望和利益,在此基础上促成整个社会的安全有序、温馨和谐。

---

① 唐代兴:《利益:规范伦理的逻辑起点与目标指向》,《伦理学研究》2013 年第 3 期,第 25—30 页。

② 马克思、恩格斯:《马克思恩格斯选集》(第 3 卷),人民出版社 1960 年版,第 31 页。

③ 马克思、恩格斯:《马克思恩格斯选集》(第 1 卷),人民出版社 1995 年版,第 67 页。

④ 马克思、恩格斯:《马克思恩格斯选集》(第 17 卷),人民出版社 1963 年版,第 258 页。

⑤ 王先谦:《荀子集解》,沈啸寰、王星贤点校,中华书局 1988 年版,第 346 页。

⑥ 王海明:《新伦理学》,商务印书馆 2001 年版,第 1397 页。

(二)人的亲社会性促进利他行为

如果承认人性是自利的，那么个人或群体之间的利他行为又从何而来呢？早在 17 世纪，英国哲学家霍布斯(Hobbes)就在《利维坦》一书中提出了这个著名的霍布斯悖论(Hobbes Paradox)，并得到了当时诸多学者的关注和思考。在大多数学者看来，人性是自私的，只在意个体自己的利益和需求，不会为他人考虑，当面临社会困境时都会做出背叛选择，并称之为理性利己主义(rational self-interest)。然而，无论是现实生活的观察还是实验研究的分析，都表明理性利己主义这种单一人性认知过于消极和片面。虽然利己主义对个体态度和行为产生影响，但人们并不是一味地只满足于实现自我利益，而是在追求自利的同时，不同程度地考虑他人的利益和需求(他人取向，other-orientation)。例如，在典型的社会困境——单局囚徒博弈中，有 1/3 到 1/2 的个体选择与他人合作，在明知道有风险的情况下也是如此。① 也就是说，人们在利益决策时会考虑他人的收益和感受，并且关注他人对自己的评价，存在一定的社会价值取向(Social Value Orientation，SVO)。

之所以会在满足自我利益需求中兼顾他人利益，在自利的同时做出利他行为，专家分析认为，这是人类的一种生存策略。"自然赋予人类以无数的欲望和需要，而对于缓和这些需要，却给了他以薄弱的手段。在其他动物方面，这两个方面一般是互相补偿的。——只有在人一方面，软弱和需要的这种不自然的结合显得达到了最高的程度。不但人类所维持生活的食物不易为人类所寻觅和接近，或者至少是要他花了劳动才能生产出来，而且人类还必须备有衣服和房屋，以免为风雨所侵袭；虽然单就他本身而论，他既然没有雄壮的肢体，也没有猛力，也没有其他自然的才能，可以在任何程度上适应那么多的需要。"②人生是艰难的，面对恶劣的自然环境和其他群体的竞争威胁，在个体能力有限的前提下，人与人之间、群体之间合作互惠就成为实现自我或族群利益的最优策略。在利益依赖关系中，人们之间也逐渐达成一种共识和契约：每个人在追求自身利益的同时也要考虑其他相关者的利益，如果损害了他人利益，他人也会反过来采取损害自己利益的行动。布坎南写道："每个人都对其他人行为的伦理或道德特征具

---

① 陈欣、叶浩生：《两难中合作行为研究的回顾和展望》，《心理科学进展》2007 年第 5 期，第743—748 页。

② ［英］休谟：《人性论》(下册)，关文运译，商务印书馆 1983 年版，第 525 页。

有直接的经济利益。因此,除非后者的行为被认为完全不可能发生改变,否则每个人都会认为,至少投入某些资源努力单方改变一方的行为促使其更加合作,从个人的角度来看是理性的。"[①]基于这种理性考虑,人类在社会交往中多多少少都呈现出利他性,在客观上产生了合作共赢的效果,促进了"为己利他"行为机理的形成和扩展。

同时,在漫长的协作劳动过程中,人与人之间也逐渐产生了各种形式的群体依恋,在情感驱动下,也会自觉地做出利他等亲社会行为。进化心理学认为,稳定的亲密关系和群体归属可以提高个体后代生存的概率。在百万年的自然选择过程中,渴望归属于一个社会团体、被某个社会团体接纳、和他人形成积极稳定持久的社会关系,以基因的形式被保存下来(遗传学家发现促使人类表现"利他主义"行为的基因,在 11 号染色体上),成为人类最重要、最普遍、也最根深蒂固的基本需求之一。因此,作为社会关系中存在的个体,人们都或多或少地具有亲社会性。在日常行为中,人们多数时候也会尽力与邻里、族系、同阶层、同事保持良好和谐的亲密关系,来获得心理上的满足和认同,抵消疏离感、陌生感、孤独感。

即使在利益交换时,人们也会表现出对社会关系的重视。诸多行为实验证实,在日常利益交换中,人们并不仅仅关注一次性交易的结果,也会关注此交易对今后产生的影响,注重与其他交易者之间社会关系的塑造和维系。麦克尼尔就写道:"个别性契约是这样一种契约,当事人之间除了单纯的物品交换外不存在任何关系。它的范式就是新古典微观经济学的交易。但是,我们将会看到,每一个契约,即使是这种理论上的交易,除了物品的交换外,都涉及关系。因此,每一个契约必然地在部分意义上是一个关系契约,也就是说,这个契约不只是一次个别性的交换,而是交涉到种种关系。"[②]正是在对长远利益追求的理性考虑和对亲密关系的感性追求中,人们的利他行为十分普遍,并表现出两个类型:一是有条件的利他行为,即为己利他,是指行为者为得到一定的报酬或利益而选择利他,是个体经过有意识的利益权衡后产生的理性行为;另一类是无条件的利他,既无私利他或纯粹利他,行为者不计回报单方面就是为了他人。但不管是为己利他还是纯粹利他,人们在交往中都会在一定程度上寻求信任与合作,以实现长期的互惠和双赢局面。

---

① [美]布坎南:《宪法秩序的经济学与伦理学》,米侠等译,商务印书馆 2008 年版,第 240 页。
② [美]麦克尼尔:《新社会契约论》,雷喜宁、潘勤译,中国政法大学出版社 2004 年版,第 10 页。

(三)个体行为的两个维度

在共同的劳作过程中,人类逐渐形成了群居性生活方式,并表现出三个特征:一是关系的交互性。正如马克思所说,人是社会关系的总和,人类的所有行为都是在社会中完成的,虽然随着科学技术的发展,人与人之间的关系不再像传统社会中那么紧密和直接,但隐秘而间接的关系并没有降低人们对他人的依赖。二是利益的相关性。关注自我利益是人的天性,但无论是亲缘选择还是人类的理性认知都使人们意识到,共同生活、相互协作更能满足个体生存和发展的多元需求,在利益交换中互为目的和手段。与动物界和早期人类社会依赖武力确定社会地位、分配社会资源不同,现代文明社会中个体间的交往更加平等和自由,责任和义务也更加清晰和平衡。三是情感的共通性。董仲舒在《春秋繁露·卷十三·同类相动第五十七》中诠释物物感应原理时曾说:"试调琴瑟而错之,鼓其宫,则他宫应之,鼓其商,而他商应之,五音比而自鸣,非有神,其数然也。美事召美类,恶事召恶类,类之相应而起也,如马鸣则马应之,牛鸣则牛应之。"世界万物相互感应,作为高级智慧生物的人类,大脑中复杂的镜像神经元细胞让人类对他人的危难和不幸能感同身受,生发出悲天悯人的大爱情怀。群居生活的这三大特征决定着人们在满足自我利益的同时,也会关注他人的需求,表现出亲社会行为,这也正是道德产生的客观前提。

在群居生活中,人们的行为大致表现为两种模式。一是垂直取向行为模式(vertical orientation),即看重物质利益对增强个人力量的价值,致力于提升权力地位、社会名望和声誉。二是水平取向行为模式(horizontal orientation),注重群体成员间的关系质量,努力提高群体道德水平,维护群体间的团结与和谐。这两种行为模式各有侧重但又交互影响着人们的日常行为。人们一方面致力于权利地位的显达,另一方面也尽力表现得亲和热情,与他人保持亲密恰当的关系。可以说,虽然人是理性和自利的,但通常情况下,在实现个体利益最大化的同时,也会有意限制自我私利以提高他人或社会集体福利,在分工合作中达到自利与利他的平衡,同时满足长期利益和社会归属感需求。当然,处于强弱不同社会层次的个人因为知觉心理过程不同,合作动机和行为模式也有差别。观察发现,在面临个人利益和集体利益冲突时,弱势个体多采取水平取向行为模式,关注物质上的结果均等和社会性的人际和谐,更可能做出合作决策;而强势群体则多采取垂直取向行为模式,关注物质上结果最大化和增强相对于他人的社会优势,容易做出不合作决策。但当强势个体察觉到自己是社会公共贡献的关键者时,也会选择合作行为。之所以如此,学者们分析认为,社会阶层中强弱位置不同,拥有的资源或权力不同,对他人和社会的依赖性不同,实现个体利益的机会和方式也就各有差异。[①]

二、合作利他行为的理论分析

(一)合作行为产生的动力学分析

互惠合作等利他行为并不是人类社会所独有的现象。早在达尔文提出自然选择学说时,就已经注意到动物间的利他行为。例如,在观察亚洲东北部河流中某种鱼类时,达尔文发现此鱼会把卵产在河蚌体内,受精卵发育成小鱼快要游离河蚌时,河蚌又会将其幼崽寄放在小鱼鳃腔中让小鱼充当保姆,鱼和蚌就这样互利合作,提高了两个物种的生存率。诸如此类的现象引发了生物学界对自然中利他行为观察和研究的热情,大量事实也显示,互助合作在生物界广泛存在。

在研究中学者们发现,动物界的利他行为大致可以划分为几个类型:一是自杀献身式。在一些社会性生物群体如蜜蜂、蚂蚁中,通常只有极少一部分甚至只有一个具有生育权利,其他大部分个体都是不育者,只承担觅食、筑巢、护家、哺幼等工作。食物不足时,它们会优先让某些个体进食(比如蜂王),遇到危险时主动进攻侵略者,甚至放弃自己的性命。二是自我暴露式。某些鸟类在天敌来犯时,为了保护群体内幼鸟安全,会选择飞离巢穴一段距离,然后暴露自己,并进行诱惑式表演,使侵略者选择自己作为攻击目标。例如,母夜鹰会选择垂下翅膀或者把翅膀展开,造成一种易捕获的假象,吸引侵略者的注意来保护幼鸟的安全。三是报警式。很多动物如狒狒及很多鸟类在发现侵略者时,会不顾危险暴露自己,并给同伴发出报警信号、掩护群体逃离,这是一种很明显的直接利他行为。四是放弃食物式。比如非洲野狗,部分成年野狗外出捕猎,而另一部分则留在洞穴内照顾幼崽,捕猎回来的野狗会把吃下去的肉从口中吐出来,供洞内同伴分享。五是动物的保姆行为。在一些动物如猿猴、大象群体中,普遍存在着一种现象,当幼崽失去母亲后,其他母亲则会照顾这些"孤儿",或许是出于母爱,但不可否认这也是一种明显的利他行为。六是容忍敌人。当两只

[①] 刘长江、郝芳:《不对称社会困境中的决策:行为的双重模式》,《心理科学进展》,2015年第1期,第1—10页。

动物因各种原因（如争夺交配权）出现争斗时，战败者认输撤离，获胜的一方也不会不依不饶，因此，在动物决斗时致命现象并不常发生。①

与生物界合作共生相比，人类从狩猎采集的小群体不断衍生出形态各异的民族国家，合作成了人类社会最基本的生存方式和组织形式，合作模式也变得更加复杂多元。对此，学者们从多个角度，对包括人类在内的各种生物间的互助行为背后的动力学原因和其表现形式进行了分析总结。

1. 亲缘选择理论

经过多年观察和研究，英国生物学家威廉·汉密尔顿（William Hamilton）于 1964 年提出了亲缘选择理论（kin selection）。在他看来，为了更好地将自己的基因延续下去，个体会帮助那些与自己有血缘关系的他人或同类。例如，吸血蝙蝠会在同伴找不到食物时吐出部分食物喂给同伴；黑猩猩与非亲属关系的猩猩分享食物时，更倾向于将食物分给之前为自己理毛或分享食物的那些黑猩猩。当然，这样的合作行为通常发生在相熟且同甘共苦的同住者当中，亲缘关系越近，利他倾向越强，那些只索取不给予或者没有任何关系的蝙蝠就会挨饿。人类也同样如此，利他、合作行为与亲缘关系之间呈现明显的正相关。利他行为一般发生在具有亲缘关系的家庭成员内部，其原因是利他者与受利者具有部分相同的基因，利他者自我牺牲行为的目的是增加其基因传递机会，从而有利于在自然选择中保存其基因。例如，A 鸟在一次报警中死亡，但它的 6 个同胞得救了，由于每个同胞携带 0.5 个 A 的基因，如果没有 A 鸟的报警，A 基因群体损失总量是 $1+0.5 \times 6 = 4$，而有了 A 的报警，A 基因损失只是 1。自我牺牲的行为增加了 A 基因在群体中的传播机会。因此，亲缘选择虽然可能降低利他者自身存活和成功繁衍的可能，但却提高了成功传播自身基因的概率。英国著名科学家理查德·道金斯（Richard Dawkins）在其颇负盛名的《自私的基因》一书中也曾论述：基因是遗传物质的基本单位，是最自私的，自然界一切生命体，包括人在内，其繁衍和发展都是基因为了复制自身而产生的。基因的自私性一方面引起了个体间严酷的生存竞争，另一方面也生发了生物个体的利他行为，其目的都是扩展壮大与其相同的基因。虽然有些基因自我牺牲看起来不利于基因的延续，但这也可能恰恰是最有效的保存基因的方式。生命的本质就是使基因存活下去，为了达到自私的目的可能采取的反而是无私和互惠的方式，正是这种生物界的亲缘选择和互惠机制可以最大

① 易小明、黄立：《人类利他行为的自然基础》，《河南师范大学学报（哲学社会科学版）》2015年第 3 期，第 99—104 页。

限度地保证生物的生存和繁衍。事实也证明,"当群体之间进行竞争时,相互支持的、利他的群体比不利他的群体会持续更长的时间"[①]。

亲缘选择理论可以用来解释血缘亲族个体间的合作行为,但对于非亲缘个体间的合作行为,研究者们又提出了直接利益交换(direct benefits)理论、互惠(reciprocaty)理论和文化适应(cultural adaptation)理论作为补充。

2. 直接利益理论

在自然界,一些弱势种群也会通过直接利益交换获得生存机会。例如,灰蝶幼虫通过分泌蜜露供蚂蚁取食,作为居住蚁穴并获得蚂蚁保护的交换条件。人类早期在集市上以物易物获取劳动和生活资料。在现代,消费者付费从商家那里购买所需物品,商家则通过提供商品获得收益。随着现代化进程的日益深化,市场维度(market dimension)、共同利益(common interest)和劳动分工(division of labour)成为人们获取利益的主要形式。

3. 互惠理论

除了直接的利益交换外,在现实社会中,人们还会经常牺牲自己当下的利益去帮助那些和自己没有亲缘关系的陌生人,学者们又提出了互惠(reciprocity)理论。它是个体试图通过自身的合作或惩罚行为来改变对方合作行为方式,根据形式差异,又可分为直接互惠(direct reciprocity)、间接互惠(indirect reciprocity)和强互惠(strong reciprocity)。

直接互惠理论可以较好地解释无亲缘关系个体间多次重复交往中的合作行为,通常的互动策略是以牙还牙(tit-for-tat),即在每一次利益交换中,双方都采取上一次对方所采取的策略,对方合作自己合作,对方背叛则自己背叛。然而,此策略会导致一次偶然背叛后的系列背叛,于双方不利,"宽容性以牙还牙(generous tit-for-tat)"策略随之产生,即当对手背叛时,个体也会以一定的概率选择继续与对手合作,来保证在随后的互动中获益。

间接互惠是指助人者提供帮助后,他所得到的报答不是来自直接受助者,而是其他助人者的帮助对象。与直接互惠中个体通过直接奖励或惩罚实现合作不同,间接互惠则需要团体内其他成员代为奖励或惩罚,即通过团体强化来保证间接互惠的实现。其中发挥主要作用的是"声誉机制",即通过帮助他人获得好名声或者背叛获得恶名后,其他个体会从第三方口中接受这一信息并做出合作还是背叛的行为决策。因为声誉传递几乎不需

---

① 谢文澜、汪祚军、王霏、张林:《合作行为的产生机制及影响因素——基于进化心理学视角下的探讨》,《心理科学进展》,2013 年第 11 期,第 2057—2063 页。

要成本，而且比真实交往更快，因此个体可以在没有与合作者或背叛者交往之前就获得其信息来作为奖励或惩罚的参考和依据。虽然动物界也存在着简单的间接互惠行为，但由于间接互惠对个体的认知能力有较高要求，即人们不仅要记住自己与他人互动的过程，还要通过语言来获取、传播声誉信息，因此，复杂的间接互惠行为更多地存在于人类社会中。[①]

强互惠是指即使在明知个人不会获得某种收益的情况下，也愿意付出一定代价去惩罚那些不守规则的背叛者，来保证群体的合作和利益。例如在战争、瘟疫或者饥荒等危急情况下，自私个体选择背叛可以实现自身利益最大化，因为没有足够时间等到第三方惩戒，这种背叛行为一旦蔓延就会导致群体的灭绝或解体，这时，强互惠者不计成本和代价的公义行为就会成为人们继续合作和维系群体延续的重要力量，反过来，强互惠者也因此得到群体的偏爱，而进化成为互惠的一种重要形式。

当然，直接互惠、间接互惠以及强互惠之间还是存在一些明显差异的。首先，三者虽然都是通过个体预先发起的行为来交换对方的合作，但直接互惠中个体通过合作交换对方的合作，间接互惠中个体通过合作交换第三方合作，而强互惠中个体通过惩罚交换背叛者合作。其次，直接互惠和间接互惠中的合作行为依赖他人的反馈，而强互惠的惩罚行为则是无条件的付出。[②]

4. 文化适应理论

随着生产力的发展，人类交际圈迅速拓展，非亲缘关系群体间的大范围（large scale）合作纷纷出现，学者们又提出了文化适应（cultural adaptation）理论。该理论认为，人类在数百万年间进化了向他人学习的能力，不但改造了人类基因，也使文化累积成为可能，文化程度越高，群体的竞争力越强，文化的传播范围越广。因此，即使在自然选择条件下，一方面，那些拥有更多合作者或亲社会者的群体会击败那些拥有较少合作者的群体而得以进化，另一方面，社会道德系统（制裁和回报系统）增加了表现良好个体的繁衍概率，并进而导致其他亲社会性动机和情感（例如，同情和羞愧）的发展。相比基因进化而言，文化的适应和进化更快，也更有利于群体在混乱多变的环境中生存繁衍。

---

① 刘国芳、辛自强：《间接互惠中的声誉机制：印象、名声、标签及其传递》，《心理科学进展》，2011 年第 2 期，第 233—242 页。

② 谢文澜、汪祚军、王霏、张林：《合作行为的产生机制及影响因素——基于进化心理学视角下的探讨》，《心理科学进展》2013 年第 11 期，第 2057—2063 页。

（二）人的利他行为是自然选择和文化进化的共同结果

从自然属性上讲，人类利他行为和动物利他行为有许多相似之处。从利他行为产生的缘起来看，人与动物都受到自然法则的直接约束，自然界所有生命体无一例外都要遵循自我保存、趋利避害的生存法则，也同时具有自爱、种族延续以及相互帮助的本能甚至心理，从蚂蚁相互绑结成球渡河、野山羊与火鸡友好共存等现象中，都能发现动物间的利他行为与人类间的互惠合作十分相似。只不过，动物的这些利他行为是其被动适应环境的自然选择，而人类的利他行为则不同，由于文化的积累和传播渗透，表现出更多的能动性、主动性和创造性，人类也就成了文明进化的产物，知识、情感、价值、制度深刻地影响着人们的日常行为，与动物的本能行为有着明显的本质性差异。[①]

因此，在探讨人类利他合作行为时，纯文化利他主义和纯自然利他主义两个观点都有失偏颇。前者忽视了先天自然属性对人的影响，主张利他行为只是后发的、精神文化发展的产物。事实上，不但自然界存在着大量利他行为，人类社会中根据亲疏远近而采取不同程度利他行为也十分普遍。而后者又排斥了文化对人类利他行为的影响，只将其看成是自然选择的结果，是动物基因的本能表现。但此观点既无法解释人类社会中广泛存在的非利益诉求的高尚道德行为，也无法理解人类何以能够将道德关怀扩展至其他生命甚至世间万物。相对于动物而言，人的文化性来源于自然但超越自然。

应该说，人的利他行为是自然选择和文化进化的共同结果。在文化塑造人类行为之前，先民们和动物一样，具有自然层面上的"原道德"利他行为，趋利避害的本能催生了人类的合作动机，群居的生活方式又进一步强化了这种互助，并在漫长的历史进化中成为人们最基本的生活习惯。当合作在群体中凸显出其竞争优势后，利他行为逐渐演化成一种文化而被不断地宣扬和阐释，并成为塑造人们行为的重要力量。例如，在同一血亲内部，家长对后辈付出的努力也许包含着未来能够获取回报的天然动机，但随着社会的进步和发展，它越来越表现出某种无私性，如现代社会越来越普遍的慈善、募捐、献血等利他现象。人类作为一种自然与社会文化的统一体，利他行为一方面受到社会文化价值的塑造和影响，这在一定程度上使其超

---

① 易小明、黄立：《人类利他行为的自然基础》，《河南师范大学学报（析学社会科学版）》2015年第 3 期，第 99—104 页。

越了自然选择的限制，规范着深层的自利倾向；另一方面，人类又不可能完全摆脱自然属性的影响，其基因的自私性在促生个体自利行为的同时，也出于基因自我复制、自我保存的目的而产生动物有限的利他行为。因此可以说，人的利他行为是自然选择与社会文化塑造共同作用的结果："人的利他行为也就必然既出于物质生命的自利，又超越物质生命的自利；既出于自然生命的内在要求，又超越自然生命的内在要求。即人的利他是自然生物利他与文化道德利他的有机统一。"①

三、合作行为促生了道德理性

为了生存和发展，人类继承了自然界的合作基因，通过文化建构将其发扬光大，使人们无论在什么社会环境中，面临各种利益选择时依然能保持一定比例的合作。人类合作利他行为是自然与文化共同作用的结果，那么，这一过程是如何实现的呢？学者们对此做了进一步的总结分析。

（一）合作提升了人类的社会认知能力

研究发现，合作作为个人或群体之间为达成共同目的彼此相互配合的一种联合行动，是随着人们认知能力的发展而提升的。例如，婴儿同伴合作行为大概发生于 24 个月的时候，但在此之前，甚至从他出生开始就展示出社会性的一面，在 6 周时就能对他人的注视、抚摸、咕咕声报以社会性的微笑，随后逐渐学会根据成人反应来协调和改变自身的注意、情感以及动作，到 1 岁时就能与成人来回扔球、轮换顺序将积木放进盒子里、与父母一起给自己穿衣服等等。虽然婴幼儿在这些共同活动中已展示出合作行为，但还不是真正意义上的合作。真正的合作需要具备一定的特征。

布拉特曼（Bratman）于 1992 年曾给共享性合作行为定义了三个主要特征：（1）合作伙伴能够对彼此的动作和意图进行反应；（2）承诺完成共同目标；（3）进行角色转换并支持彼此的角色，以及分享预期成果。婴幼儿在 2 岁后能够理解并做出合作行为，得益于两种基本能力的发展：理解他人意图能力和与他人共享意图、经验能力，他们是保证合作得以进化和实现的基本认知技能，包括联合注意（joint attention）、心理理论（theory of mind）和合作性交流（cooperative interaction）。联合注意引导合作双方将各自注意力集

---

① 易小明、黄立：《人类利他行为的自然基础》，《河南师范大学学报（析学社会科学版）》2015年第 3 期，第 99—104 页。

中到相同事件上,从而形成彼此联动的共享性表征;心理理论为个体推测同伴动作意图以及形成关于合作活动的共享性意图(shared intentionality)提供了必要条件,而共享性意图又是构成合作行为其他共享性特征的基础;合作性交流则是通过协商沟通来保证合作活动得以顺利进行。在合作活动中,共同目标是合作行为的灵魂,共享性意图是内在的动机需求,是相对主观性的成分,而共同承诺和角色的转换与协调都是从外部保证合作活动的顺利进行,是相对客观性的成分,这三者保证了合作活动共同目标的实现。①

为了合作狩猎和抵抗外族的竞争,人们不断提升合作的社会认知和动机技能来维持群体活动的一致性,形成群体思维(group-mindedness),这些技能主要包括四个方面:一是认知能力,例如对时间的计划性、记忆能力、理解不同角色之间的因果关系;二是社会认知技能,包括理解并分享他人的愿望、目标和意图;三是社会情绪,包括亲社会动机、抑制控制能力、注意控制能力;四是沟通技巧。②这些社会认知技能保证了合作的实现,它使人们能够理解他人动作意图和目标,并调整自身动作与其进行整合,从而做出与他人相适应的行为,必要时向同伴提供帮助,合作结束后也能平等合理地分享资源。

(二)人类认知能力的提升加深了合作的广度和深度

在大量观察和实验基础上,研究者系统地把互惠行为归为三类:基于对称关系的互惠(symmetry-based reciprocity)、态度式互惠(attitudinal reciprocity)和计算式互惠(calculated reciprocity)。基于对称关系的互惠通常存在于具有亲缘关系、长期情感联系或者有相似年龄群体地位和相同性别的同伴之间,对认知的要求最低。态度式互惠不以血亲和相似性为依据,而是根据同伴对自己的态度,类似于"你对我好,我也对你好"。计算式互惠最为复杂,它是指个体在给予和返还恩惠时会计算成本和收益,追踪与特定同伴的利益交往过程,维持得到利益和给予利益间的联结关系(contingency),因为需要个体对利益交往情况有精确的心理记录(book-keeping),不受交往对象亲疏远近和交往间隔时间长短的影响,对认知能力的要求也最高。③

---

①② 徐晓惠、李晶、朱莉琪:《婴幼儿对合作行为共享性特征的理解》,《心理科学进展》2014 年第 9 期,第 1404—1412 页。

③ 熊明瑞、张真、施建农:《计算式互惠机制探讨——认知和动机的物种比较》,《心理科学进展》2015 年第 10 期,第 1746—1754 页。

研究显示，很多灵长类动物如黑猩猩、黄猩猩、倭黑猩猩都具有互惠表现，但仅局限于基于对称关系的互惠和态度式互惠。但对儿童不同类型互惠表现进行梳理时，却发现其遵循一定的先后发展顺序：对认知要求最低的基于对称关系的互惠最早出现，其次是态度式互惠，而计算式互惠直到5岁时才出现。这就提示人们，"不同的互惠表现对心理能力的要求不同，只有当认知能力发展到一定水平，并且具有相应的行为动机时，个体才会表现出计算式互惠"①。这和人类的认知和动机心理机制的发展密切相关。

1. 从认知心理来看

在社会交往中，以计算式互惠建立起合作关系需要个体具备相应的认知能力。一方面，长期稳定的合作状态要求个体在互动中抵制欺骗或不合作带来的即时收益的诱惑，抵消时间折扣（temporal discounting）的影响，采取互惠的方式以便在将来得到更大的收益。另一方面，稳定的合作关系还要求个体在交往过程中不仅能够记住互惠的同伴，还要记住与特定同伴的利益交往情况，以维持付出与收益间的一致。这都非常考验个体的记忆能力。

时间折扣（temporal discounting）效应是指物品在个体心目中的主观价值随着得到该物品需要等待时间的增加而降低。在计算式互惠中，由于个体与互动同伴间不存在亲缘关系及长期情感联系，发起友好行为有赖于个体衡量当前收益（不合作所避免的损失或欺骗所得的收益）和将来收益（合作之后所带来的回报）的价值。所以，只有较低时间折扣才不会使将来收益在个体心目中的价值低于当前收益，进而有利于合作行为的发生。这一观点得到了大量实证研究的支持，观察显示，个体受时间折扣影响越小越容易在博弈任务中进行合作。而动物由于记忆能力的低下，主观价值的下降速度以秒为单位。尽管与其他动物相比，黑猩猩和倭黑猩猩的时间折扣率较低，但1—2分钟内大而迟奖赏的主观价值也下降到小而早奖赏的水平。相比之下，人类的时间折扣率较低，即便与金钱相比，实物的折扣率略大，但其主观价值也是以月为单位在下降。有实验发现，同样面对不同价值的奖赏物时，2岁儿童与灵长类动物有相似的行为表现，当大而迟奖赏需要等待几分钟时，2岁儿童选择大而迟奖赏和小而早奖赏的概率相同。发展到5—6岁时，儿童受时间折扣影响明显降低，同样是为了两倍的大而迟奖赏，5—6岁儿童能够选择等待一天。

①　熊明瑞、张真、施建农：《计算式互惠机制探讨——认知和动机的物种比较》，《心理科学进展》2015年第10期，第1746—1754页。

同时,互惠的时间间隔、互动期间其他因素的干扰、利益收支记录等也会受记忆的影响。研究者采用演化博弈模型对合作行为进行研究时发现,记忆能力越强越有利于个体在反复交往中的互惠,尤其是在计算式互惠交往过程中,个体面对交往同伴时需要自动提取记忆中与该同伴有关的信息,如上次交往发生的时间、交往过程中自己与对方的收益和支出情况等。如果个体不能准确地记忆这些信息,很容易在行为结果上收支不均,无法保证计算式互惠的正常进行。相关实验也表明,三四岁儿童就已基本具备这种能力,但目前还没有证据显示灵长类动物也可以通过匹配特定同伴之前的行为信息来维持收支均衡。例如,有研究让黑猩猩选择合作同伴,被选择的对象一个是之前的帮助者,另一个则未提供过帮助,结果黑猩猩没有表现出明显的选择偏好,它们不会根据对同伴先前行为的记忆来调整自己当下的行为。相反,类似的研究在幼儿中发现,同样面对两个不同身份的同伴,一个是慷慨的分享者,另一个是吝啬的分享者,5岁儿童在随后的分享中会把更多的资源分给慷慨者。这一结果表明幼儿能够基于对同伴先前行为的记忆,在随后的分享中回馈以相匹配的行为。[①]

综上可见,随着个体记忆能力的发展,儿童受时间折扣的影响逐渐降低,这使个体在交往中更可能抛弃眼前较小利益而选择互惠行为,同时,也可以根据先前的行为记忆采取恰当的策略来获得收支平衡,为计算式互惠行为的发展提供必要的认知支持。

2. 从动机机制来看

关于动机对互惠的影响,主要关注涉他偏好(other-regarding preference),即关注他人的收益,在行为上主要通过利他、嫉妒、公平的方式表现出来,其中,对互惠尤其是计算式互惠影响最为直接的是利他倾向和公平意识。首先,互惠的发生需要互动中的一方主动发起利他举动,尤其是当个体面对陌生同伴时;其次,应对搭便车者(free-rider)的欺骗行为,个体还要有强烈的公平意识,避免一味付出造成自身收益受损。因此,利他倾向与公平意识协同作用共同促成了个体采用计算式互惠方式以维持长期合作的稳定。这在动物群体中是比较少见的。研究发现,灵长类动物很少关注同伴利益,尽管黑猩猩在野外生活中会分享食物给同伴,但分享对象仅局限于潜在的盟友和性伴侣。与此形成鲜明对比的是,儿童从3岁起就能够意识到同伴的需要,他们对食物分配方案的选择建立在考虑同伴收益的

---

① 熊明瑞、张真、施建农:《计算式互惠机制探讨——认知和动机的物种比较》,《心理科学进展》2015年第10期,第1746—1754页。

基础上。在涉他偏好的利他维度上，幼儿与灵长类动物有着根本差别，幼儿能够在涉他偏好的驱动下做出利他举动，这为幼儿在随后成长中表现出计算式互惠提供了动机基础。①

在公平意识上，观察发现，对不公平数量的敏感在儿童三四岁时也已经出现，他们在自己得到的物品比同伴少时会表现出不高兴，甚至会主动放弃得到物品的机会，而不愿得到比同伴少的物品。这种对不公平数量的敏感无疑关系到计算式互惠中对收支平衡的维持，只有收支平衡的状态下才能维系长久的合作。随着年龄的增长，6岁儿童会衡量资源的价值和数量，并以此为标准尽量避免不公平现象出现。这种不公平厌恶发展到8岁时，进一步反映在对不公平分配意图的辨识上，此时儿童不仅会拒绝有意的不公平分配，同时，在自身收益不受损的情况下，3岁时就会规避仅仅自己受益的分配方案，而选择双方收益都相同的公平分配方案。这种公平意识进一步发展，到7—8岁时，儿童宁愿放弃自身获益的机会也不愿自己分到的资源比同伴多。9—10岁时，即便儿童对资源享有绝对掌控权，他们也更倾向于把一半资源分给同伴，而非自己占有更多资源。

婴幼儿在合作后倾向于平等甚至是公平分享，可能有两个原因：首先，平等分享有助于婴幼儿进行印象管理（impression management），成为受欢迎的合作同伴，并根据社会评估来引导自身的行为，从而表现出助人或合作。例如，有观察发现，21个月的幼儿就偏爱帮助那些曾与他们分享过玩具的个体。其次，合作性的交互活动为婴幼儿提供了与他人交往的生动情境，他们逐渐学会采择他人的观点，能够注意到合作活动中双方的贡献，促进了儿童公平意识的发展。研究显示，3岁和5岁儿童不仅能够根据自己贡献多少分配奖励，还能与同伴的贡献进行比较，能够基于绩效进行分享和分配，这与他们的心理理论水平有关，心理理论水平高的儿童表现得相对公平，对他人心理状态的理解促进了公平意识的发展。②这种合作后公平分享资源的能力成为人们持续合作的外在刺激因素，同时，个体是否平等分享资源又是下一次合作进行同伴选择的参考依据。互惠性合作的关键取决于人们预期未来奖赏的能力以及合作活动结束分享奖励的趋势，这也是导致非人类哺乳动物少有互惠性合作的主要原因。

---

① 熊明瑞、张真、施建农：《计算式互惠机制探讨——认知和动机的物种比较》，《心理科学进展》2015年第10期，第1746—1754页。

② 徐晓惠、李晶、朱莉琪：《婴幼儿对合作行为共享性特征的理解》，《心理科学进展》2014年第9期，第1404—1412。

可以说,正是较弱的公平意识限制了灵长类动物的计算式互惠,而人类的计算能力使人们在交往中能够比较双方收益并维持双方收益的平衡。因此,在公平意识上儿童和灵长类动物的本质差别就可以很好地解释人类社会大量存在计算式互惠行为的深层原因:"正是这种计算式互惠把人类的合作对象拓展到陌生个体间,促成了人类社会中大范围的群体合作。相比之下,灵长类动物没有计算式互惠行为,所以其合作行为也不如人类广泛。"①

(三)认知能力发展成为道德理性

就个体而言,计算能力不但是促进道德素质的基本条件,也是道德理性的主要内容。从起源上来说,人是从动物进化而来的,原始初民的行为、生活方式与习惯都受到他们生物自然本能的决定和支配,人类的理性还没有发展出来,更多的是个"自然人"。随着人类社会生活的不断嬗变,在语言、思维充分发展的基础上,人类的理性得以萌生。在西方,理性最早被称为"逻格斯",是支撑语言表达的"逻辑",也是"道德人"存在的前提,但这并不是说成了理性人就成了"道德人"。"理性有多种类型,如话语理性——形式逻辑的理性类型,科技理性——对象性的工具式运用的理性类型,交往理性——主体与主体之间的通过沟通建立起来的'尊重—倾听—商讨—共识'的社会互动的理性类型,实践理性——主体遵循'人之为人'价值理念不断进行的自我实现、自我完善的理性类型。"②这几种类型的理性可能在一个人身上全都存在,也可能只具有某一种类型,而只有受实践理性支配和主导的人才是"道德人",这就是为什么科技理性发达的某某科学家却不一定是一个道德人的理由。就个体成长历程来看,12岁左右发育良好的个体,其自我意识开始萌芽,在这之前的个体是不能对其进行道德评价的"自然人",18岁左右自我意识基本成熟,能够考虑与自己利益不同的他人利益,自觉做出有利于他人却与自身利益无关甚至是有违自身利益的行为。拥有这种实践理性能力、并在其支配和主导下进行活动的个体才有可能成为"道德人"。

真正建构人类道德规范的是人类超越动物所具有的工具理性,它可以让人们有意识地认知、反思、评估自身行为的后果和影响,在对其进行积极

---

① 熊明瑞、张真、施建农:《计算式互惠机制探讨——认知和动机的物种比较》,《心理科学进展》2015年第10期,第1746—1754页。

② 焦金波:《"道德人"及其生成的元问题审思》,《道德与文明》2010年第6期,第40—45页。

的还是消极的价值判断的基础上，制定个体及人类行为的基本规范，扬善抑恶、扶正祛邪，促成安定有序、温馨和谐的社会。当然，根据作用的范围，理性又可分为个体理性和公共理性。

个体理性可以帮助人们评估行为后果、制定行为策略。例如，在囚徒困境（Prisoner's Dilemma）中，囚犯可以有四种选择并分别产生四种结果，其中相对值最高的结果是自己背叛而对方合作（DC，其中 D 是 Defect，C 是 Cooperate），其次是相互合作（CC），然后是相互背叛（DD），最差的结果是自己合作而对方背叛（CD），用不等式表示即为 DC＞CC＞DD＞CD。在单次博弈中，个体理性评估的结果是自己选择背叛而对方选择合作时收益最大。但在现实中，人际交往很少是一次性的零和博弈，在长期不间断的交往互动中，通过连续的试探和纠错，人们逐渐发现多元行为中最佳的交往策略和行为方案。例如，在社会两难（social dilemmas）研究中，学者们发现，人们起初并不知道什么是好策略，开始时他们谨慎地选择合作，或者在怀疑中选择合作以让他人得益。数据显示，在多次两难选择的第一次实验时，50％的人选择相互合作，在接下来的 20—30 次实验中，选择合作的人数下降到 30％左右。其后，有一个修复的过程，到达一个比较稳定的水平后，60％的人选择合作。这是一个 U 型曲线，它反映了人们在决策时"学习"的过程。也就是说，社会两难是这样一种情景，不管他人怎么做，每个人开始都会按照自己利益行事，但每个利己决策对涉及的他人都会产生消极的后果，当大多数人都采取利己决策时，消极结果不断累加，最后大家都遭受更大损失，由此人们逐渐意识到，在两难中不能只按照自己利益做出决策，合作才能保证群体和个体长远的利益，甚至养成了首先采取合作态度以达成互相合作的偏好。这都表明，人们普遍存在互惠性偏好，虽然背信可以取得更多的短期收益，但对选择合作后得到长期收益有更大的心理预期。从长期来看，背信不可能比合作获得更多的收益，合作行为能与大多数对策共存，也是因为其更符合人们长远的社会目标。[①]

具体来说，人们是否做出合作行为，是个体理性对道德强度评估的结果。所谓道德强度，就是指一种情景中所包含的道德问题的紧迫程度。它和六个因素有关：一是结果大小（magnitude of consequence），即该行为可能造成的伤害或收益的总和；二是社会舆论（social consensus），即社会上对该行为是道德的还是不道德的认同程度；三是效应可能性（probability of

① 陈欣、叶浩生：《两难中合作行为研究的回顾和展望》，《心理科学进展》2007 年第 5 期，第 743—748 页。

effect)，即该行为实际上会造成伤害或益处的可能性；四是时间即刻性（temporal immediacy），即该行为与行为结果之间的时间跨度；五是亲密性（proximity），即决策者与行为受害者或受益者在社会、文化、心理或生理上的亲密度；六是效应集中性（concentration of effect），即一定的伤害或益处大小所涉及的受影响人群数量。理性评估能力是个体道德主体性的表现，也是道德人格是否成熟的标志之一。

当然，除了工具理性外，人类还具备情感理性，即感知爱、传播爱的能力。在进化过程中，群居性的生活方式促生了人们之间的情感依恋，在相互关爱、互助合作中激发了镜像神经元细胞的进化和发展，感同身受下的关怀和同情成为人类基本行为之一被日益发扬和强调，成为文明的重要内涵之一。在情感驱动下，人们也会自觉做出利他等亲社会行为，抵消疏离感、陌生感、孤独感，为社会生活提供了温馨的底色。

正是由于计算、移情等个体理性能力的发展，使得人类活动具有了能动性、自觉性、自由性、目的性的主体性特征，指导和支配着人们的思想观念和日常行动。正如马克思所说："蜜蜂建筑蜂房的本领使人间的许多建筑师感到惭愧。但是，最蹩脚的建筑师从一开始就比最灵巧的蜜蜂高明的地方，是他在用蜂蜡建筑蜂房以前，已经在自己的头脑中把它建成了。劳动过程结束时得到的结果，在这个过程开始时就已经在劳动者的表象中存在着，即已经观念地存在着。"①当个体理性发展到一定程度，人们就会从个体利益中抽离开来，探索某个行为对整个社会或群体的影响，这称之为公共理性，如同弗洛伊德所说的超我，而公共理性正是人类社会能够为群体制定行为规范的重要前提和保证。因此，虽然关注自我利益是个体的天性，但人类的理性也会告知和约束人们，为了长远利益和利益最大化，选择与他人互惠合作是最佳策略。也就是说，现实会限制人们以不自私的方式行动，促进人们在利己和利他、个体和群体利益之间达到一种平衡。大量心理学研究也证实，互惠是人类行为一个极有力的决定因素，群体的身份使人们相信群体成员相互依赖并互惠合作，以此抵消背叛的诱惑，保证长期稳定的合作关系。在长期公共理性选择下，互惠合作就成为人类行为的动机之一。正如布坎南所说，任何社会相互作用中的个人行为，总是在一种处理方向不同的两个以上的拉力之间的紧张状态中产生：一方面是对狭隘的短期的个人利益的追求，另一方面是对明智的长期的个人利益的追求；而这第二种行为被描绘为包含了对相互作用过程中其他人的平等权利

①　马克思、恩格斯：《马克思恩格斯选集》（第 23 卷），人民出版社 1972 年版，第 202 页。

的尊重。而"习俗、法律、传统、道德戒律——所有这一切都是被设计来或涉及对这种短期追求私利行为进行约束或控制。唯有这些制度约束运行有效,从市场过程中出现的自然秩序才能使不同的个人评价达到最大化"①。个体通过理性充分认识到相互之间的依赖关系,才能养成维护公共道德秩序的道德契约。

第二节 构建现代公民道德规范

一、金钱消解个体亲社会行为

全球化和市场经济大潮激发了人们在物质、精神中的欲望,促生了繁荣的社会文明,但也为社会带来一系列问题。例如,在探讨金钱与亲社会行为关系时,学者们发现,金钱作为一种重要的物质资源,不仅可以满足人们安全和健康等基本生理需要,也有助于自尊和快乐等高级心理需求的满足,但同时也会对亲社会行为带来消极影响。所谓亲社会行为(pro-social behavior),通常是指对他人有益或对社会有积极影响的行为,包括分享、合作、助人、安慰、捐赠等。大致分为四种类型:利他性亲社会行为,主要涉及以他人利益为重、甚至需要付出一定代价的行为;遵规与公益性亲社会行为,主要涉及遵守社会规则和关心公众利益的行为;关系性亲社会行为,主要涉及建立和维护社会交往中积极关系的行为;特质性亲社会行为,主要涉及反映个体自身优良品质的行为。具体表现如表1-1所示。②

---

① [美]布坎南:《自由、市场与国家80年代的政治经济学》,平新桥、莫扶民译,上海三联书店1989年版,第116—117,127页。

② 李爱梅、彭元、李斌、凌文辁:《金钱概念启动对亲社会行为的影响及其决策机制》,《心理科学进展》2014年第5期,第845—856页。

表 1-1　亲社会行为的四种类型

利他性亲社会行为	遵规与公益性亲社会行为	关系性亲社会行为	特质性亲社会行为
英勇行为	公益行为	谦让	宜人
救助	协调关系	不伤害	赞美他人
发展技能	利群体	关心他人	忠诚
捐赠	遵守规则	接纳	讲义气
照顾	积极建议	感激	同情他人
帮助	拾物归还	道歉	宽容
赠送	遵从习俗	安慰	慷慨
体力支持	责任义务	合作	
	体谅他人	分享	
	公德行为	增进友谊	
	环保行为	发起友谊	

资料来源：根据张庆鹏和寇彧（2011）的文章整理

　　多项研究显示，启动金钱概念会对亲社会行为产生影响，主要表现在四个方面。（1）金钱概念启动会减少利他性亲社会行为。利他性亲社会行为是一种最典型的亲社会行为，主要涉及以他人利益为重心，包括英勇行为、救助、帮助、捐赠和体力支持等。多个实验证实，启动金钱概念会增强个体力量（strength）、效能（efficacy）和自信（confidence），从而对他人的需求不敏感，助人意愿降低，助人行为减少，慈善捐赠意愿以及实际捐款金额降低。这就解释了为什么经济学专业学生比其他专业学生表现得更"自私"的现象。（2）金钱概念启动减少遵规与公益性亲社会行为。遵规与公益性亲社会行为主要涉及遵守社会规则和关心公众利益的行为，包括利群体、拾物归还、体谅他人、遵守规则以及公德行为等。研究发现，金钱概念启动后，个体可能会为了实现个人利益而损害他人或集体利益，特别是当把个人目标放在优先位置、社会联系被削弱时，个体会更少地从他人和集体的利益或从道德角度考虑问题，从而做出违背社会规则或诸如撒谎、欺骗、偷盗等不道德行为。（3）金钱概念启动减少关系性亲社会行为。关系性亲社会行为主要涉及建立和维护社会交往中积极关系的行为，如关心他人、接纳、安慰、合作、分享以及发起友谊等。金钱作为一种社会资源，可以更好地满足人们的物质需要，提高个体独立性和自主感，但同时也可以成为社会关爱的替代品，降低人们对社会关系的需求，缓解社会排斥带来的恐惧和痛苦，造成社会交往需求的下降和合作意愿的降低，从而导致关系性亲社会行为减少。实验证实，在实验室条件下只是让本科生接触商业相关的物品（董事会议室、商务公文包、办公桌）就可以减少其合作行为。金钱概念启动的个体与他人保持了更远的身体距离，并且喜欢自娱自乐性的活动，表现出较低的社交愿望。(4)金钱概念启动降低特质性亲社会行为。特质性亲社会行为主要涉及个体人格特质、反映个体自身优良品质的行为，比如宜人、讲义气、同情他人以及宽容等。调查发现，在大学教授中，经济学教授在捐款额度最小的群体中占有很大比例，经济学家比其他学科的学者更为吝啬。也许是因为经济学专业的学生和教授经常接触经济学，金钱概念一直处于启动状态，从而产生相应的行为倾向，也可能是经济学改变了他们的人格特质和个人品质，影响了特质性亲社会行为，即使不再接触经济学专业，也可能表现出较低的特质性亲社会行为。[①]

为什么会产生这种消极影响呢？专家们对其原因做了分析。首先，金钱概念启动会提高个体的自主需求和自足感，从而对亲社会行为产生消极影响。人作为一种社会动物，需要相互依赖，形成一个相互接纳的群体才能更好地生存下来。但金钱作为一种帮助个体从社会中获益的社会资源，无论个体是否受社会和他人的接纳，金钱都可以让人更好地掌控社会系统从而满足自己的需求。一方面个体变得更独立和自由，不依赖他人也不被他人依赖，倾向于独自进行活动，合作行为减少，对他人的需求不敏感，对人际关系的渴望降低（对关系性亲社会行为产生消极影响）；另一方面，启动金钱概念会增强个体的力量、效能和自信，引发自足感后使个体更有能力和控制力去满足自己的各方面需求，即使没有社会支持和良好的人际关系，个体依然相信自己有能力自给自足，可以自己解决难题，相应地对他人的需要不敏感或难以认同，助人行为和慈善捐助行为减少（利他性亲社会行为减少）。

其次，金钱概念启动诱发经济型心理定式。经济型思维定式有三种类型。(1)效用(utility)定势，即个体从效用大小或收益大小的角度去做行为决策，使个体将更多的时间投入工作，减少社交时间（对关系性亲社会行为产生消极影响），也更少地从道德角度和他人利益考虑，而更多地做出违反社会规范或者不道德的行为（减少遵规与公益性亲社会行为）。(2)市场定

---

① 李爱梅、彭元、李斌、凌文辁：《金钱概念启动对亲社会行为的影响及其决策机制》，《心理科学进展》2014 年第 5 期，第 845—856 页。

价模式。因为金钱是市场价格（market pricing）最典型的形式，久而久之，只要提到金钱就会引发"市场定价倾向"（market pricing orientation）。最典型的表现就是，在公平的市场交换过程中，人们在付出之前首先要考虑自己能够得到什么，因此启动金钱概念的个体会采用公平交换的市场定价模式来进行成本和收益分析，用交易中的投入和产出来权衡社会关系。而维持人际关系和助人等亲社会行为一般不会带来即时和明确的回报，加上人们可能认为与他人保持太亲密的人际关系会给自己带来麻烦。因此，在启动市场定价模式后，人们的亲社会行为会减少。市场定价模式与效用定式的观点比较相似，都认为金钱概念启动诱发了经济型心理定式，使个体更多地考虑某行为带给自己的收益。但两者又有区别：市场定价模式聚焦于客观的公平交换原则，追求公平的"市场交换"；而效用定势强调某事物或行为是否会带给个体较大的主观效用和客观效用。（3）商业决策框架。商业是一种以营利和获取最大利润为目的行为，当个体通过商业决策框架去认知情境时，就更容易在个人利益优于他人利益的基础上做出决策。在利益最大化和利己目的引导下，利他、捐赠、互助等利他性亲社会行为必然会受到抑制。并且，商业决策框架使个体排除考虑其他因素如道德因素，这更增加了不道德行为发生的概率。同时，商业决策框架还会弱化社会联系（social bonds），人们倾向于对内群体成员比外群体成员表现出更多的关心、互助以及道德顾忌。当社会联系被削弱时，遵规与公益性亲社会行为就会减少，人们更容易采用不道德的行为对待他人。①

最后，金钱概念启动诱发自由市场的价值观。麻省理工学院的丹·艾瑞里于 2010 年在《怪诞行为学》一书中提出，现代社会给人们提供了两套截然不同的行为规则：一是旨在促进长期关系、信任与合作的社会规范；二是一套围绕着金钱和竞争的市场准则，鼓励个人把自己的利益放在首位。金钱作为自由市场经济的象征和运作媒介，可能会使人们将市场运作的规则应用到社会交往中，使个体更倾向于采用自由市场的价值观（free-market value），认同社会达尔文主义，接受社会地位差距是"优胜劣汰，物竞天择"的自然结果，表现出较少的亲社会行为，尤其是利他性亲社会行为，甚至认为通过慈善事业对此进行弥补是反自然而且低效的，不利于社会的进步。②

启动金钱概念，在一定程度上会减少亲社会行为，降低人们的道德认

---

①② 李爱梅、彭元、李斌、凌文轻：《金钱概念启动对亲社会行为的影响及其决策机制》，《心理科学进展》2014 年第 5 期，第 845—856 页。

同(moral identity)——个体围绕一套道德特质而组织起来的自我概念或认知图式,包含道德价值观、道德目标、道德品质以及行为脚本的复杂知识结构。道德认同越高越有可能促使个体表现出更多的亲社会行为,但在市场经济大潮中,金钱概念激活了人们利己的自我图式,在减少亲社会行为的同时,也会抑制道德认同,激发个体行为的冲动性和任意性,甚至可能会为了获得个人利益而做出败德行为。对此,构建符合市场经济社会中的道德行为规范就尤为必要。

二、构建共同行为规范的原则

构建现代行为规范的前提,首先就是要客观认识人性,既不过度拔高人性,视人人为圣人,也无需将人看成自私的丛林动物。人性是自利与利他的综合。正如亚里士多德所说:"人人都爱自己,而自爱出于天赋,并不是偶发的冲动(人们对于自己的所有物感觉爱好和快意,实际上是自爱的延伸)。自私固然需要受到谴责,但所谴责的不是自爱的本性而是那超过限度的私意。"[①]因此,可以参考美国学者约翰·麦克里兰在其《西方政治思想史》中提出的观点:"思考道德的时候,我们必须将我们的人类同胞视为不是非常善良,也不是非常邪恶。人天生非常善良,则思考道德是多余的,因为你可以看准他们会好好做人。人天生非常坏,思考道德也是多余,因为你可以看准他们会做坏事。思考道德,是在非常好与非常坏之间思考,而且假设圣贤与恶魔都非常少。"[②]在此基础上,构建人类社会交往的共同规范。

人所具有的自利性倾向是道德得以产生的自然基础。然而,由于人类需求的多元化和复杂性,利益的追求也就千种百样,以利益为基点构建道德和伦理会不会导致道德的相对性而缺乏普遍性的标准,无法为道德规范的普遍约束力提供坚实的根据呢?事实上,个体利益的多元化和复杂性并不遮蔽人类利益的相通性、一致性。"哲学—伦理学意义上的自我利益概念并不等同于狭隘的、自私自利的利益概念,而是'理性个体的启蒙了的自我利益',它包括保障生命的需求、对身心完整性的需求和对自由的需求;既是指个体的现实利益,也包含其长远利益。"[③]人们对利益的追求是通过权利来体现和保证的。"人权绝非是从一种形而上的天空上掉下来的,而

---

① [古希腊]亚里士多德:《政治学》,吴寿彭译,商务印书馆1995年版,第55页。
② [美]约翰·麦克里兰:《西方政治思想史》,彭淮栋译,海口出版社2003年版,第185页。
③ 甘绍平:《论契约主义伦理学》,《哲学研究》,2010年第3期,第84—91+102+128页。

是根植于人的基本利益,这一点早在康德就认识到了;人之所以享有人权,不能从多元的文化和宗教理据中去寻找,而是应归功于人类的自利这一共同的生命基本原则,正是自利的需求论证了权利保障的必要。"①利益是权利的本原和资源,构成权利的实质,权利是利益的抽象表达,蕴含了对利益的期待或实际享有。因此,"道德是为了调整人们现实的利益关系,满足个体的利益和需要而产生的,这里的利益不是狭隘的、自私自利的个人利益概念,而是人类共同的、天然的、相通的利益,人类利益的共同性和相通性,决定了公共道德的存在,决定了道德的客观必然性和普遍性。人权,作为人的权利,正是这种人类共同的、相通的利益的抽象表达和诉求,道德的利益基础决定了人权构成了现代道德的基础和核心,决定了道德和人权的相关性"②。

而规范伦理学的根本任务就是:"引导人们谋求利益,在谋求利益的生存过程中遵循利益的普遍性(即互惠性)和利益的限度性(即节制性)原则,激励人真正创造出人的生活,促进人人生命的完美存在。"③正如爱因·兰德所说:"伦理学的任务就是要教导人们如何像真正的人那样生活。"④人们对自我利益的关注成为伦理道德建构的重要基础和形式之一,这种建立在利益基础上的伦理学派被称为功利论。在某些学者看来,功利论的道德观是人们道德境界的基本形式:"伦理认知或者说伦理构建的基本方法有二:一是功利论,二是道义论。前者是以利益为准则来构建人类生存伦理关系;后者是以超越利益(或舍弃利益)为准则来构建人类生存的伦理关系。更具体地讲,人类伦理的生成与敞开,客观地呈现道德与美德两个维度,前者是规范伦理的研究对象,后者是美德伦理的研究对象。在规范伦理视域里,道德及其规范体系的构建,必以功利论为基本方法;在美德伦理世界里,美德及其美德方式的生成,必以道义论为基本方法。"⑤功利论的道德观虽然比不上美德境界那么高尚纯粹,但也是权衡个人利益得失、保证社会公义的基本因素。

社会就是一个规范性的世界,属于一切个人交互关系的总和。用哈贝马斯的话来说就是:"规范表达了在一种社会集团中所存在的相互一致的

---

① 甘绍平:《论契约主义伦理学》,《哲学研究》,2010 年第 3 期,第 84—91＋102＋128 页。

② 郑丽珍:《论人权的道德性——兼与莫纪宏教授商榷》,《道德与文明》2011 年第 6 期,第 142—147 页。

③⑤ 唐代兴:《利益:规范伦理的逻辑起点与目标指向》,《伦理学研究》2013 年第 3 期,第 25—30 页。

④ 〔美〕爱因·兰德:《新个体主义伦理观》,秦裕译,三联书店 1993 年版,第 19 页。

状况。对于一定规范有效的社会集团的全体成员而言,他们可以相互要求,在一定的情况下进行或放弃各种所规定的行为。遵守规范的中心概念,意味着满足一种可普遍化的行为要求。行为要求不是具有一种预测事件所要求的认识意义,而是具有规范性意义。也就是说,具有成员们有权利去要求进行一种行动的意义。"①规范为人们的行为预设了前提,在共同遵守规范的前提下,社会交往才会有序进行,社会团结才能出现。因此,在本质上,规范对社会集团成员具有普遍约束力,所有人无论出身、性别、地位、职业等都必须遵守;在形式上,规范表现为对行为者或行为具有合法效力的一系列制度、规则、规定或准则,并由此具有行为的社会机制意义。

那么,如何在复杂丰富的权利与欲望中协调出人们所普遍认可并共同遵守的社会行为规范呢? 与传统美德伦理是由圣贤等道德权威制定方式不同,现代道德规范的建构需要体现出公民的自主性。哈贝马斯在《道德意识和交往行为》一书中提出了两个原则:普遍化原则和话语原则。

所谓普遍化原则,就是:"每个有效规范均须满足下列条件:所有受规范影响的人,都接受为满足每个人的利益而普遍遵守该规范所产生的结果和不良后果,且相对于遵守其他可替代的规范,人们更愿意接受遵守该规范所产生的后果。"②虽然人们在利益追求上表现出多元化倾向,但也有相对统一的需求,面对分歧人们不愿意求助暴力或者货币、权力来解决,而是希望通过一个相互说服的过程,来获得所有受此规范影响的人的同意,而经过这种论证过程的道德规范才具有普遍的有效性。进一步说,普遍化原则包含两个非常重要的设定:"(1)要求有效性的规范有认知的意义,可以如同追求真理一样进行处理;(2)规范和命令的证明需要在一个真实的话语中进行,而不能在一个严格意义上独断的形式中进行,比如在一个单独的心灵中发生的假想论证过程的形式中进行。"③前者反对所谓的道德怀疑论,提醒人们追求社会道德规范的有效性和正确性,就像追求认识自然界客观对象规律一样是可能的;后者反对道德独断论,主张人们的自主意识,即如果道德规范的遵守者没有参与到规范的制定过程中,就没有从根本上解决道德规范有效性的基础问题。

所谓话语原则,就是:"只有下述规范能够主张有效性:这些规范获得(或者能够获得)所有受规范影响的人同意,而这些人从身份讲是作为实践

---

① [德]哈贝马斯:《交往行为理论》(第1卷),洪佩郁等译,重庆出版社1994年版,第189页。
② 同上,第75—76页。
③ 同上,第78页。

话语的参加者而出现的。"①具体来说就是:(1)规范是经过人们赞成而形成的;(2)人们参加论证过程,举出理由来表达自己同意或者反对;(3)规范形成的过程是开放的,没有权利的强制或压迫。话语原则强调道德规范论证的参与、对话、协商过程,并非道德意义上的善良意志或自由意志,是人们解决伦理学问题的核心。"普遍性原理事实上需要这样一个论证的合作过程的理念。"②没有一个合作的话语过程,普遍性原则就没有基础。

在社会交往中,规范的有效性具有权威性和非个人性,是社会团体的所有成员都必须遵守的行为准则。只有在这两个基础上设立的行为规范,才有可能建构起合法的人际关系和社会秩序,它使社会所有成员平等地进入一种论证过程,经过充分交流协商,获得多数人同意后,才能取得道德规范普遍有效的合法性。这是因为,随着现代社会的发展进程加快,人们逐渐从固定的血亲聚居区脱离出来进入公共生活区域,这就需要人们在自由、自主、公平的基础上,发挥个体自主性,运用公共理性参与公共事务,协调多元的利益关系和人际关系,建立公共契约性规则。

三、道德境界的两种价值取向

传统观念认为,利他行为才是合乎道德的,为了他人利益牺牲自我利益才值得称颂,因此,追求自我利益成了道德的对立面和批判对象。但是,正如马克思所说:"人们奋斗所争取的一切,都同他们的利益有关。"③调节不同主体间的利益关系是道德的核心,抽离了利益,道德也就成了空谈。

那么,怎样才算是道德的呢? 美国法理学家朗·L. 富勒(Lon Luvois Fuller)提出了道德层次论。在他看来,道德包含两个层次:义务道德(morality of duty)和愿望道德(morality of aspiration)。前者"确立了使有序社会成为可能或者使有序社会得以达致其特定目标的那些基本原则"④,在肯定个人追求私利合法性的基础上,规定了人际交往中的基本义务和行为底线,并将其视为社会得以维系的基本条件,必须人人遵守,否则就应当受到谴责。后者指"善的生活的道德、卓越的道德以及充分实现人之力量的道德",是人们价值观念、精神层面的追求和超越,无须人人遵循。在富勒看来,这两个层次是道德的两端:"最低点是社会生活的最明显的要求,

①② [德]哈贝马斯:《交往行为理论》(第1卷),洪佩郁等译,重庆出版社1994年版,第76页。
③ 马克思、恩格斯:《马克思恩格斯全集》(第1卷),人民出版社1956年版,第82页。
④ [美]朗·L. 富勒:《法律的道德性》,郑戈译,商务印书馆2005年版,第8页。

向上逐渐延伸到人类愿望所能企及的最高境界。"①可以说，义务道德和愿望道德分别代表了两种不同的道德判断和选择：公正道德价值取向和关怀道德价值取向，他们在道德自我认同、人际道德关系以及道德判定方式三个领域都存在着方向性差异。

首先，道德自我认同方面存在差异。自我认同是通过察觉我与他者本质的不同而发现"我是谁"，强调个体的主体独立性。公正道德价值取向摒弃对关系的依赖，认为分离、自主和独立是自我认同与自我道德成熟的重要标志。代表人物是柯尔伯格，在其看来，自我越与他者分离，自主性越能得以体现，自我越趋于成熟。而关怀道德价值取向则主张关系、依赖和联系是自我认同与自我道德成熟的重要标志。代表人物有吉利根和诺丁斯，在他们看来，自我生来便被抛在种种依赖的、变化的、复杂的众多关系之中，因此个人是不可能完全绝对独立的，而是处于网络的中心并与他者相连，网络规模与发散程度越大，自我价值越大；网络中心自我与他人节点越相互满足需要，自我的道德越能得以发展。

其次，人际道德关系有所不同。公正道德价值取向吸取了启蒙运动以来权利、理性、平等、自由等理念，主张权利自主，人际交往应遵循互惠、公正以及坚定原则。互惠是指在普遍道德法则上理性算计的平等；公正表现为诚实守信、尊重他人具有同等的权利和自由、遵守法律与规则；坚定则是个体面对道德关系要坚持原则，不但独自一人时克己慎独，而且面对不公正时也敢于伸张正义、见义勇为、挺身而出。公正道德价值取向的核心是在平等基础上的安全交往。而关怀道德价值取向则从人与人互为依赖关系出发，认为良好的道德关系不仅具有公正感，更应体现于舍己以关怀他人，人际道德关系除了遵循公平自由等理性原则外，还需要以情感投注与移情来维系，互相关怀、互相依赖、互相满足。

最后，道德判定的方式不同。在面对道德两难问题时，公正道德价值取向倾向于承认个体自主性，以自然法和契约精神为道德原则，保护个体权利，当两个道德原则发生冲突时，以公正为根本原则，强调对抽象的普遍道德原则进行纵向等级排序，通过理性推理和判断保证结果的合理性。而关怀道德价值取向则关注主体在具体情境中特定人物的特定需求和独特体验，不以普适性道德法则作为推理和判断的依据，更多的是依靠感性道德直觉、综合多方面因素做出判断，以关怀行为、关系维持以及所有人幸福为终极目标，兼顾各方利益。可以说，在道德最普遍的状态上，公正道德价

---

① ［美］朗・L.富勒：《法律的道德性》，郑戈译，商务印书馆2005年版，第12页。

值取向是理性的公正原则,关怀道德价值取向则是不伤害原则。[①]

道德作为社会交往的行为准则,只有公正则太理性冷漠,只有关怀则易情感泛滥无序,两者结合才可优势互补,建构比较成熟的社会道德规范。

(1)在道德自我上,公正道德价值取向强调分离和自主,关怀道德价值取向强调关系和依赖。其实,分离和依赖是人类的生活常态,人们总是在联系中感知自我、在分离中感受关系。在道德能力发展的过程中,个体的主体性不断确立并成熟,然而这并不意味着能够脱离与他人的接触、联系和关怀。由于能力和机遇的差别,人们经常处于关怀与被关怀的交替之中,独立与依恋、权利与责任互为补充。

(2)在道德发生上,公正道德价值取向倾向基于道德原则的理性决策,这使得人们可以在面对复杂琐碎的社会现实交往中采取恰当的行为,取得满意的结果。但这并不是否定现实情境中道德情感的触发作用。道德原则是放之四海而皆准的行为指导纲领,具有一定的抽象性和普遍性,但道德事件中的每一个主体和事件又都是具体的、特殊的、现实的,需要具体问题具体分析,只有在关怀等道德情感触动下才有可能激发人们进一步的决策和行动。可以说,原则与情境、理性与感性相互结合,才能促生恰当的道德行为。

(3)在道德范围上,公正道德价值取向强调普遍性的"规范道德",而关怀道德价值取向则注重高尚的"美德德性"。这两者并不对立和冲突,甚至可以说,美德德性是道德规范的内在根据和源泉,而道德规范是美德德性的外在表现和保障。从道德规范转向美德德性,也是道德主体从道德他律转向道德自律、在生活世界追求精神超越的自我实现,两者互相补充可以更好地满足人们对现实与超然的多元需求。

(4)在道德目标上,公正道德价值取向着眼于维系社会秩序的公平公正,主张人人生而平等自由、权利自主,肯定人们之间的竞争和进取。关怀道德价值取向则着眼于促进社会中人际关系的和谐,主张关怀同情、协同友爱。它们一个规范人们的外在行为,一个建构人们的内在信念,两者可以互补与共生:关怀以正义为指导凸显理性成熟,正义具备仁慈和关怀,避免冰冷和功利,由此就可以建构起既公平有序又温馨和谐的良性社会。[②]

从道德境界来说,正义比仁爱更为基础。亚当·斯密曾经说过:"毫无疑问,正义的实践中存在着一种合宜性,因此它应该得到应归于合宜性的

①② 于沧海:《试论道德的两种价值取向:公正与关怀》,《学术交流》2005 年第 5 期,第 52—56 页。

全部赞同。但是因为它并非是真正的和现实的善行，所以，它几乎不值得感激。在绝大多数情况下，正义只是一种消极的美德，它仅仅阻止我们去伤害周围邻人。"[1]但正义比仁慈等社会美德更具约束力、强制性和持久性，友谊、仁慈或慷慨，人们可以自由选择，但是"我们感到遵奉正义会以某种特殊的方式受到束缚、限制和约束"[2]。可以强迫人们遵守正义法规但却不能强迫人们遵循美德。正如两千多年前古罗马哲学家西塞罗所论述的那样：善行要以正义为基础，正义构成善行的限度。加拿大政治哲学家金里卡也主张："正义并不取代爱或团结，正义理念中并没有什么内容会阻止人们做出这样的选择——为了帮助他人而放弃自己的正当权利。正义只是为了确保，这些决定的确以自愿为基础；正义还要确保，没有人能够强迫他人并把他人置于从属地位。正义支持爱的关系，但要确保爱的关系不会蜕变成支配和屈从。"[3]正义作为一种"等利害交换"，为己利他，属于善的基本境界，而仁爱是"善的不等利害交换"，超越正义、高于正义，是职责之外的善行，属于无私利他的最高道德境界。在现实中，无论是遵循基本的正义准则还是超越的高尚无私，都可以由道德主体自主选择。

① ［英］亚当·斯密：《道德情操论》，蒋自强、钦北愚、朱钟棣、沈凯璋译，商务印书馆 2016 年版，第 103 页。

② 同上，第 100 页。

③ ［加］金里卡：《当代政治哲学》，刘莘译，上海三联书店 2004 年版，第 381 页。

第二章　了解公正心理,建构公正信念

第一节　公平的心理本质和模型

在市场经济环境中,每个人都需要得到他人的协作和帮助,同时也要为他人提供帮助和服务。正如马克思所说:接受赠马,不看岁口,但是我们这位织麻布者决不是到市场去送礼的。由社会分工造成的人们之间"相互帮忙"和"相互服务",并不是出自某些人的恩惠和施舍,而是通过契约、交换和买卖所进行的经济交易活动,其目的是满足每个人的自身利益和需求。人人互为目的和手段,共同组成了利益共同体。但由于地区、人群、阶层之间社会经济成分、组织形式、就业方式、利益关系和分配方式的多元和复杂,产生了不同社会群体以及相互之间的利益差异。从某种意义上讲,这种利益差异在一定程度上调动了人们之间竞争的积极性,提升了社会的生机和活力,推动了人类的发展和进步。但是,利益差别和分化太严重,也会产生诸多矛盾和冲突,引发一系列的社会动荡。如何协调各方利益关系、达到利益均衡就成为人们关注的话题。

利益均衡就是:"按社会各个利益主体都能接受的方式和规则进行资源配置和利益分配,以便把利益冲突减少到最低限度,尽可能地保持利益关系的稳定和利益格局的平衡。"[①]它不是利益的平均分配,而是利益导向公正、利益行为规范和利益成果共享。具体来说,可以包括几个方面:(1)利益的获得是以诚实劳动和合法经营为前提;(2)利益主体的人格、权利、机会均等;(3)利益的差别产生于公平竞争;(4)个体利益最大化在不损害他人利益最大化和社会利益最大化的合理性范围内实现;(5)不同社会阶层之间利益差别保持在合理范围内,社会所有成员共享经济发展成果。当

---

① 梅萍:《论利益均衡与伦理和谐》,《道德与文明》2010 年第 6 期,第 135—138 页。

然,每个利益主体或群体都渴求自身利益最大化,这是"自利"的天性使然,但是资源的有限性会使各群体都受到其他利益群体的抗衡和制约,这就促使各利益群体在满足自利需求的同时关注其他群体的需求,适度利他,互相妥协,以达到各方面的利益均衡。

在这过程中,就需要尊重和保障每个人或群体在社会发展中的平等权益。一旦利益失衡,人们容易产生心理落差,不公平感和相对剥夺感会降低人们对社会的归属和认同,当利益失衡变成社会普遍心理时,社会对既得利益者就会产生深深的怀疑和怨恨等反社会心理,从而对社会的制度与稳定和谐造成冲击。美国社会学家戴维斯的J型曲线理论显示,人们不断增长的期望挫折感或对社会现实的不满心态终将酝酿成社会骚乱或政治动荡,造成政绩困局,行为失范带来社会失序。对此,在市场经济环境下,了解公平本质、建立公正的社会制度、提高人们的公正信念是社会和谐的伦理基础,也是人们安居乐业的前提保障。

一、公平是人类生物进化结果

公平作为一种社会价值和个体德性要求,在不同时代具有不同内涵,阶级社会以等级差序作为利益分配的主要原则和依据,导致绝大多数社会底层产生强烈的剥夺感,从而对社会公平的实质进行质疑甚至反抗。在当代市场经济环境中,个体和族群都是平等的,何谓公平人们也达成了一定共识:得其所当得,付出与收益协调,权利与义务对等。

公平作为社会自然法、法律原则和制度,其基础是人类关于"公平"的相关认知。实验显示,公平产生于一定的内在神经生理基础,主要分布在两侧前岛叶(也称脑岛)、尾状核等脑区,各有分工协调作用。例如,在最后通牒实验中,分配者A决定10美元在两人之间的分配方案:A可以是人也可以是计算机,方案接受者B可以拒绝前者的方案。监测显示,在显著不公平分配方案中,B的两侧前岛叶活动显著,并且对人类(相比计算机)所提出的不公平方案更为敏感。也就是说,作为负面情感脑区,两侧前岛叶厌恶不公平,并由此引导了对不公平分配方案的拒绝。而且,两侧前岛叶的活跃程度与不公平程度成正比。在A是人类的情况下,A与B之间的分配比例为"9:1"时,两侧前岛叶的活动程度显著高于"8:2",更高于公平的"5:5"。结合行为学的统计考量,"7:3"至"对半开"的所有方案(即"7:3""6:4""5:5")基本上都被接受了,而从"8:2"开始的方案则被大量拒绝。而尾状核在神经科学实验中的活跃则主要体现为对不公平、不正义行为的惩罚。在另一个分配实验中,两位陌生人 A、B 作为参与者进行赠予游戏。结果显示,一旦出现背叛,在受试者具有强烈惩罚愿望并且可以实施惩罚的情况下,尾状核的活跃程度非常高。学者们推测:在对不公平进行惩罚时,尾状核让惩罚者感到了"报复的快感",是惩罚的动力来源。在神经学看来,无论是位于人脑的边缘系统(limbic system)的尾状核,还是位于人脑深处的两侧前岛叶,都属于情感脑区,因此,"大致可以认定公平首先是一种道德情感、道德直觉"①。

当然,这并不意味着公平仅仅是情感问题,前额叶作为理性脑区在道德抉择中也几乎同时被激活。在一些道德困境中,道德冲突和抉择就体现在理性的"前额叶脑区"与情感的"边缘系统脑区"之间的冲突。或者说,边缘脑区更多地参与道德直觉、道德激情的决策,而前额叶脑区则更多地参与道德理性、推理抉择。多项实验表明,"公平"等道德情感在决策竞争中并不一定获胜,公平的激情或直觉能否转化为公平的决定或行动,还要看其脑神经系统中的"情感"与"理性"的竞争结果。因此,从神经认知角度来看,无论是分配公平还是报复公平,公平首先是作为一种道德情感或道德直觉,然后才是"作为公平的道德理性",它们共同构成了人类天生具有公平意识的特性。

从生物基因演化过程来看,人类的这种公平天性是自然理性选择的结果。在探讨这一问题的过程中,学者们首先假设了一个前提:公平是否是一种合作的优势策略?依照著名博弈论学家阿克塞尔罗德(Roboert Axerlord)等人的研究,在各种策略竞赛中,最佳策略是"一报还一报"(tit for tat),它是最简单的公平,具有平等合作性和报复性(对不公正的愤怒和报复),也具有分配公平特性(可以从中推导出分配公平),从而能在长期社会合作中获得优先地位。这一假设在相关的计算机模拟演化中得到了证实:在各种策略竞争中,"一报还一报"策略对遗传产生了巨大影响。以 20 个个体、每代运行 24000 次行动、一次运作含有 50 代、进行 40 次的模拟运作表明:"开端完全随机,遗传运算法则使群体演化,群体中中等成员的成功程度等同于计算机竞赛的最佳规则——一报还一报。实际上模拟中进化的策略大部分都类似于'一报还一报',使'一报还一报'如此成功的许多特征它们也具有。例如,绝大多数个体都进化了染色体上的 5 个行为等位基因,由此而赋予它们的行为模式在该环境下是适应性的,而且也反映了'一

---

① 吴旭阳:《"公平"本质的实验研究——神经认知与演化的视角》,《厦门大学学报(哲学社会科学版)》2014 年第 4 期,第 7—15 页。

报还一报'策略在类似环境下的行为。……总的来说,在 95% 的时间里,演化规则做出的选择与一报还一报在同样环境下做出的选择是一样的。"[1]可见,作为公平的"一报还一报"策略成为演化中的优势策略,并不是一时之选,而是自然理性自发计算和长期选择的结果。在漫长的人类行为进化过程中,这一策略逐渐沉淀在人们的行为习惯中,并演化成为人类的情感或者道德直觉,使人类在与他人合作时能够迅速做出公平决策,从而获得生存和繁衍优势。经过若干代乃至几千代之后,生成了人类相关的生理结构,公平感成为人类自然正义的一种形式,追求公平成为人类的基本天性。

这一研究也得到了史学界的关注。根据现有考古发现,学者们推测,作为早期智人中的一支的尼安德特人,虽然其脑容量和体型均高于晚期智人,但由于交换程度低,无法进行高水平交换合作,很快就被晚期智人打败。而晚期智人则凭借公平策略,以"交换公平"为基础在跨群体间进行分工、交换、合作。例如,高超猎手专职打猎,武器制造者专职制作武器,大大提高了生产效率和组织能力,在群体生存竞争中迅速打败早期智人成为地球的主人,并在 7000 年前逐渐建立起人类国家。计算机模拟实验也表明,如果早期智人和晚期智人在一个地区中相遇,后者可以在 5000—10000 年间杀光前者。部分考古结果也印证了这个模拟实验:俄罗斯一个早期智人遗址考古发现,后者在几千年内迅速灭亡。有学者因此得出结论:晚期智人是"交易合作人种",这一天性,在自然选择中是正确的策略。[2]

在交换公平的合作中,人们也逐渐进化出了察觉欺诈的能力。相关研究表明,人们对于欺诈社会情境的识别率能达到 65%—80%,这说明人类对于社会交往情景中的欺诈行为是比较敏感的,判断的正确率也比较高。根据对哈佛大学本科生与亚马孙原始部落人的比较研究,学者们发现"防止欺诈"可能是所有人类具有的普遍能力。例如,在对社会性契约欺诈进行判断时,原始部落人的正确率是 86%,哈佛大学本科生的正确率为 75%—92%,两者水平几乎一样。由于该部落和哈佛本科生均属于晚期智人的现代人,前者可代表现代人的早期水平甚至是初始水平,后者可作为晚期智人智商和文明水平最顶级的代表,两者测试水平相近说明,在作为人种意义上的现代人中,可能普遍具有社会交往的"察觉欺诈能力"。认知

---

①　阿克塞尔罗德:《合作的复杂性——基于参与者竞争与合作的模型》,梁捷、高笑梅等译,上海世纪出版集团 2008 年版,第 20—21 页。

②　吴旭阳:《"公平"本质的实验研究——神经认知与演化的视角》,《厦门大学学报(哲学社会科学版)》2014 年第 4 期,第 7—15 页。

心理学也发现,这种能力的生理结构主要集中在眶额皮层和杏仁核脑区。一个关于人脑受损的病例研究也证实,这两个地方受损,会妨碍其社会性契约的判断能力,而其他推理能力并未明显退化甚至个别还有所提升,但表现出"社会契约"相关能力的萎缩。此类研究都可以推断出,人类已经进化出了专门用于发现欺骗的心理机制。察觉欺诈作为一种演化稳定策略(Evolutionary Stable Strategy,ESS)成为晚期智人的一种普世人性和特殊思维能力。

总之,交换公平的最大意义在于:"该机制能够整合多数个体的个人偏好和特长,使之能够为社会所共享,从而省却了长时期的演化时间。举例而言,一个社会中的百个个体均有自己的特长或偏好(偏好也可以发展成为特长),如果让每个个体都具有这百种特长,则可能至少需要数以千代的演化。一旦人类具有交换公平,则可以通过交换而分享这百种特长,从而省却至少数万年的演化。因此,进入晚期智人以来的人类文明呈现爆炸性发展,具有'一日千年'的进步效果。仅仅从社会发展的角度看,自从交换公平成为主流社会合作模式之后,现代人类的每一个短时期的发展,都具有地质时代的演化效果或意义。而在近代以来,随着交换公平日益为政治(社会契约)、法律制度所确认,交换越来越成为合作主导模式,社会进步更呈现加速发展的态势。"[①]

或者说,公平产生和发展的历程大致遵循着如下路径。第一步,策略—演化稳定策略:从行为博弈视角看,在社会合作中存在诸多行为策略,公平策略是其中最优策略,能够在诸多策略中脱颖而出成为一种演化稳定策略,在法哲学视角上,因其具有普遍性和稳定性,可以将其视为一种"万民法"。第二步,演化稳定策略—先天的固定神经机制:公平在成为演化稳定策略之后,能够通过长期演化而成为"先天的固定神经回路",这已为遗传演化实验以及认知神经科学实验所证实。第三步,先天的固定神经机制—基本人性:这种固定的神经回路发展成为情感公平的道德直觉和大多数人的先天基本人性。第四步,基本人性—自然法和实证法:公平的基本人性进一步成为"自然法"或"自然正义"立法的基石,并在此基础上繁衍出具体的法律制度或道德准则。

有学者甚至认为,这一路径和公平理念的发展相对应。例如,首先,从哈耶克的"自生自发秩序"角度看,公平的演化是自然理性自生自发的计算

---

① 吴旭阳:《"公平"本质的实验研究——神经认知与演化的视角》,《厦门大学学报(哲学社会科学版)》2014 年第 4 期,第 7—15 页。

和优胜劣汰的结果（前述第一步）；其次，根据休谟的道德情感理论，公平首先是认知神经实验所证明的道德情感（前述第二步）；再次，依照康德道德律令论断，公平对于多数人来说属于先天性的道德律令，是多数人在多数场景下先天的行为策略（前述第三步）；最后，根据罗尔斯的"作为公平的正义"理论，这种公平应该是自然正义的一种，是适用于政治或者法律设计的前提性价值之一（前述第四步）。就这样，哈耶克"自生自发秩序"、休谟"道德情感"、康德"道德律令"及罗尔斯"作为公平的正义"等学说就获得了理论上的统一。①

公平作为生物进化的结果在少儿公平敏感性的研究中也得到了证实。例如，相关研究发现，4 岁前的幼儿虽然行为表现出自私，但已具有对公平的敏感性。例如，在第一方任务中，婴幼儿在自己和他人之间分配资源时，90％以上的 3—4 岁幼儿选择有利于自己的分配，到 5—6 岁时这一比例仍高达 78％，大多婴幼儿都会拒绝对己不利的分配，接受有利分配。可见，当接受第一方任务时，婴幼儿倾向于表现得比较自私，并且只对不利于自己的不公平表现出厌恶。而当进行第三方任务，即被试不是分配中的利益相关者时，3—5 岁幼儿就可以公平分配资源。婴幼儿公平敏感性受多种因素影响，如性别、气质、心理理论、观点采择能力等个体因素，以及社会文化、家庭教养方式、亲子关系等社会因素，还受与情境相关的环境及主客体因素的影响，如社会情境、与分配者和接受者的社会关系以及分配的资源等等。例如，幼儿的分配行为依据接受者与自己的社会关系不同而表现出差异：幼儿在给朋友分配时表现出了公平敏感性，但对待陌生人则会表现得比较利己；相比群体外成员，个体对群体内成员会表现出更强的公平敏感性，随着婴幼儿年龄的增长，这种差异会越发明显。②

同时，3 岁幼儿已经能够考虑到个体的贡献，并基于贡献对分配行为做出判断及表现出公平分配行为，这说明幼儿基于贡献原则的分配公平性判断与行为很早就已经出现，但发展成熟比较晚，并基本上需要经历 3 个主要发展阶段，从纯粹自私阶段发展到遵循严格的平等规则阶段，即每个人获得同样多、不管个人的贡献，再到学龄儿童开始考虑个人贡献阶段，分配方式随着年龄的增长而变化。认知心理学家分析认为，这和幼儿数理逻辑

---

① 吴旭阳：《"公平"本质的实验研究——神经认知与演化的视角》，《厦门大学学报（哲学社会科学版）》2014 年第 4 期，第 7—15 页。

② 刘文、朱琳、温国旗：《分配情境下的婴幼儿公平敏感性》，《心理科学进展》2014 年第 4 期，第 618—624 页。

思维能力的发展密切相关,但实验发现,数理逻辑能力并不是决定性因素。5岁左右幼儿已经可以开始基于分配比例做出公平性判断,能够达到和成人类似的分配公平水平,这说明比例理解能力并不是幼儿分配公平性发展的决定性因素。例如在一个互动"钓鱼"游戏中,观察者让幼儿在自己和玩偶之间分配奖励物,来评估幼儿是否会按贡献原则进行奖励分配。结果发现,幼儿不仅能够关注自己的劳动贡献,也能够考虑到对方的劳动贡献。4—5岁幼儿能够站在他人角度考虑任务中的个人贡献程度,进而更好地调节由利益得失带来的情绪体验,做出按劳分配的行为。学者们还发现,卷尾猴和黑猩猩在奖励分配中对不公平分配也会表现出消极反应。这都说明一些物种已经进化到具有检测不公平的能力,而不是仅仅依赖于后天的学习、同伴的互动或语言的推理。

双加工过程理论认为,个体的分配公平性受认知和情绪两种加工过程的共同作用。幼儿早期的认知发展和情绪加工水平均可能对分配公平性的形成和发展产生重要影响。而心理理论能力作为幼儿认知发展的重要认知能力,对幼儿分配公平性发展具有关键作用,个体的行为决策取决于对他人行动意图的信念,只有具备心理理论能力才能对他人行为、意图进行合理推测,并做出相应决策。当4—5岁幼儿作为资源接受者进行分配公平判断时,心理理论能帮助幼儿更好地做出公平性判断。此外,情境卷入水平这一情境因素也能引发幼儿不同程度的情绪体验,进而对分配公平产生影响。情境卷入水平又可分为卷入情境和非卷入情境。卷入情境是幼儿作为分配者在自己和他人之间进行分配公平性的判断和行为,分配结果涉及自身的利益;非卷入情境是幼儿作为分配者对他人进行分配公平性的判断和行为,分配结果与自身利益无关。来自卷入情境任务研究表明,幼儿大多以自我利益为中心;而来自非卷入情境任务研究表明,3—5岁幼儿已经在一定程度上表现出公平分配资源的倾向和意愿,更容易克服自我利益中心化的影响,从而做出分配公平性判断。究其原因,卷入情境涉及自身利益,会引起强烈的情绪反应,道德情感驱动理论强调自发的情绪在道德判断发展中有着重要作用,幼儿强烈的情绪反应影响了幼儿的分配公平性。而在非卷入情境下,不存在利益卷入,儿童可以通过认知调节作用直接进行公平分配。[①] 从儿童整体德性发展过程来看,道德关怀取向逐渐增加(5—6岁<7—8岁<9—10岁),但到11—12岁时,关怀取向骤然降

---

① 张雪、刘文、朱琳、张玉:《基于贡献原则的幼儿分配公平性》,《心理科学进展》2014年第11期,1740—1746页。

低,并向公平取向靠近。可以说,随着年龄的增长,儿童道德取向的发展呈现倒 V 形。[①]

二、程序公平及其心理学机制

作为一种价值和道德判断的标准,"公平"是人们希望社会资源达到合理分配的一种理想。由于能力、机遇的个体差异导致了具体分配的多元方式,而程序公平则可以为人们合理进行利益分配设置确定的规则。首先就是机会公平。在传统世袭社会中,有些人可以根据血统来垄断社会政治、经济、文化资源,从而占据社会优势地位。但随着竞争性市场经济的发展,人人平等而自由,也希望社会资源向所有人开放,不论种族、性别,每个人都有相同机会参与竞争,以个体才能和努力获得合理的社会成就。然而现实是,虽然每个人都有相同的法律权利去竞争高收益职位,但由于家庭出身、自然天赋以及运气的影响,有些人处于不利地位,导致不公平结果。为了改进这种形式上的机会公平,美国当代著名政治哲学家罗尔斯主张:在社会所有部分,对每个具有相似动机和天赋的人来说,都应当有大致平等的教育和成就前景。那些具有同样能力和意志的人的期望,不应当受他们社会出身的影响。这包含两个核心观念:一是消除社会因素对个人正当发展的阻碍,人们不仅免于被歧视,具有同样潜能的社会成员都应该拥有同样的起点;二是对无法拥有同样起点的社会成员应减少自然因素对个人正当发展的阻碍。

其次是程序公平。在现实中,机会公平仅仅是起点,分配公平又因为个体能力、天赋、机遇等因素无法保证,因此,程序公平显得尤为重要。在探讨影响程序公平判断的因素及其内在心理机制时,学者们发现,"尊重效应"(dignitary process effect)是影响人们做出程序是否公平判断的重要参考和依据,最明显的体现就是有无发言权,有发言权的程序更容易被人们认为是公平的,称为"发言权效应",也叫"过程控制效应"。发言权又包括四个概念:(1)发言机会(voice opportunity),指实际获得的向决策者反映自己想法的机会;(2)所感受到的发言机会(perceived voice opportunity),是人们对所获得的发言机会的主观感受;(3)发表意见的行为(voice behavior),指在有发言机会的情况下,人们相应做出的行为反应;(4)发言的工具

---

① 卞军凤、燕良轼:《5—12 岁儿童人际关系差序性对道德公正与道德关怀的影响》,《学前教育研究》2015 年第 6 期,第 38—44 页。

性(voice instrumentality),是指个人发表的意见对决策结果的影响。在此基础上,发言权还需具备一定的特征才会对提高程序公平具有重要意义。首先,发言时间,在决策过程早期提供发言比在晚期提供更能提高人们的满意度和工作绩效;其次,对发言权的预期,当人们所预期的发言权大于实际发言权时,发言权效应便会降低或失效;最后,发言权的大小,实验显示,它与程序公平、结果满意度的关系呈倒 U 曲线,在某个节点之前,会随着发言权的增加快速增加,但此后便出现平缓状态,也就是说,发言权并不是越大越好,每个人的发言权机会大了,也就意味着每个人都要去听取他人意见,自己意见反而得不到充分体现,造成大量时间消耗,同时也降低了解决问题的效率。[1]

之所以关注"发言权效应"和"尊重效应",学者们做出了"自我利益模型"(self-interest model)和"团体价值模型"(group-value model)两种解释。"自我利益模型",又称"工具性观点"(instrumental perspective),主要认为,人们希望能控制决策过程是因为他们比较关注自我利益,而发表意见有助于获得自己满意的结果,提高对程序公平的评价。这一模型是建立在社会交换理论基础之上的,前提假设是当人们与他人交往时倾向于使自己利益最大化,可以说,对程序公平的判断与人们对获得预期利益可能性的判断密切相关。"团体价值模型"则认为,过程控制能提高对程序公平的评价并不是因为它能影响分配结果,而是因为它体现了个人在团体中的价值。因为团体是人们自我证实(self-validation)、情感归属和支持、物质资源的重要来源,人们渴求与组织保持长期关系,并希望自己是团体中有价值的成员。因此,对程序公平评价来源于两个方面:整个团体的社会价值和个人在团体中被看作是充分发展的、有尊严和地位的个体。[2]

在"发言权效应"和"尊重效应"两种心理机制外,学者们还发现了影响程序公平的第三种效应,即"公平过程效应"(fair process effect)。它指的是公平程序对组织和人们态度行为的积极作用,即公平程序能提高人们对程序所产生结果的评价以及对程序规则的遵守。大量实证研究证实,程序公平能影响大量与工作有关的态度和行为,包括工作满意度(job satisfaction)、待遇满意度(outcome satisfaction)、组织承诺(organizational commitment)、对上级的信任(trust in supervisor)、对管理制度的信任(trust in management)、对权威的评价(evaluation of authority)、组织公民行为

---

①② 林晓婉、车宏生、张鹏、王蕾:《程序公正及其心理机制》,《心理科学进展》2004 年第 2 期,第 264—272 页。

(organizational citizenship behaviors)、工作绩效/退缩行为(withdrawal)(包括缺勤、迟到早退、离职等)、盗窃(employee theft)和组织破坏行为(organizational retaliatory behavior)等。学者分析认为,公平的程序既可以体现整个团体的价值从而带来团体自豪感,又可以提供成员所需要的社会情感如自尊、归属感等需要,进而促成了人们的积极态度和行为。

程序公平与分配结果之间也是交互作用的。当程序公平时,分配结果的好坏对结果变量的影响效果会减弱,也就是说,只有在程序是不公平的情况下,人们态度和行为的积极程度才会受到结果好坏的影响。反过来,只有在结果对人们不利的情况下,程序是否公平才能对人们的态度行为产生显著的影响。为什么会存在这种交互作用关系?学者们认为,用公平理论(theory of fairness)来解释就是,不公平的程序会使人们认为如果使用别的程序,他们本可以获得更好的结果,所以会将不好的结果归咎于采用该程序的一方,从而产生怨恨情绪。而公平的程序则很难使人产生这种反现实的思维(counterfactual thinking),也就不容易造成指向决策者或组织的负面情绪。[①] 同时,程序公平也可以为个体节省认知成本,当面对情景不确定时,公平程序可以成为人们解决实际问题时普遍遵循和信赖的规则。

三、影响分配公平的心理模型

如果程序公平理论聚焦于决策制定的过程,那么分配公平理论则主要关注个体对结果公平的判断。心理学家和经济学家提出了三种公平模型。

(一)均等模型

古典经济学理论认为,个体最优的行为策略是实现利益最大化。为了做出最佳选择,个体必须遵循"理性人"的思维模式,避免受到情绪或其他社会因素的影响。然而研究者们也发现,在行为决策中,除了单纯的利益导向之外,公平也是影响个体行为的一个重要因素。例如,在"最后通牒游戏(Ultimatum Game,UG)"实验中,个体执行与遵守公平准则的倾向得到了充分体现。UG游戏一般有两名参加者,分别扮演"分配者"和"接收者"对一笔奖金进行分配。分配者有权提出分配方案,接收者有权接受或拒绝

---

① 林晓婉、车宏生、张鹏、王蕾:《程序公正及其心理机制》,《心理科学进展》2004 年第 2 期,第 264—272 页。

该方案。如果分配者的方案被接受,这笔奖金就按照分配者提出的方案进行分配,如果方案被拒绝,两人所得金额均为零。按照"理性人"假说,基于利益最大化原则,分配者应该会分尽可能少的金额给对方,而接收者应该接受任何非零的分配方案,因为任何数额的收入都比得不到金钱更有利。然而大量实验结果表明,分配者往往倾向于将一半左右的奖金分给对方;而当分配者给接收者的份额少于 20% 时,分配方案被拒绝的概率高达50%。这就说明,个体在社会决策中不仅会考虑自身的所得,同时也会考虑自己与别人收入是否对等。当个体与他人所得不均等时,即使个体所得不为零,个体的心理收益也可能为负值,从而促使个体做出拒绝行为以达到均等的目的,对分配者实施惩罚。这个均等模型得到了大量实证的支持。例如,有研究发现,如果猩猩们发现同组的其他猩猩拿到的食物比自己多,它们就会拒绝领受分给自己的食物,这是一种对不公平分配的厌恶和抵制情绪。儿童随着年龄的增长,在对资源(糖果)进行分配时会越来越多地倾向于均等方案,回避不均等方案(不论方案对自己有利还是不利),这都说明公平观念在儿童社会化的过程中得到了强化。[①]

(二)互惠模型

根据均等模型,被试的公平感只取决于分配方案是否均等,而不论方案的提出者是人还是电脑。学者们又提出了互惠模型,它能更好地解释为什么个体更倾向于拒绝由人提出的分配方案。互惠模型有三种互惠原则:一是直接互惠(direct reciprocality),即个体当前的行为能直接给自己带来利益。例如,当个体之间需要多次重复交往时,当前的惩罚行为可以在后续的交往中获得更多的利益。二是间接互惠(indirect reciprocality),即个体虽然不能通过惩罚从互动对方那里直接得到利益,但却可以借此在群体中建立声誉,从而在之后与他人社会交往中得到更多公平对待,间接地获益。然而,不管是直接互惠还是间接互惠,都不能很好地解释 UG 中的拒绝行为,因为 UG 的分配者和接受者之间的互动往往是单次(one-shot)而不是多次重复,而且也没有第三方可以获得接受者是否拒绝(亦即给予惩罚)的信息。因此,个体的惩罚行为可能反映了第三种互惠原则:强互惠(strong reciprocality),即面对不公平行为,即使惩罚行为本身是高成本的,而且惩罚实施者并不能直接或间接地从中获得任何利益,但为了维护公平

---

① 罗艺、封春亮、古若雷、吴婷婷、罗跃嘉:《社会决策中的公平准则及其神经机制》,《心理科学进展》2013 年第 2 期,第 300—308 页。

准则也会采取惩罚行为。利他惩罚虽然对个体没有意义,但对存在强互惠个体的群体来说,却拥有群体进化优势,使公平准则在群体内得到巩固和维系。①

(三)情绪模型

在研究中,学者们还发现,个体的情绪因素在社会公平决策中也起着至关重要的作用。例如,通过电影片段诱发被试悲伤、喜悦或中性情绪后做分配测试,结果发现,悲伤情绪组比中性情绪组拒绝了更多的不公平分配方案。情绪调节也能显著改变个体在 UG 中的行为模式。实验者让 UG 接受者在做出选择之前,加入一个书写表达环节,即在主试提供的卡片上向分配者写下一句话。结果显示,与控制组(无书写表达)相比,书写表达组对不公正分配方案的接受率显著提高。分析认为,UG 中的拒绝行为可能是接收者对不公平分配表达愤怒的一种手段,而书写表达使接收者在决策前宣泄了愤怒,从而减弱了他们接下来执行惩罚行为的抗拒情绪。最新的研究也表明,不同的情绪调节类型对 UG 的影响是不同的,与"表达抑制"策略相比,"认知重评"策略对 UG 中的决策倾向影响更大,会使接收者更多地接受不公平分配方案。进一步对比两种认知重评策略——向上调节(up-regulation,增强对分配者意图的负性评价)和向下调节(down-regu-lation,减弱负性评价)——对个体在 UG 中的行为和大脑活动的影响,学者们发现,向上调节使拒绝率提高,而向下调节的效果则相反。一项针对脑损伤病人的研究也显示,与正常人或者其他脑区受损的病人相比,腹内侧前额叶损伤对不公平分配方案的拒绝率显著提高。由于 VMPFC 被认为是情绪调节的主要脑区,这类病人在 UG 中的高拒绝率可能是情绪调节能力受损所导致。这项研究也从侧面证明了,不公平待遇会引起愤怒、厌恶等负性情绪体验,而个体对负性情绪的有效调节能显著地降低惩罚动机。②

近年来流行的"双系统理论"(dual system approach)试图融合社会决策中的认知因素和情绪因素。此理论认为,在社会决策过程中存在着两个系统的交互作用,一个是反应较快的、自下而上的情绪系统,与自动化过程相关;另一个是反应相对较慢的、自上而下的理性系统,与抑制控制相关。实证研究发现,被试拒绝分配方案的决策用时显著短于接受方案用时,当个体处于高认知负荷状态时,对不公平方案的拒绝率会显著提高。这些结

---

①②　罗艺、封春亮、古若雷、吴婷婷、罗跃嘉:《社会决策中的公平准则及其神经机制》,《心理科学进展》2013 年第 2 期,第 300—308 页。

果都说明,拒绝不公平方案的行为属于较快的、自动化的反应,而接受不公平方案的倾向会受到认知资源的影响,可能与理性系统的抑制控制过程有关。也就是说,公平在社会决策中的作用机制并不是简单地受情绪所驱动,而是一个认知和情绪交互作用的复杂过程。

总之,均等模型认为个体拒绝行为是为了消除与他人之间不均等的收益状态,是一种类似于"仇富"的动机;互惠模型认为个体拒绝行为是出于一种利他动机,是为了维护"公平"这一社会准则;情绪模型则强调不公平方案诱发的负性情绪是个体做出拒绝行为的主要因素,不管个体的动机是利他还是非利他。这三种理论模型从不同角度寻找个体执行与遵守公平准则的原因,这在一定程度上也反映了个体社会行为客观上的复杂性。当然,在真实生活中,个体在进行公平相关决策时,除了考虑分配方案的公平程度之外,还需要考虑与分配者的社会关系(朋友、上级等)、对方的个人信息(外貌、贫富)等其他因素。例如,社会心理学家早就发现,个体在社会互动过程中对群体内成员和群体外成员的态度有巨大差别,即所谓的内群体偏好。但其背后的行为动机却可能有很大差异:拒绝群体内成员的不公平方案很可能是出于利他动机,目的是通过惩罚让群体内遵守公平准则的个体增多,从而让自己所属群体受益;而拒绝群体外成员的不公平方案则可能是基于报复,目的是让对方不能得到比自己更多的收益。[1]

第二节　树立公正信念完善制度

一、影响公正感知的个体因素

社会资源能否得到公正分配除了客观结果和程序公平外,还和人们对公正的感知有关。

首先,公正感知力具有个体性差异。亚当斯(Adams)公平理论认为,个体通过比较自身投入比所得与他人投入比所得来判断是否公平,如果个体认为自己的投入所得比与参照对象的投入所得比相当,就感觉到公正;反之,个体感到自己的回报不足或者过度时,就会感到不公正,并因而产生

---

[1] 罗艺、封春亮、古若雷、吴婷婷、罗跃嘉:《社会决策中的公平准则及其神经机制》,《心理科学进展》2013 年第 2 期,第 300—308 页。

苦恼,这种苦恼又会促使他们试图恢复公正以减少苦恼。公正理论中这种苦恼的来源是基于所有个体对公正具有同样敏感性的假定,即所有人都偏好投入所得比与参照对象相同。虽然有很多研究支持这个观点,但也有研究发现并非总是如此,个体对公正与否存在着不同的感知与反应。对此,有学者提出了公平敏感性(equity sensitivity)概念。公平敏感性,从广义上来说,是个体对感知到的公平和不公平现象稳定而个性化的反应。个体在发展的不同时期对公平的理解也不尽相同,例如,在婴幼儿眼中,公平即平等,注重结果的公平性,而年长儿童则会考虑公平的贡献和需要原则。也就是说,个体对公平的三个原则即平等(equality)、均衡(equity)和需要(need)的理解,是随着自身认知能力的发展而获得的,是一个从无到有、由弱到强循序渐进的变化过程。一般来说,根据个体对公平的不同偏好,公平敏感性可分为三种类型:公平交易型、大公无私型和自私自利型。公平交易的人与公平理论的传统观点一致,偏好投入等于所得,喜欢自身的投入所得比与参照对象相同;大公无私的人偏好投入大于所得,喜欢自身的投入所得比高于参照对象;自私自利的人偏好所得大于投入,喜欢自身的投入所得比低于参照对象。但不论哪种类型,当情境符合个体自身内部公平标准、并且与个体和参照对象投入所得比偏好一致时,个体就会认为分配是公正的。①

其次,不同社会阶层对公平的感知也是有所差别的。由于经济、政治等多种因素,在社会层次结构中形成了处于不同等级地位的群体,这些群体之间存在着客观的社会资源,如收入、教育和职业的差异,以及主观感知到的由此造成的社会地位的差异,因此,社会阶层可分为客观社会阶层和主观社会阶层。客观社会阶层是以个体生活中享有的物质资源和社会资本为核心,以收入、职业和受教育程度为划分标准。而主观社会阶层则是以感知到的相对等级为核心,是个体同他人进行社会比较时,对自己在社会层级中相对位置的主观理解和体验感受。从社会认知视角(social cognitive perspective)来看,低阶层者掌握的社会各种资源较少,对外部依赖更强,因此形成了情境主义(contextualism)的社会认知倾向,更容易认同个体自身的生活和发展主要受到情境因素的影响,不论是心理还是行为都表现出外部定向特征;而高阶层者拥有的社会资源相对丰富,对外部力量的依赖较弱,更多地将自身生活与自己个人的特质和努力相联系,形成了内

① 刘文、朱琳、温国旗:《分配情境下的婴幼儿公平敏感性》,《心理科学进展》2014年第4期,第618—624页。

向唯我主义(solipsism)的认知风格,倾向于认为人的行为主要受个体自身因素的影响。这种内外不同的归因方式决定了个体对公平感知的差异。有研究发现,个体对贫穷或富裕的归因倾向对分配公平感具有显著影响,将贫富归因为个体能力不同的内归因者分配公平感较强,归因为机会不平等的外归因者分配公平感较弱。这一结果在东西方不同文化样本中均得到有力支持。多项问卷调查显示,高阶层者倾向于对事件做内归因,低阶层者倾向于做外归因,更多地不满社会现状。专家分析认为,低阶层情境主义的认知风格使得他们对环境信息更为敏感,有较强的威胁敏感性,倾向于对威胁产生更强烈的生理、认知和行为反应。无论是物理方面的威胁(人身安全),还是社会方面的威胁(拒绝、排斥、丢面子等),都显示低阶层比高阶层更敏感。在控制感无力时,低阶层比高阶层更多地将贫富差距看作是社会系统的原因,表现出更强烈的系统不公平感;而当有控制感时,低阶层在贫富归因与感知系统公平上与高阶层并无显著差异。这说明,要想让民众更多地认为自己的成功主要基于自身因素,进而感到社会是公平、合理的,就有必要变革社会体制和机制,设计更公平的制度和法律体系,出台相应的举措,减少对弱势群体的限制,提升其个人控制感,让他们感到自己能够在公平的社会里面,通过自己的努力来获得自己想要的成功。[1]

最后,作为一个主观判断过程,公平感还和社会比较的参照对象有关。一般来说,参照对象具有两个基本特征:相似性(relevance)和可获得性(availability),人们总是倾向于与自己相似的人作比较,参照对象与自身相似性越高,其对公平感的影响力越大,参照对象的信息在可获得的前提下,对比也才有意义。人们在挑选参照对象时通常有三种动机:公平(equity)、自我强化(self-enhancement)、自我贬损(self-depreciation)。具有公平动机的人希望通过找到合适的参照对象来证明自己在组织中的地位和作用;有强烈自我强化动机的人则会不断尝试,直到找到一个合适的使自己处于有利地位的参照对象,类似于人们常说的阿Q精神;具有自我贬损动机的人则恰恰相反,他们会尝试各种直到找到使自己处于不利地位的参照对象。通过与适合参照对象比较而产生的公平感,增强了人们的自尊和同一性。可以说,动机因素、个人因素和环境因素直接或间接地作用于参照对象的相似性和可获得性,从而影响人们对参照对象的选择,产生不同的公正知觉。

---

① 郭永玉、杨沈龙、李静、胡小勇:《社会阶层心理学视角下的公平研究》,《心理科学进展》2015年第8期,第1299—1311页。

二、维护公正信念的心理策略

公正既然是人们与生俱来的一种需求和能力,又是市场经济环境下人们合理分配社会资源的重要保障,因此,培养人们的公正信念显得尤为必要,甚至成为建构和谐社会的关键前提。所谓公正世界信念(belief in a just world),美国心理学家 Lerner 及其同事认为其核心就是"在这个公正世界里,人们得其所应得,所得即应得"[①],无论人们做什么事情,都会得到他们应得的报偿,善人有善报,恶人有恶报。这一观念对人们适应复杂的社会交往有重要意义,这是因为:"它为个体提供了一种对世界的可控制感。持有这样一种信念,会使人贯注于长远目标,并遵循社会规范行事,因为他们相信世界是公正的,努力投入并遵循社会规范就能获取应得的结果。"[②]实验证实,公正世界信念可以调节和缓冲人们面对不公正时的忧虑和愤怒情绪,维护心理的健康。例如,在诱发愤怒情绪时,公正世界信念得分高者较之得分低者体验到更少的愤怒情绪,拥有更强的自尊。心理学家分析认为,这是因为公正世界信念较强的个体更倾向于将其所经历的不公正进行内部责任归因和认知合理化,从而减少了不公正经历诱发的愤怒情绪。同时,在激发个体关注长远目标并按社会认可方式努力进取方面,公正世界信念也可以发挥积极作用,它使人们相信所处的世界是稳定有序的,结果是可以预测的,自己会被公正地对待,从而有利于个体适应社会环境并遵守社会规则。如果公正信念缺失,个体就很难致力于长远目标的追求,难以遵循社会规范行事,从而导致社会的无序和混乱。

在现实生活中,公正并非时刻都能得到实现,在面对不公正事件的威胁时,公正世界信念也为人们提供了有意义的解释框架和重建公正的途径,这种重建可能是现实层面的,如对受害者的帮助和补偿,也有可能是认知层面的,如对不公正的原因、结果的重新解释及对受害者性格或品行的重新评价。1980 年,在勒纳(Lerner)首部系统阐述公正世界信念理论的专著中,提到了九种常用的应对不公正威胁的策略,包含两种理性策略、四种非理性策略、两种保护性策略及最后的防御策略,这些策略维护并保证了人们面对不公时的公正信念。

其中,理性策略是指行动策略,即在不公正出现之前进行预防以及在

---

①② 杜建政、祝振兵:《公正世界信念:概念、测量、及研究热点》,《心理科学进展》,2007 年第2 期,第 373—378 页。

事后对受害者进行帮助或是补偿,这是在现实层面的公正重建。非理性策略是在认知层面上对不公正的起因、结果进行重新解释或对受害者性格、品行进行重新评价,对不公正现象进行认知合理化,结果有可能导致对受害者的远离、贬损和责怪。多项针对各种不公正受害者,包括各种意外或灾难受害者、犯罪行为受害者、重大疾病受害者、社会处境不利人群的实验研究表明,当被试公正世界信念受到的威胁越严重,其越倾向于采用非理性策略来重建公正。另外一些仅从个体差异角度出发的相关研究也得出了一致的结论,公正世界信念量表得分越高的个体,对饮食障碍病人、肥胖病人、精神病人等有更强烈的污名效应,往往将不幸归咎其自身。也就应了中国那句俗语"可怜之人必有可恨之处",人们面对无辜受害者的反应不是同情,而是远离、拒绝、责怪、贬损,这无疑是对受害者的"二次伤害",显然与日常生活中人们表现出的大量扶危济困行为相背离。因此,"公正世界信念是一把双刃剑,在个人层面,提供应对不公正的个人资源或心理缓冲,维护个人心理健康,而在对不公正受害者的态度上,则可能导致冷漠和歧视的态度,将不公正现状合理化,从而阻碍了现实意义上的公正重建"①。

保护性策略是从世界观的构建角度出发,例如,相信终极公正是存在的,未来的公正会弥补和平衡眼前的不公正,这实质上是对受害者的一种心理补偿,只不过这种补偿不是发生在现在,而是寄希望于未来。补偿性的合理化策略则是指相信好的和坏的结果最终都会自然平衡,没有人会一直好运,也没有人会一直倒霉,所有人最终都会得其所应得,这一终极公正理念,与中国俗语"不是不报,时候未到"有一定相似之处。人们还有一种倾向,即期待补偿性的结果会在未来发生,这降低了人们当前感知到的不公正程度。有研究显示,补偿合理化可能发生在解释的过程,也有可能发生在记忆过程。例如,在抽签中意外获得好结果的被试,会回忆起过去不幸的遭遇,而意外获得差结果的被试,则会回忆起过去好的经历,以平衡自己的意外得失。甚至还有研究显示,人们有时会通过选择性的记忆偏向来达到公正世界信念的平衡,例如,相对于受欢迎的特质描述情景,当彩票中奖人被描述为不受欢迎的人时,被试回忆的奖金额度会显著减少,而当被

---

① 周春燕、郭永玉:《公正世界信念——重建公正的双刃剑》,《心理科学进展》2013 年第 1 期,第 144—154 页。

试的公正世界信念受到严重威胁时，这种记忆偏向更加突出。[①]

当然，面对不公正，在其他策略都不起作用时人们还有一个最后的防御策略，就是相信这个世界原本就是不公正的，因此也就无所谓威胁了，这是一种犬儒主义的自我保护。

人们得其所应得，所得即应得，隐含了这样一种推理，无论是好的结果还是坏的结果都不是偶然发生的，而是与其自身行为或品行有着某种因果关系，是得其所应得。那些得善果者是因为其努力、诚信和善良，而不幸者则是因其懒惰、奸诈和愚笨导致的咎由自取，即所谓的"善恶有报"。即使现实中善人遭恶报、恶人有善报时，人们依然倾向于相信这个世界是公正的，来满足对社会的控制感和安全感。这都促使人们坚守并尽力维护着社会的公正。

三、构建公正前提是制度保障

既然追求公正是人们与生俱来的一种天性，也是保证人际交往和谐的主要力量，因此，公正是值得整个社会去尽力维护的主流价值理念。早在300 年前，亚当·斯密就对公正在现代社会中的规范性和基础性的作用给予了充分肯定，他在《道德情操论》中对比慈善与正义的作用时说：与仁慈相比，社会的存在更依赖于正义；一个没有仁爱之心的社会虽然不太愉快，但仍可维持，但一个充满暴行的社会却注定要毁灭；如果说善行是给建筑物增添光彩的装饰，那么正义就像支撑整个大厦的中心支柱，一旦动摇，人类社会这座宏大雄伟的建筑就会轰然倒塌。人类历史表明，维护公正或正义最有力的形式就是将其制度化。这是因为，制度作为调节人们社会交往关系的准则体系，是由社会、国家、民族、阶级、集团制定的，可以明确规定人们权利义务边界的，具有确定性和强制性的行为规范总和，规定了人们可以做什么、不可以做什么，对人们的行为有一定的指向性和导引性，也是重要的外在约束和行为评价依据。

当然，正义制度化的首要前提就是制度本身是正义的，是符合伦理规范的。由于每种制度都是建立在对一定价值理念追求基础上的外在体现，如果它本身是不合理的，即使被严格执行，也会造成社会反效果。正如邓小平同志所说："制度好可以使坏人无法任意横行，制度不好可以使好人无

---

① 周春燕、郭永玉：《公正世界信念——重建公正的双刃剑》，《心理科学进展》2013 年第 1 期，第 144—154 页。

法充分做好事,甚至会走向反面。"①当处于即使作恶也能得到好处的制度之下,要劝人从善是徒劳的。而正义的制度,可以保证良序社会的持久和稳定,保障不同利益主体得其所应得,在此基础上也能促使人们获得一种相应的正义感和努力维护这种制度的积极愿望。用休谟的话来说就是:一旦人们建立起正义的规则,并发现这些规则有利于公益,那么对于这些规则的遵守自然而然地就会生成一种道德感。所以,制度的德性相对于个体德性来说具有优先性。特别是在当今社会,人类已经进入高度分化的状态,传统情感性的美德在激烈的竞争和快速浅表的交往中难以发挥作用,如何在保障人人平等自由并拥有基本人权的基础上,设计一种大家都能接受的、程序合理的、权利义务对等的、执行有力的制度就成为维护良序社会的首要前提。

正义的制度应该具备三个特征。(1)这种制度是能够被社会成员所广泛认可的。社会制度作为人们共同遵守的权利义务分配机制的行为框架,必须得到人们的一致同意。这种同意不是建立在所有个体独自利益之上的,而是建立在同等环境下能够被相同对待、每个人都可以自主追求自己所认同的美好生活基础之上的制度,是对超越个人立场而对社会基本结构价值取向的共同构造。例如,罗尔斯所设计的正义社会就是设定一种原初状态,摒除个体偏好公平设计一种大家都能受到尊重和被平等对待的制度。(2)正义的制度保障每个人都可以平等地追求自己所认定的美好生活。这里的平等并不仅仅指结果的平等,还包括起点平等或条件平等,而最首要的是资源平等。这是因为,资源平等作为个体根据性格、能力在社会中创造好生活的首要条件,是人们发挥自己潜能、争取个人成功的根本保障。这是建立在两个哲学理念之上的:一是每个生命无论能力如何都不应被浪费,都应该得到平等关切并过上美好生活;二是每个人都应该负起让自己过上美好生活的责任,生命值得被认真对待。(3)正义的制度保障利益的合理分配。在仍然需要靠保护私人产权、鼓励竞争以激发人们创造力和劳作热忱以增加社会福利总量的时代,平均分配显然是不合时宜的。因此,对有着不同利益诉求、多元价值观、无限繁复生活期望的人群来说,如果没有对利益分配的合理评判,发扬爱心的仁政是不可能的,正如罗尔斯所说:没有正义,仁慈就不知所措。尽管缺乏仁慈的社会不那么令人愉悦和幸福,然而正义原则的确立性和有效性,却是"自由社会"成为可能的

①　邓小平:《邓小平文选》(第2卷),人民出版社1983年版,第333页。

前提，是社会存在的基础和人类生活的条件。①

正义作为制度德性的同时，也是个体德性的重要内容。正义作为个人美德的意志倾向性和行为方式主要表现在两个方面。（1）禁止恶意伤害他人，任何以牺牲他人来满足自身欲望、视自己幸福超过他人幸福的行为，都不是正义的。（2）对伤害自己的非义行为的不容忍（正当愤恨）和对伤害他人的非义行为的义愤和制止，表现出一种恰当的正义感。这也就意味着，世俗生活中人们的正义行为准则可以表述为，在追求财富、名誉和显赫职位的竞争中，为了超过一切对手，人们可以尽其所能和全力以赴，但绝不允许做出超出个体对自利追求所能扩展的限度和边界，在保持对他人情感的尊重和关注自己行为合宜性的同时，也要在既定权利范围内保护人们免受他人侵害，并通过对恶行的强制性惩罚，来维护正义法则体系的合法性和有效性。正如亚当·斯密说的："正义犹如支撑大厦的主要支柱，如果这根柱子松动的话，那么人类社会这个雄伟而巨大的建筑必然会在顷刻之间土崩瓦解……"②

个体对正义的需要在社会交往中逐渐得到社会成员相互承认，进而形成了制度，可以说，制度的设立使得个人的偏好转化为合理的诉求，制度的存在和发展不是为了阻止个人有益的偏好，恰恰相反，而是为了保证人们自由发展自己的偏好。一个能够让所有人在其中都能实现自己正当权利的制度，就是正义的制度。维护正义的制度反过来也需要人们的共同努力。制度要想很好地实现正义原则，还需要制度中的人们形成与正义原则相适应的精神气质。这就要求制度的执行者也要具备普遍性的正义美德，去除偏私立场，公道地处理人们的利益冲突。例如，为了避免偏私（par-ti-ality）的影响，在司法制度中人们设计了回避制度，一旦发现法官在审理案件时与涉案人有私人关系，他们就会被取消审案资格，避免将私人因素引入公断之中。在马克斯·韦伯看来：官僚制越完善，就越缺少人性化特征，就越能成功地消除私人的、非理性的和情感的因素。当然，正义作为社会制度的首要美德，也需要社会中的所有人都秉承正义制度的普遍伦理本质，形成制度整体的、合乎正义原则的有机价值态度和集体精神气质，制度才能具备真正正义的美德。

---

① 詹世友、钟贞山：《"正义是社会制度的首要美德"之学理根据》，《道德与文明》2010 年第 3 期，第 10—16 页。

② ［英］亚当·斯密：《道德情操论》，蒋自强、钦北愚、朱钟棣、沈凯璋译，商务印书馆 2016 年版，第 109 页。

总之,为了降低和克服个体生命单独面对生存困境的风险和代价,人类组成社会,但由于每个人天赋、出身和机遇的差异,自由竞争很容易导致贫富分化,而一个贫富严重分化的社会是很难稳定和谐的。因此,为了保障每个人的合理需要,社会管理者需要制定出完善的社会保障体系来维护人类的尊严。而所谓社会保障(social security),通常意义上被认为是:"国家和社会通过立法对国民收入进行再分配以期对全体社会成员的社会生活提供基本保障的总称。社会保障的责任主体是国家或政府,保障的对象是全体社会成员,保障的目标是满足人的基本生活需要,保障的手段是通过立法进行的国民再分配。"[①]对现实中的人来说,生活在一个自由、安全和具有尊严的社会中,摆脱贫穷和绝望才有可能,实现自身利益和幸福生活才有保证。心理学研究也证实,占有大量资源可以使人更开放、更乐观、更富同情心,更容易对他人产生信任感,而资源缺乏则更可能对他人充满疑心。这是因为,一个人掌握的资源越少,其"灾难阈限"(disaster threshold)越低,相对易损性越高,他越不愿意冒险信任他人;相反,一个人掌握的资源越多,其"灾难阈限"越高,相对易损性越低,他越愿意冒险信任他人。资源包括收入、财富、稳定的工作、权力、教育和社会网络,合理分配这些资源可以降低相对易损性,增加人们之间的信任感。而合理分配资源的前提就是公平正义的制度。[②]

① 秦越存:《人的尊严是社会保障的伦理基础》,《道德与文明》2013 年第 1 期,第 130—133 页。
② 韦慧民、龙立荣:《组织中人际初始信任研究述评》,《心理科学进展》2008 年第 2 期,第 328—334 页。

第三章　关注道德情绪,提高判断能力

第一节　情绪影响道德判断过程

一、道德情绪影响亲社会行为

道德情绪是个体根据一定标准评价自己或他人道德意识和行为时所产生的情绪体验,是道德形成机制的重要组成部分,在个体道德意识和道德行为之间起着核心的调节作用。常见的道德情绪可以分为三类:一类是评价他人的情绪,如感戴和敬畏;一类是感受他人遭遇的情绪,如同情和共情;一类是自我意识情绪,如羞愧、内疚和自豪。这些情绪有些是早先经验的积累,有些是当时的情绪反应,对未来的道德行为都产生调节和预见作用。

(一)不同的道德情绪影响不同的道德判断

多项研究表明,情绪对道德判断的影响在各种情境、各种文化中都普遍存在。跨文化的一致性提示,情绪对道德判断的影响具有进化基础,那些被人们标定为"不道德"的行为,往往对人们的生存和繁衍具有某种潜在的威胁,道德判断及其背后的道德原则最初都是由情绪,如厌恶的驱动而产生的,其作用是增加人类生存和繁衍的机会。随着道德情绪研究的深入、具身认知的兴起和新研究技术的采用,越来越多的研究证实了情绪差异化影响道德判断的现象,不同情绪对不同领域道德判断的影响存在明显差异,例如,轻蔑、愤怒、厌恶三种情绪分别影响社群性、神圣性、个人权利三个领域的道德判断,而内疚、羞愧等情绪,则会激活与之相关的特异性需要、相关的情绪和认知,进而对某一特定领域的道德判断产生特异性影响。完全差异化观点深化了情绪影响道德判断现象的传统认识，更加精细和准确地把握了情绪与道德判断之间的对应关系。就当下的研究结果看，主要涉及厌恶、愤怒、轻蔑、羞愧、内疚等情绪对相关道德判断的特异性影响。[①]

1. 厌恶情绪与身心纯洁领域的道德判断

厌恶情绪是一种回避性情绪，从进化的角度看，它可以帮助人们识别和规避那些潜藏的危险事物，保护人们免受病菌和有毒物质的危害，具有明显的适应功能。这种情绪起源于远古时期人们对腐败、变质食品的拒绝，随着文明的演进，这种原本只与口腔不快体验关联的情绪（即核心厌恶）开始扩展到人们的社会生活中，成为一种影响人们道德行为的情绪（即道德厌恶）。依据完全差异化观点，厌恶情绪会对身心纯洁领域的道德判断产生特异性影响，主要作用就是维护人们在身体和灵魂上的纯洁性，如禁止乱伦。近年来，大量实验也证实了厌恶情绪对身心纯洁领域道德判断的特异性影响，以及它们之间稳定的、规律性的关系。[②]例如，当告知人们某件漂亮毛衣的所有者是一个杀人犯时，几乎没有人愿意穿上，甚至触碰这件毛衣。

2. 愤怒情绪与公平正义领域道的德判断

俗语中常用"激于义愤""路见不平，拔刀相助"等词语来描述公平正义领域道德违反激起的愤怒情绪。愤怒情绪与厌恶情绪在效价上相似，但两者产生的影响存在明显区别，与厌恶情绪引发回避趋向不同，愤怒情绪引发的是攻击趋向，或者说它们在意向性、稳定性、归因特点上明显不同。厌恶情绪更具有稳定性，很难受意向性的影响，并且归因时会给出更少的理由，而愤怒情绪则受意向性影响明显。愤怒情绪会对公平正义领域的道德判断产生特异性影响，并且只有愤怒情绪才具有这种特异性影响。它们之间具有稳定的特异性联系，情境引发的愤怒与特质愤怒都能预测人们对公平正义领域道德判断的关注程度。此外，由于公平正义的界定具有很强的情境性，因此与厌恶情绪相比，愤怒情绪的产生更多地受行为执行人意向的影响，只有当行为是出于有意又伤害到他人时，人们才会产生强烈的愤怒情绪，而行为没有伤害到他人或者属于无心之失时，即使行为很不合情

---

①② 文少司、丁道群：《情绪如何影响道德判断：完全差异化的观点》，《心理研究》2015年第3期，第19—29页。

理,如互相自愿的兄妹乱伦,也不会激起很强的愤怒情绪。[①]

3.轻蔑情绪与自身职责相关的道德判断

与厌恶情绪类似,轻蔑情绪也是一种回避型情绪。人们通常会用轻蔑情绪来标识那些可能存在危险的道德违反行为,然后回避它们以避免自身受到伤害。例如,有研究表明,看到能力不足的人处在一个重要职位上时,人们会产生轻蔑情绪,从功能上说,与一个工作不称职的人关系太近会给自己带来潜在的危险,而轻蔑情绪则能帮助人们规避这种风险。

4.内疚情绪和羞愧情绪分别与侵犯他人及自身缺陷相关的道德判断

内疚情绪、羞愧情绪是在自我道德评价过程中产生的道德情绪,因此又称为自我意识的道德情绪。相比厌恶、愤怒等情绪,自我意识的道德情绪更加复杂,并带有非常明显的社会属性,弗洛伊德认为这些情绪对于人类文明至关重要,因为它们反映了个体对社会准则内化的程度。其中,内疚情绪在个体侵犯了他人时产生,表现为对自己所作所为的悔恨与自责,因此,带有内疚情绪的个体倾向于以某种外在行为来补偿自己所犯的过错。与内疚情绪相似的是羞愧情绪,也被称为羞耻感,在个体意识到自身在道德、性格、能力、外表等方面存在缺陷时产生,通常伴随着自我的消极评价,并促使个体出现一种躲藏和逃避的趋向。羞愧情绪是一种普遍存在的道德情绪,它对于塑造人们的内在道德规范有着重要作用。研究表明,内疚情绪会对与自身侵犯他人相关的道德判断有特异性影响,羞愧情绪则对与自身缺陷相关的道德判断有特异性影响。实验表明,带有内疚情绪的个体会表现出强烈的合作愿望,而启动了羞愧情绪的个体则会逃避合作,很少表现出合作意愿。在侵犯了他人之后,相比没有任何反应的个体,表现出强烈内疚、羞愧情绪的个体更容易获得受害者的原谅,他人也倾向于给那些表达了悔过(体验了强烈内疚、羞愧情绪)的侵犯者更好的印象评分。有趣的是,对于羞愧情绪,侵犯者只有表现出自身无价值感(即,自我道德缺陷感)时,才会获得受害者的原谅,如果表现的只是对他人谴责的担心,即自卑情绪时,并不能得到受害者的原谅。[②]内疚是个体做出或者自认为做出危害别人行为或违反道德准则时产生的良心反省,是个体对行为负有责任的一种负性体验,是移情性悲伤与认知归因相结合的产物,主要受个体既往经验(previous experience)、移情能力(empathy related capacity)、道德水平(level of morality)和关系程度(degree of relationship)等因素的

①②　文少司、丁道群:《情绪如何影响道德判断:完全差异化的观点》,《心理研究》2015 年第 3 期,第 19—29 页。

影响。羞耻与内疚类似并经常伴随内疚出现,但两者又有差别。例如,有他人在场时更可能产生羞耻感,而内疚感的产生一般和有没有他人在场关系不大;违背社会道德引发个体羞耻感和内疚感时,主要是个人无能引起羞耻感;伤害自我容易引起羞耻感,而伤害他人则主要引起内疚感。当然,也有学者指出,内疚产生痛苦情绪后可能会带来某种针对被害对象的补偿行为或自我惩罚,但羞耻却是直接指向自我,如认为自己是一个可恶的人,这是羞耻和内疚两种负性道德情绪的核心区别。①

另外,道德情绪还包括自豪、感恩等积极情绪,它们同样对道德判断有特异性影响。有研究发现,自豪情绪会影响涉及社会地位的道德判断,真实的自豪情绪(authentic pride)会提升个体的自信,并促使其以更加积极的态度对待外群体成员以及那些被污名化了的个体,而傲慢的自豪情绪(hubristic pride)则会使人们更加歧视低社会地位的个体。感恩作为一种道德情绪会影响人们的合作意愿,具有感恩情绪的被试即使在较为困难的条件下(可能遭受更多的损失)仍表达出合作意愿,不论合作对象是自己的恩人或者是一个无关的陌生人。② 作为道德情绪的自豪(pride)主要是指个体在自己的行为已经达到或超过公认道德标准后产生的一种积极情绪体验,有利于激励个体在未来更加信守承诺,促进符合社会道德标准的行为出现,也愿意在今后的生活中花费更多的时间和精力来从事更多的利他活动,具有强化利他行为的功能。感恩(gratitude)是受惠者对施惠者行为的一种积极情绪反应,也是受惠者个体自我道德行为的动力,它能增加受惠者回报施惠者或帮助其他人的亲社会行为,从某种程度上说,感恩具有传递利他行为的特点。③

(二)道德情绪差异化影响道德判断的原因

完全差异化观点解释了情绪影响道德判断的方式,即每一种情绪都与特定领域道德判断之间构成一种稳定的对应关系,但这种稳定的对应关系是如何建立起来的,其深层次的原因是什么,概念隐喻理论、躯体标记理论以及道德基础理论分别做出了各自的解释和分析。

1. 源于文化的隐喻:概念隐喻理论

此理论认为,人们总是借助具体的、有形的、简单的始源域(source do-

---

① ③　任俊、高肖肖:《道德情绪:道德行为的中介调节》,《心理科学进展》2011 年第 8 期,第 1224—1232 页。

②　文少司、丁道群:《情绪如何影响道德判断:完全差异化的观点》,《心理研究》2015 年第 3 期,第 19—29 页。

main)概念(如,温度、空间、动作等)来表达和理解抽象的、无形的、复杂的目标域(target domain)概念(如,心理感受、社会关系、道德等),从而实体化抽象思维。依据概念隐喻理论,个体在进行抽象的道德判断时,会通过概念隐喻将需要判断的内容映射为具体概念领域进行判断,并引发与具体概念相关的身体反应。在漫长的人类进化中,通过这种特定的概念隐喻映射关系,就构成了情绪对某个领域道德判断具有特异影响的基础。例如,实验发现,撒谎后个体会增加对清洁物品的欲求;通过手完成不道德行为后,人们对手部清洁用品的需求增加(如香皂);而通过嘴完成不道德行为后,被试对口部清洁用品的需求增加(如牙刷)。这都说明人们会将"撒谎"这一抽象的道德概念映射于具体概念中的"脏东西",并触发自己的厌恶情绪,希望通过清洁物品洗去自己道德上的不洁。这一理论可以较好地解释厌恶(如,人们将纯洁领域的道德现象映射为现实概念中的"脏"或者"干净",引发个体面对动物粪便时的情绪厌恶)、愤怒(如,人们用"野兽行径"来表征抽象道德中的不人道、不公正现象)等基本情绪对道德判断的特异性影响关系。当然,该理论无法解释复杂道德情绪(如,内疚、羞愧)对道德判断的特异性影响。①

2.源于具身的记忆:躯体标记理论

躯体标记理论从具身认知理论出发,主要强调与情绪有关的身体信号(即躯体标记,包括:肌肉活动,骨骼运动,腺体分泌,肠胃蠕动,心率、血压变化等)对个体认知和行为的塑造作用。有研究发现,大脑皮层腹内侧前额叶皮质(主要功能是调节情绪以及与之有关的身体状态)损坏会导致个体的人际、社会、财务等多个领域的高级认知功能严重受损,这说明情绪以及与之关联的身体运动成分广泛地参与和塑造了个体认知。与情绪相关的信号(如,心率变化)与大脑共同作用,才会促使个体做出符合环境和现实情况的反应。当个体面对某个情境(如,看到有人恃强凌弱)时,会产生一系列的身体变化(如,心率加快)和情绪变化(如,产生愤怒情绪),这些情绪信号参与和影响个体的认知(如,判定这个情境违反了道德的正义原则),并促使个体做出符合当前情境的行为反应(如,制裁恃强凌弱的行为)。最终形成"特定情境——特定躯体标记——特定情绪反应——特定道德判断——特定道德行为"的反应模式,只要启动了这个模式中的某个节点,与之相联的其他节点就会快速地"二次激活"(secondary inducer),帮

---

① 文少司、丁道群:《情绪如何影响道德判断:完全差异化的观点》,《心理研究》2015年第3期,第19—29页。

助个体快速判明情况并做出反应,从而更好地适应外部环境。例如,研究者发现,愤怒情绪会使心率加快,厌恶情绪则会使心率变缓,而心率的变化又会进一步影响个体的道德判断。实验显示,对比正常心率的被试,快速心率条件下的被试欺骗行为更少,表现得更加正义。该理论能很好地解释特定反应模式形成之后,情绪影响道德判断的内部机制,但不能很好地解释为什么会形成这种特定的反射模式,例如,为什么人们在看到与身心纯洁相关的情境(如不小心吃了人肉)时,会产生厌恶情绪而不是其他,如愤怒情绪或轻蔑情绪。[①]

3. 源于进化的塑造:道德基础理论

道德基础理论指出,人们先天具有六个道德心理模块,分别是:关怀/伤害模块、公平/欺诈模块、忠诚/背叛模块、权威/迫害模块、圣洁/堕落模块、自由/压迫模块,每个模块都代表一种道德心理领域的"价值、实践与唤醒连锁机制",具有相对独立的作用和功能。这些先天的道德心理模块总是为解决人类的一些重大生存问题而产生,并在漫长的人类进化中形成特定的行为模式。例如,年幼的个体如果得不到关怀,成活率会降低,因此进化产生了关怀/伤害模块,促使种群内部成年个体关怀和照顾同一种群的所有幼崽,有利于种群的存在和发展。根据道德基础理论,所有人先天具有的道德基础都是相同的,每一个模块都包含了身体状态、情绪反应、认知、行为等多方面内容,这就解释了为什么情绪总是与特定领域道德判断之间存在稳定对应关系。当然,由于个体面临不同的成长环境,与环境交互作用会将道德模块塑造出不同的表现形式,这就导致了不同文化群体之间道德判断的差异。例如,东方文化(南亚、东亚、东南亚)群体更加关注对内群体的忠诚和纯洁,西方文化(美国、加拿大、西欧)对伤害、公平和权威敏感一些。[②]

这三个理论从不同角度阐述了情绪对道德判断完全差异化影响产生的原因和内部机制,它们之间并不矛盾,还可以互为补充。综合来看,三种理论可以构成一个更有说服力的整合模型:情绪影响道德判断的完全差异化现象产生的最底层原因可能是进化的塑造,每一种道德情绪都与特定的道德领域相联系,并影响该领域的道德判断和道德行为,从而形成功能相

---

① 文少司、丁道群:《情绪如何影响道德判断:完全差异化的观点》,《心理研究》2015 年第 3 期,第 19—29 页。

② 任俊、高肖肖:《道德情绪:道德行为的中介调节》,《心理科学进展》2011 年第 8 期,第 1224—1232 页。

对独立的心理模块，这就有助于人们对不同领域的道德现象和道德行为进行快速、准确的反应，帮助个体增加生存的概率。而具身记忆和文化隐喻则可以看作是进化的塑造在人类身体和文化中留下的印记，是情绪完全差异化影响道德判断的两个具体实现机制。[①]

二、道德直觉双过程加工理论

道德情绪影响道德行为，那么人类在合作进化中形成的理性又如何发挥作用呢？道德决策（moral decision-making）过程和道德判断机制到底是由感性主导还是由理性主导呢？这个问题一直存在争论。如 18 世纪苏格兰哲学家休谟提出情绪是驱动人类道德判断的直接因素，而康德则认为理性是道德判断中的唯一动能，确立了理性道德学派的优势话语权。20 世纪后期，美国心理学家柯尔伯格（Kohlberg）在 1981 年提出了道德认知发展理论，认为不断增长的抽象推理能力是道德发展的核心，理性主义道德模型（rationalist model）成为心理学界对道德认识与研究的主导。各种研究也证实，道德推理得分越高，个体道德水平越高，也更认可社会普遍接受的道德准则，也更愿意付出时间、金钱甚至是生命，实施道德行为，抑制不道德行为。总之，"道德推理与道德行为之间存在正相关，与不道德的行为之间存在负相关"[②]。

然而，随着社会心理学的兴起，越来越多的研究表明，情绪的适应功能、动机功能、监控功能和信号功能也影响道德认知过程，情绪参与道德判断过程是道德判断的必要因素。对此现象，乔纳森·海特（Jonathan Haidt）率先提出了道德判断的社会直觉模型（the social intuition model）。所谓道德直觉，就是"一种快速地对某种行为或某个人做出对或错、好或坏的自动化评价过程。该过程中人们不需要主动搜寻比较证据，也不需要通过推论得到结果。人们经历的是一个包含情绪的反应过程"[③]。例如，当人们听到诸如"亲兄妹发生性关系"之类的故事时，大多数人不需要经由复杂的推理就会立即断定这种行为是不道德的，然后才开始寻找理由来支持这

① 文少司、丁道群：《情绪如何影响道德判断：完全差异化的观点》，《心理研究》2015 年第 3 期，第 19—29 页。

② 吴鹏、刘华山：《道德推理与道德行为关系的元分析》，《心理学报》2014 年第 8 期，第 1192—1207 页。

③ 田学红、杨群、张德玄、张烨：《道德直觉加工机制的理论构想》，《心理科学进展》2011 年第 10 期，第 1426—1433 页。

一判断。作为道德情境下的直觉反应,海特认为道德直觉决策主要包括三个特点:(1)它的产生包含一个迅速、无意识的过程,不能自觉地用语言表达出来;(2)它是一种对正确或错误或偏好的情感效价,且无法解释其原因;(3)它是主体对客观事物的直觉评价,同时也包含潜意识层面对事物本质的理性觉察。这个直觉过程不同于无意识过程,直觉关注立即的结果,而无意识往往发生在一定分心任务的心理过程中。

在此基础上,海特对道德直觉和道德推理做了区分,在他看来,它们是两种认知过程,道德直觉是快速且自动的无意识情绪过程,而道德推理是缓慢而审慎的认知加工过程,它发生于人们做出直觉道德判断之后,是"事后追加"的用来为自己的判断寻找出理由。例如,人们一旦受到具有道德意义的诱发情境的刺激,比如看到某一暴力行为,就会立即产生喜欢还是不喜欢、好还是坏的评价性道德直觉,形成批评或赞扬的道德判断,然后搜集个体经验通过道德推理来证明自己的判断。当然,研究者也发现:"在高冲突的道德两难情境中,当给予被试足够的时间或者要求被试谨慎思考做出道德两难判断时,他们会更多地从功利的角度进行选择;而当要求被试在很短的时间内或者凭感觉做出道德两难判断时,这种时间压力会减少功利性的选择倾向。"[1]当决策者面临复杂、不确定性强的道德决策问题时,由于信息加工能力、时间有限或缺乏先前经验,个体不会也不可能运用理性原则进行严密的逻辑计算并给出判断,就会依据先前的知识经验和主观感受,通过潜意识的顿悟直接把握对象、认识情境和简化问题,快速形成判断并做出决策。可以说,有情绪参与的道德直觉在道德判断过程中起着先决甚至是决定性的作用:"由于受到情绪影响,我们快速而自动地做出道德判断,而对某一活动在道德上是好是坏的判断会影响到对该活动产生原因以及其行为主体心理状态的直觉。"[2]这一理论也得到了现代认知心理学的实证支持。

为了验证海特在 2001 年提出的道德直觉理论,研究者们使用了电车困境(trolley problem)和人行桥困境(foot bridge problem),并借助功能磁共振成像技术展开了道德决策中情绪作用的内部机制研究。电车困境设置的情境是:一辆电车即将驶来,前方铁路有 5 个工人,为拯救这 5 个人,道德行为者只能按下铁路控制按钮将电车转向另一条铁路,这样会牺牲那条

---

① 田学红、杨群、张德玄、张烨:《道德直觉加工机制的理论构想》,《心理科学进展》2011 年第 10 期,第 1426—1433 页。

② 彭凯平、喻丰、柏阳:《实验伦理学:研究、贡献与挑战》,《中国社会科学》2011 年第 6 期,第 15—25+221 页。

铁路上的另一个人。人行桥困境设置的情境是：为了拯救铁路上的 5 个人，道德行为者只能将身边的一个身材强壮的人推下人行桥，用这个人的身体挡住电车。被试对上述两个困境中道德行为者的做法进行道德判断，结果发现，虽然电车困境和人行桥困境的行为结果都是牺牲 1 人救 5 人，但是，被试比较能够接受电车困境中"舍一救五"的做法，做出看重行为结果利益最大化的功利性道德判断（utilitarian judgment），却反对人行桥困境中"推一救五"的做法，做出非功利性道德判断（直觉性判断），这种判断不看重道德行为结果，更为看重道德权利和义务。

电车困境涉及对他人的间接伤害，情绪诱发较弱，而人行桥困境则涉及直接伤害，会诱发较强烈的情绪体验。脑成像显示，这两类问题所激活的脑区存在显著差异。非个人卷入的道德两难问题主要激活背侧前额叶和顶叶，这两个区域与工作记忆、抽象推理、问题解决等认知加工有关；而个人卷入的道德两难问题主要激活内侧前额叶和扣带后回，这些区域与边缘系统有直接的投射联结，主要与社会情绪加工有关。它们被激活的速度是不一样的，"在被试完成道德判断后的 12 至 18 秒内其右侧颞顶联合区（Right Temporo-parietal Junction，RTPJ）才表现出显著的激活"①。RTPJ 是典型的认知中枢，主要负责推测和判断他人的行为意向、目的和动机，它的延迟激活说明：道德判断先于认知加工完成。研究者认为由于被试对道德判断对象抱有消极情绪，在进行道德判断时，会对该对象的行为结果产生先入为主的责备冲动，这种冲动直接导致其做出更为苛责的道德判断。在完成道德判断后，被试才试图寻找支持自己判断的理由，即开始推测判断对象的行为意图和动机，此时 RTPJ 才表现出激活。

格林尼和海特在 2002 年将相关脑成像研究的结果加以整合，借助元分析的方法提取出几个参与道德判断的重要脑区，并简要分析了这些脑区在道德判断中的主要功能。这些脑区包括：VMPFC——负责加工感觉刺激中的社会性情绪成分，并将情绪信息整合到道德判断中，是构成亲社会情绪的重要中枢；扣带后回和楔前叶——负责加工与自我有关的情绪刺激，可能与道德判断中情绪性心理意向（emotional mental imagery）的产生有关；杏仁核——负责社会性情绪加工，对道德情境诱发的消极情绪尤为敏感，并与奖惩信息的快速编码有关；扣带上回和顶叶下部——负责感知和表征道德情境中的社会性信息；DLPFC——负责道德判断中的抽象推理

---

① 谢熹瑶、罗跃嘉：《道德判断中的情绪因素——从认知神经科学的角度进行探讨》，《心理科学进展》，2009 年第 6 期，第 1250—1256 页。

和逻辑判断，是典型的认知中枢。不难看出，人类的"道德脑"是情绪脑与认知脑的复杂重叠，认知与情绪的整合形成了最终的道德判断。[①]

如果相关脑区发生损伤，个体的行为也会发生相应的改变。近十年大量功能性核磁共振成像显示：VMPFC 受损后病人表现出如下行为：在行为和生理测量中表现出社会情绪的贫乏；无法对原先与惩罚和奖励相联系的情绪表征进行重新部署；无法预期未来结果、惩罚和奖励；缺乏对抑制的控制；在道德上产生行为缺陷以及在罪疚感、自责和移情上产生情绪缺陷。这些病人也不能获得道德概念以及通过为避免惩罚而诉诸自我中心的愿望来使他们的行为合理化。[②] 也就是说，相对于正常人，VMPFC 受损的病人更倾向于做出功利性判断，即以获得最大利益为判断出发点，只关注行为结果而较少考虑其他因素。而多项研究表明，正常人在决策时并非完全依据功利原则，在考虑效益的同时，也会关注互惠、公平、共情等社会情绪因素，做出利他决策。在道德两难问题中功利选项所对应的伤害行为会激起人们强烈的负性情绪体验，受到这一情绪的影响后正常的人会自动拒绝和排斥功利选择。而 VMPFC 损伤会严重影响个体的情绪反应和情绪调控能力，导致患者在面对功利主义选项时不能产生相应的情绪体验，而他们正常的认知推理能力会促使其做出收益更高的功利判断。这些证据都说明，VMPFC 是影响道德选择和道德行为的重要中枢，由 VMPFC 调节的社会性情绪是道德判断的必要因素。[③]

通过这些来自神经科学、社会心理学以及灵长类动物学中有关道德的研究成果，学者们在海特道德直觉理论的基础上，又提出了道德判断认知——情绪双过程加工理论。该理论认为：道德判断涉及两个不同的加工系统，一个是相对内隐的快速、无意识的"情绪"系统，另一个是深思熟虑的认知推理系统，两个系统协同作用共同促成道德判断。当社会适应目标与遵守的道德原则目标不一致时（例如道德的两难情境），这两个系统就会产生冲突和竞争，最终胜利者在道德决策中起主导地位。当然，通常情况下，强烈的情绪直觉在情绪和认知的相互竞争中会胜出，主导道德判断，这可能和情绪加工的速度较认知推理更快有关，也可能是由于情绪导向的决策更具适应和进化意义，或者是因为情绪因素对道德判断的影响在无意识的

①③　谢熹瑶、罗跃嘉：《道德判断中的情绪因素——从认知神经科学的角度进行探讨》，《心理科学进展》2009 年第 6 期，第 1250—1256 页。

②　钟毅平、黄俊伟：《情绪在品德心理中的作用》，《宁波大学学报（教育科学版）》2009 年第 6 期，第 33—38 页。

状态下自动完成,人们很难意识到情绪直觉对其道德判断的影响。

也有学者提出了事件特征情感复合体系,认为道德决策是认知和情绪相互整合的过程,主要包含三个成分:结构性事件知识、社会知觉和功能特征、中枢动机和情绪状态。结构性事件知识涉及众多道德活动,人们在做出道德决策时,会根据自己的情形、他人的行为对自己的道德行为不断调整,这些活动会激活前额叶的各个亚区,即前额叶脑区能够构造基于情境的社会和非社会的知识体系。社会知觉和功能特征,通常来自对他人的面部表情、身体姿态以及各种社会情景信息,与颞叶区域(如颞上回、前部颞叶等)脑区高度相关。中枢动机和情绪状态,对应的神经回路主要位于边缘回、边缘旁回及脑干系统区域(包括杏仁核、腹侧纹状体、下丘脑等),道德认知对动机和情绪的依赖性,因此中枢动机系统通过与前额叶作用对道德行为产生影响。这三个基本成分整合在一起,可以预测人们的道德情绪、道德价值观以及长期目标。诸多实验研究结论也显示:在道德决策过程中,认知因素的作用一直存在,但对道德决策起关键作用的是情绪卷入水平。[①]

总之,无论是社会直觉模型还是道德决策双过程加工理论都是道德直觉决策的经典理论,都从不同视角诠释了道德直觉决策中情绪加工过程中的共同特点——直觉性、无意识、情绪启动、快速性,肯定了在最终道德判断的形成上情绪所起到的成因作用:“道德情境能诱发情绪体验,内外源性情绪能影响道德判断;情绪因素不仅参与了道德判断的全过程,还是道德判断中不可或缺的重要成分;有意识的认知推理过程和情绪启动的直觉过程共同作用促成了道德判断,认知与情绪是道德判断中难以分离的两个重要过程。”[②]

三、影响道德决策过程的因素

道德判断也称道德决策(moral decision making),是指当面临多种可能的行为途径选择时,个体对这些可能的行为途径在善恶和道德的程度选择上做出的最后决断。个体如何进行道德决策,主要有三种理论模型:理

---

① 唐江伟、路红、刘毅、彭坚:《道德直觉决策及其机制探析》,《心理科学进展》2015年第10期,第1830—1842页。

② 谢熹瑶、罗跃嘉:《道德判断中的情绪因素——从认知神经科学的角度进行探讨》,《心理科学进展》2009年第6期,第1250—1256页。

性推理模型、社会直觉模型和双加工模型。理性推理模型认为,道德决策是一个有意识的推理过程,情绪产生在理性的分析之后;认知系统对道德判断中的信息进行表征和加工,同时对产生的情绪反应进行调控。社会直觉模型认为,道德决策是一个由情绪启动的、快速的、自动化的直觉过程,意识的推理过程发生在道德决策之后,只起到一个补充说明的作用。双加工理论模型认为,人的道德认知中有两套系统,一套是控制的包含认知努力的认知加工过程,一套是平行的、自动化的包含更多情绪因素的加工过程,两者共同作用于道德判断。越来越多的研究证实,人类大脑的某些具体结构分别执行道德决策中的认知推理和直觉处理这两个过程,两者是相互关联又相互竞争的关系。

影响道德决策的诸多因素,在很大程度上与自我相关性、风险水平、决策情境及共情水平等因素有关,它们在道德决策过程中单独或交互地发生作用。例如,在帮助情境下,风险水平所诱发的声誉关注会调节自我相关性对道德决策产生影响:当风险水平较低时,个体声誉将会较少受到决策结果影响,即使个体表现出显著的"自私或利己倾向",其可能也会遵循"亲缘选择理论"而对高自我相关性他人表现出更多的帮助行为和更大的神经反应;而当风险水平较高时,个体声誉将容易受到决策结果影响,即为了维护良好的个人声誉,其可能会遵序"普遍道德原则"而对不同程度的自我相关性他人表现出相同的帮助行为和神经反应。在伤害情境下,个体通过伤害他人获利可能会诱发强烈的"厌恶"情绪,为了减弱这种负性体验,人们会表现出"利他倾向"的道德决策。因此,当风险水平较低时,个体可能会为了增加外在的"个人声誉"和减弱内在的"厌恶情绪",对高自我相关性他人表现出更多的伤害行为和更大的神经反应,对低自我相关性他人表现出更少的伤害行为;而在高风险水平下,被试受到"个人声誉"的影响更强烈,这种"利他倾向"会更明显。近期研究也发现,被试在积极框架情境中更倾向于规避风险而做出道德决策,而在消极框架情境中更倾向于做出寻求风险的不道德决策。在与搭档共享损失的情境下,被试在匿名条件下(更低的风险水平)会做出更冒险的决策来为自己获取更大的收益;若被试每次决策的结果被真实地呈现给搭档(更高的风险水平),则这种更冒险的决策会明显减少。在高风险帮助和伤害情境下,共情对道德决策产生积极的中介作用。对比低自我相关性启动时,被试在高等和中等自我相关性启动了更高的共情水平,并表现出更大比例的帮助选择和更小比例的伤害选择,通过短期的认知—情感—行为的共情训练,个体共情水平提升后也同样会表现出更多的帮助和更少的伤害。[①]

　　道德判断除了情绪的先导作用和理性的后续验证作用外，还受其他因素的影响，例如，文化的影响。文化作为一种由历史衍生及选择而形成的固有认知，从根本上影响了人们如何认识和思考自我以及他人，决定了人们以何种方式对社会情境做出反应。不同文化背景下个体在道德观念、道德判断和决策上具有差异性。跨文化研究表明，西方个人主义盛行，对道德行为的判断和评价多以权利、公正为标准，而东方多是集体主义文化，多以奉献、义务为标准。文化神经心理学研究发现，文化与脑神经存在相互作用，人类大脑不完全由遗传因素决定，文化也会影响脑神经发育，经过生物进化历程，在文化认知的基础上，人们的道德感、美感以及理智感得以本土化。[②]

　　人们过去的经历会形成一个特殊的记忆结构储存在长时记忆中，再次面对和解决类似问题时，这一记忆结构会在无意识层面影响道德决策。决策经验会影响神经元的突触结构，使记忆系统的神经网络得以完善，经历的决策越多，长时记忆中的反应模块数量就越多，结构也越完善。在遇到某种道德情境时，有经验的个体不需要动用大量的意识资源决策，而是通过根深蒂固的道德规范和原则自动快速地做出决策，这种不知不觉触发的直觉决策会成为一种生物本能。例如，国际象棋特级大师能在短短 5 秒内对整个棋局进行编码，根据经验辨认和回想起大约 5 万种棋局中包含的多种可能的攻防策略，为走下一步棋提供决策依据。在道德决策过程中，拥有某一领域的丰富经验的决策者能够利用有组织、结构化的储存信息同化决策环境中熟悉的线索，迅速地识别决策目标和条件、预测结果，并立即采取行动方案等。在整个道德直觉决策加工过程中，决策者的知识、认知模式、情感记忆和决策效力等都会受到经验的这种直接支配或影响。[③]

　　物理环境对人们的道德判断也会产生影响。在现实中，有一些实例反映出社会行为与颜色、感觉之间的关系效应。例如，喝了苦茶的人比喝了甜水果混合饮料或白开水的人表现出更多的厌恶情绪，也会做出更严苛的道德判断，认为他人所犯的错误会更加严重；而当人们处于撒了橘子香味空气清新剂的房间内时，他们更信任他人，也捐更多的款。而外在环境亮

　　① 钟毅平、占友龙、李琎、范伟：《道德决策的机制及干预研究：自我相关性与风险水平的作用》，《心理科学进展》2017 年第 7 期，第 1093—1102 页。

　　②③ 唐江伟、路红、刘毅、彭坚：《道德直觉决策及其机制探析》，《心理科学进展》2015 年第 10 期，第 1830—1842 页。

度对道德判断的影响最为明显。多个实验证实,在光明环境下人们更积极
地参与亲社会行为,更愿意进行慈善捐助。仅仅是黑白不同的颜色背景线
索也会对被试的道德认知判断产生同化作用。例如,同样的道德两难行
为,呈现在白色背景上时会看起来更"好",呈现在黑色背景上时会看起来
更"坏",从而提高或降低了被试对两难故事的不道德评分,产生了道德评
判的组间差异。在另外一个酬劳分配方式实验中,结果也显示,当假设由
计分的合作者决定分配比例时,在黑暗环境中完成实验的被试会比在明亮
环境中完成实验的被试对酬劳有更低的预期;而当假设按测试成绩进行酬
劳分配时,不同组别被试对于酬劳预期不存在显著的组间差异。此类实验
说明,当人们面临一个涉及道德范畴的具体问题时,黑暗的环境可能比明
亮的环境更容易引发人们对负性道德特质的联想,人们会将对外在环境亮
度的知觉体验投射到对道德相关问题的认知加工中,从而影响对他人行为
的判断。之所以如此,一种可能性是:相比于典型的不道德故事,道德两难
故事涉及更多抽象、复杂的道德原则,被试无法确定两难故事中行为是否
正确合理时,道德判断过程更容易受到类似颜色刺激知觉等外在因素的干
扰。实际上,在很多关于知觉刺激影响抽象认知判断的实证研究中,被试
的认知判断过程都存在类似的"不确定性"。例如,在实验中触摸热咖啡杯
的被试会倾向于将实验工作人员判断为热情的,而触摸冷咖啡杯的被试倾
向于将实验工作人员判断为冷淡的,在实验前被试对工作人员没有任何了
解,很难确定工作人员的性格,在此种情况下,温度刺激体验影响了被试对
他人性格的判断。再如,在性别判断任务中,由于实验材料为中性面孔,被
试无法准确判定面孔性别,因此对"强硬"与"柔软"的触觉体验影响到了对
性别的分类判断,当被试手捏硬球时更倾向于判断中性面孔为男性,手捏
软球时更倾向判断中性面孔为女性。总之,当个体认知判断过程中产生一
定的"不确定性"时,隐喻映射一致的知觉刺激更容易对认知判断过程产生
干扰,表现出外在环境对道德判断的直接或间接作用。①

---

① 殷融、叶浩生:《道德概念的黑白隐喻表征及其对道德认知的影响》,《心理学报》2014 年第
9 期,第 1331—1346 页。

第二节　提升道德情绪判断能力

一、积极情绪引发亲社会行为

不论是中文还是英文，都有大量的词汇，如"世态炎凉""人情冷暖""冷若冰霜""热情如火""a warm smile""warm-hearted""a cold heart"等表述，将身体的冷暖状态与道德"冷""热"联系起来。实验发现，与拿着冷咖啡的被试相比，手持热咖啡的被试会将他人人格评价为更加温暖、更加热情。手持热治疗垫的被试会更乐意为他们的朋友而非他们自己挑选一份礼物，即热的体验驱使被试做出更为温暖和社会关爱的行为。身体温暖的体验会拉近人与人之间的距离。同样，诱导社交接近会驱使被试感觉周围温度比实际更高，而遭受到社交拒斥的被试会体验到更多的冷的身体感受。冷的身体感受又促使个体进行功利主义判断，这种具身效应不是由于人们进行了逻辑思考或高解释水平，而是由于减少了共情感。这些现象都说明身体温度与道德判断中的"冷""暖"判断倾向有其内在的联系，道德情绪影响道德判断，甚至先于道德判断。①

既然情绪在人们的道德判断中起先导作用，那么是否可以通过启动积极情绪来提升人们的道德行为呢？社会心理学家给出了肯定答案：好心情好行为。快乐的人更乐于帮助他人，不论大人还是孩子，不论好心情是来自一次成功的经历，还是仅仅想到高兴的事，或者其他任何积极的体验，"积极的轻松心境能够显著地促进帮助行为"②。与此相反，沉浸在痛苦中的人们，如家人死亡或分离、失去配偶或孩子，常会经历一段强烈的自我关注期，这种心境抑制了对他人的付出。有实验表明，即使很小的情境变化也能改变人们的行为。例如，社会心理学家艾森（Aliee Isen）和勒温（Paula Levin）就发现了 1 毛钱效应（the dime effect），那些无意当中得到 1 毛钱的大学生有近 9 成的人会帮助他人捡起掉落在地上的文件，而没有得到 1 毛钱的人却很少为他人提供帮助。在另一个试验中，研究者请一群大学生阅

---

① ［美］戴维·迈尔斯：《社会心理学》，侯玉波等译，人民邮电出版社 2006 年版，第 354 页。
② 叶红燕、张凤华：《从具身视角看道德判断》，《心理科学进展》2015 年第 8 期，第 1480—1488 页。

读一套有 4 篇不同论题的劝说性交流材料(癌症治疗、武装力量的规模、月球探测器、三维电影),其中一部分被试在阅读休息时拥有花生和百事可乐,另一部分则什么都没有,然后请被试对这些材料发表支持或反对意见,结果显示,前一部分被试由于处于更好的精神状态,对交流材料的内容比后一部分被试持有更为肯定的态度。这些实验都说明,细微的变化就能影响人的心境,心境影响行为,积极的心境会产生积极的想法和积极的自尊,从而导向积极的行为。

同样,不道德行为也会和厌恶感受联系在一起,厌恶感本身也可以影响道德判断。如果引发了人们的厌恶情绪,也会引起人们道德行为的改变。学者们做了一系列实验,就不同方式诱发的厌恶情绪对道德判断的影响进行了考察。研究者使用了四种不同的方式来诱发厌恶情绪,结果发现,"由臭气、肮脏环境、以往厌恶经历和恶心电影片段所诱发的厌恶情绪都使被试对随后的道德事件做出更苛责的评判。被试对自身情绪体验的敏感性越高,这一效应越明显,而且几乎所有被试都认为自己的道德判断没有受到外源性厌恶情绪的影响"①。臭气、脏乱的房间及令人恶心的视频,都可以引发个体的身体厌恶,这提高了被试道德判断的标准,增加了其道德评价的苛刻性。诸多社会实验也显示,被试对道德判断对象产生了消极印象后,更倾向于对其做出消极判断。当然,由于情感因素很难被个体意识到和觉察,因此很多人都否认负面情绪因素对道德判断的消极影响,但这种影响确实存在,跨文化研究也显示:"只有极少数的人能够把厌恶情绪从道德判断中分离出来。在大多数文化中,令人厌恶的行为就等于是道德上错误的行为。……处在厌恶情绪中的被试比起处于中性情绪中的被试会做出更为实用的道德判断。"②所谓实用(utilitarian)判断指的是接受合理的对个别人有害却能使总体利益获得最大保证的行为。

之所以如此,是因为令人厌恶的环境,会增加人们心理的自我损耗(ego-depletion),降低人们的道德感受。自我损耗概念出自鲍迈斯特(Baumeister)等人所提出的有限自制力模型理论,主要包括三层含义:(1)个体的自我控制行为需要消耗自我控制资源,而这种资源是有限的;(2)成功的自我控制行为依赖于可用的自我控制资源,自我控制资源愈充足,自

---

① 谢熹瑶、罗跃嘉:《道德判断中的情绪因素——从认知神经科学的角度进行探讨》,《心理科学进展》2009 年第 6 期,第 1250—1256 期。

② 钟毅平、黄俊伟:《情绪在品德心理中的作用》,《宁波大学学报(教育科学版)》2009 年第 6 期,第 33—38 页。

我控制任务表现便愈好;(3)所有形式的自我控制行为使用的是相同的自我控制资源,即使前后具体任务分属于不同领域,个体先前的自我控制行为会造成随后自我控制行为水平的下降。当个体有意识、有目的地改变当前状态时会消耗一部分自我控制资源,当这种消耗达到一定量时,其心理上便对自我处于一种弱控制状态,出现自我损耗,各种社会适应性行为能力就会受到相应损害而出现各种后续效应,例如,很难控制自己的情绪反应,暂时性地降低个体智力成就水平,加剧吸烟者的吸烟行为,限制个体控制消费性冲动的能力,等等。多个实验也证实,"与无自我损耗组被试相比,自我损耗组被试表现出更少的好行为,并且明显地低于公平水平而趋向利己(坏行为)","同样处于自我损耗状态的被试,被启动公平准则的被试与无启动和利己启动的被试相比,前者在独裁者任务中表现出更少的坏行为,表明公平启动会减少自我损耗个体的坏行为"。[1] 这也在一定程度上解释了为什么一些平常表现很好的个体会在一些特定场合做出消极行为。

当然,并不是所有的负面情绪都是消极的,有些负面情绪也会产生积极效果,如内疚。内疚是指个体做了错事,违反了道德准则,或自己确实伤害或意图伤害他人,或与伤害事件有关联,即使什么也没做或被认可不必对伤害事件负责任而产生的情绪体验,是个体在违背了社会公认的或个人认同的道德规范后在移情基础上的良心反省,是对行为负有责任、指向自身的一种负性体验。根据情绪分化理论,内疚情绪包括悔恨、自责、焦虑、痛苦等成分,产生于自我道德评价过程且影响后续行为,因而又被称为自我意识的道德情绪,是道德的"晴雨表"。例如,相比于高内疚倾向个体,低内疚倾向个体会表现出更多的撒谎和不诚实行为。近年来心理学界,尤其是进化心理学越来越关注和强调内疚的积极作用。在其看来,人类在漫长的进化过程中,为了解决某些重大生存问题,会形成一些道德领域的先天心理模块,如关怀/伤害模块、公平/欺诈模块、忠诚/背叛模块等,它们相对独立、功能各异。内疚从"给予关怀和避免伤害别人"系统/模块进化而来,通过优胜劣汰的自然选择,成为一种适应性很强的有益的负性情绪,在诸多方面对人们的动机或行为产生积极影响。[2]

(1)内疚促进道德品格的发展。作为道德情绪的内疚是道德形成机制的重要组成部分之一,在个体道德准则和道德行为之间起着核心调节作

① 任俊、李瑞雪、詹望、刘迪、林曼、彭年强:《好人可能做出坏行为的心理学解释——基于自我控制资源损耗的研究证据》,《心理学报》2014年第6期,第841—851页。

② 何华容、丁道群:《内疚:一种有益的负性情绪》,《心理研究》2016年第1期,第3—8页。

用,可以有效地促进道德品格发展、增加更多的道德决策。研究发现,相比于回忆自己羞耻事件的被试,那些回忆自己内疚事件的被试在后续考察与他人合作意愿的任务中,会表现出更强烈的合作愿望和更坚定的合作决定。同时,内疚还能阻止不道德行为的产生和发展。内疚的伦理作用之一就是使人们意识到某些行为在道德上是错误的。例如,内疚很容易导致神经症、焦虑、抑郁、强迫症、饮食障碍等消极状态,为了避免体验内疚情绪及承担内疚带来的消极后果,高内疚倾向的个体除了较少利用撒谎方式来获得资源或金钱外,在商务谈判及决策、自我报告绩效的任务中也表现得更诚实,或在日常生活中更少地做出不道德的决定。①

(2)内疚增进人际关系。从进化心理学角度而言,内疚关注他人幸福,容易对他人灾难产生体验,对他人需求敏感,这都是利他能力的表现。因此,内疚情绪对维护和谐的人际关系有积极作用。首先,内疚可以约束自己,回避那些违反道德准则而可能产生内疚的行为,阻止人们进行欺骗,增强群体凝聚力。其次,内疚可以提高声誉,修缮和保持人际关系。声望是内疚的重要功效之一。在做出不道德行为后,表现出内疚的个体可以彰显自己的道德倾向、增强寻求原谅的动机和行为,赢得人际关系修复的机会。研究发现,在侵犯了他人之后,相比于那些没有任何反应的个体,表现出强烈内疚情绪的个体更容易获得受害者的原谅,他人也倾向于给那些表达了悔过或体验了强烈内疚的犯错者更好的印象评分。②

(3)内疚增加亲社会行为。从进化角度看,内疚基于关怀/伤害系统进化而来,利他主义是内疚的重要功效。众多心理学研究也发现,与内疚情绪最为相关的是亲社会意愿或行为。内疚指向的是过失行为,这会使内疚个体聚焦于具体事情及其对事情的责任,而不是指向整体自我评价:我是一个可恶的人,从而有利于个体将注意力聚焦于防止下一次犯错或寻求弥补方法,并实施弥补行为来减轻具体事件产生的心理负担之上,从而阻止自己继续做出坏的、不道德行为。同时,在寻求补救的过程中,在利益互惠心理的基础上也间接地增加了亲社会行为,如会进行更多的慈善捐款,会更多地选择帮助他人搬运日常物品上楼,扶别人走路,帮别人提一篮子衣服。内疚与利他倾向和互惠性行为密切相关,这也增加了人们在社会竞争中的优势,那些容易产生内疚情绪体验,即高内疚倾向的人会被认为更有领导潜质、更具有胜任领导力。③

---

①②③　何华容、丁道群:《内疚:一种有益的负性情绪》,《心理研究》2016 年第 1 期,第 3—8 页。

二、提升道德情绪判断的能力

(一)道德情绪判断与归因对道德的作用

道德情绪(moral emotion)作为一种重要的社会性情绪,是指在道德情境中由个体对自我的理解或评价所引发的情绪,如损人之后感到内疚、羞耻,助人之后感到高兴、自豪等,又被称为"自我意识的情绪"或"自我评价的情绪",它在道德准则和道德行为之间起着重要的调节作用,对人类的社会适应具有积极意义。道德情绪判断(moral emotion judgment)又称道德情绪预期(moral emotion expectancy),是指个体对与道德有关的情境或事件做出情绪判断或预期;道德情绪归因(moral emotion attribution)则是要求个体对使他人产生这种情绪的原因做出解释和推断。之所以关注道德情绪判断与归因的关系,是因为道德情绪本身具有动力作用,它在道德准则和道德行为之间起着不可或缺的调节作用。诸多研究显示,道德情绪判断可作为道德行为的预测指标,即个体道德情绪判断的模式可以反映其道德动机。例如,在对儿童道德情绪判断和归因模式研究中,学者们发现,那些攻击性较强的学前和小学儿童比无攻击性的儿童更常判断损人者会感到高兴,并且在进行情绪归因时更多地采用快乐主义定向,更少地采用道德定向。对青春期个体的研究也发现了与此一致的结果。那些道德动机较高的儿童,不管他们的同情水平如何,他们的亲社会行为倾向都比较高。

将道德情绪判断和归因之间联系起来有一个逐步发展的过程。这在儿童和青少年道德情绪判断与归因研究中得到了证实。这类研究最早产生于 1980 年发现的"快乐的损人者"现象(happy victimizer phenomenon),随后一系列测试也显示,当要求儿童同时对损人行为进行认知判断和情绪判断时,多数 4 岁儿童能够理解损人行为是不对的,但他们常常判断成功的损人者会因得到了想要的结果感到高兴,显示出他们在道德认知和道德情绪的发展上相脱节的倾向;而 8 岁以上的儿童通常会判断成功的损人者由于违反了道德准则而感到不高兴。之所以有此不同,学者们分析认为,这和儿童们的归因能力有关:在情绪归因上,年幼儿童以结果定向为主,而年长儿童以意图定向为主,情绪归因经历了由"结果定向"再到"意图定向"到"道德定向"逐步发展的过程。近期一项长达 6 年的纵向研究表明,在 15—21 岁青少年之间同时存在着 4 种道德情绪判断模式,即高兴的损人者、不高兴的损人者、高兴的道德主义者(happy moralist,做出道德行为之后感到高兴)以及不高兴的道德主义者(unhappy moralist,做出道德行为之后感到不高兴),但均以高兴的道德主义者判断模式为主,高兴的损人者模式的情绪会随着时间发展而降低,而高兴的道德主义者模式的情绪则随着年龄增长而升高。这都说明,青春期个体虽然也伴随有"快乐的损人者"判断模式,但随着道德自我的进一步确立和发展,人们对情绪反应与道德行为之间关系的理解更多维,能够从不同的角度对行为者的情绪反应做出归因。[①]

影响个体道德情绪判断的因素则表现在四个方面。

一是社会认知能力。这包括对他人意图和愿望理解能力、对道德规则和个人利益权衡能力、观点采择能力。研究发现,年幼儿童(如 3 岁)通常不能理解损人者的主观心理愿望,所以经常根据损人行为的客观结果判断损人者会感到高兴,而自 5—7 岁起儿童能够理解愿望,可以根据行为结果与损人者的意图是否相符做出情绪判断。在面对个人利益和社会道德规则冲突时,虽然年幼儿童也能理解道德规则,但对个人利益的考虑胜过对道德规则的遵守,这可能是"快乐的损人者"现象发生的主要原因之一。而观点采择能力则会影响儿童的道德情绪判断与归因,观点采择能力较强的年长儿童对自己作为损人者进行情绪判断的强度显著低于对故事中的损人者进行的情绪判断的强度。最近还有学者提出了反事实推理(counter-factual reasoning)能力,一种将现实与可能的结果相比较的能力,即在头脑中同时考虑多种可能性的能力。[②]它们的发展程度决定着道德判断能力。

二是情境因素。情境不同,人们的道德情绪判断与归因也可能不同。例如,是否有他人目睹或在场,都影响着人们的道德情绪判断与归因,这可能和权威在人们道德内化过程中发挥着重要作用有关。在考察权威对儿童道德情绪发展的影响时,学者们发现,在无老师目睹的情况下,许多 9 岁儿童判断损人者会感到高兴;但是在有老师目睹的情况下,即便是 5 岁儿童也多数判断感到"伤心"或"害怕"。在另一个测试中,学者们也考察了在有、无老师目睹的场景下,3—5 岁儿童对损人行为者、亲社会行为者和不履行亲社会行为者的道德情绪判断与归因。结果发现,若无老师目睹,儿童对三类行为者的情绪判断分数不存在明显差异;但在有老师目睹的情况下,他们更倾向于判断亲社会行为者和损人者都会产生积极情绪,并且积极情绪的效价强度显著高于不履行亲社会行为者。学者们又考察了在无人目睹、最喜欢的人目睹以及全班目睹三种情况下,4—5 年级儿童对损人

---

①② 李占星、朱莉琪:《道德情绪判断与归因:发展与影响因素》,《心理科学进展》2015 年第 6 期,第 990—999 页。

者的道德情绪的判断情况，结果显示，相比于无人目睹和全班目睹，当最喜欢的人目睹损人行为时，儿童更多地判断其会产生"羞耻"情绪。综合来看，当重要他人目睹损人行为时，儿童的道德情绪判断确实会受到影响，学前儿童不仅承认老师和家长的权威地位，也认可同龄权威地位。相比于损人行为，成人权威如父母对亲社会行为的强制性程度和对不履行亲社会行为的惩罚程度都要弱一些。①

三是人格因素。人格因素对人们道德情绪判断与归因的影响主要表现在两个方面。首先，人们对他人人格特质的理解会影响到其道德情绪判断与归因。有研究表明，从 5 岁起，儿童就对相同情境中不同特质的行为者做出不同的情绪预期，在故事主人公过生日给朋友分发礼品袋时，被认为是自私的主人公被判断为感到不高兴，而被认为慷慨的主人公会被判断为感到高兴。还有学者对比了 4—9 岁儿童对悔过型和不肯悔过型损人者的情绪判断与归因。结果显示，多数儿童预期不肯悔过的损人者会因为获得了想要的东西而感到高兴，而预期悔过型的损人者则会因其损人行为不对或者对他人有害体验到了消极情绪。其次，个体本身的人格特质也会影响他们的道德情绪判断与归因。人格会影响一个人与他人交往的方式，这在一定程度上决定着人们在道德情境中选择什么样的行为。例如，在考察 15 岁和 21 岁两个年龄组被试大五人格与道德情绪判断之间关系时，结果发现，人格系统中的自我功能，如情绪稳定性、宜人性、责任性、包容性和开放性等特质与道德情绪的强度、道德归因密切相关。②

四是文化因素。中国和加拿大两个国家 7 年级至大学二年级青春期个体道德情绪判断情况对比研究显示，与加拿大青春期个体相比，中国青春期个体预期反社会行为者会产生消极情绪的强度更高，而预期亲社会行为者产生积极情绪的强度更低。专家分析认为，这和中国崇尚集体主义、加拿大崇尚个人主义有关。在中国，对违反社会规则的人进行谴责被认为是道德社会化的重要成分之一，而做了好事保持谦虚通常会受到鼓励，这与加拿大个人主义的价值观截然不同。不同文化背景下道德社会化的过程不同，导致了他们在进行情绪判断时的强度差异。类似的，有学者对比了瑞士（个人主义文化）和智利（集体主义文化）两个国家 6 岁和 9 岁儿童的道德情绪判断和归因情况，结果显示，虽然两种文化中的年长儿童均比年幼儿童报告更多的道德情绪，但是智利儿童对偷窃行为比不分享行为更多

①②　李占星、朱莉琪：《道德情绪判断与归因：发展与影响因素》，《心理科学进展》2015 年第 6 期，第 990—999 页。

地采用道德归因。学者们推测，集体主义中的儿童对损人行为可能抱有更多的负性评价，所以更倾向于利用道德原则解释情绪判断中的消极情绪。[①]

三、自主性有助于亲社会行为

社会心理学多项研究显示，积极的情绪有利于促进分享、合作、助人、安慰、捐赠等亲社会行为（pro-social behavior），同时，大量的研究也证实，亲社会行为反过来也能给行为实施者带来快乐，它既能促进社会交往双方维持和谐的人际关系，又能满足个体对生活意义的追求。从行为实施者角度来说，"赠人玫瑰，手有余香"，从事志愿活动能使个体更好地应对心理压力，减轻抑郁症状，提升心理健康水平，体验到更强的幸福感及提高生活满意度。从行为接受者角度来说，"滴水之恩，涌泉相报"，亲社会行为会使接受者在亲社会互动中摆脱自己的困境，获得社会支持感，因而产生朝向实施者的感恩，并与之建立起愉快的人际关系，提升积极情绪和生活满意度，进而会更积极地回报行为实施者。而涉及行为的旁观者，也会受情境的感染，从亲社会行为的旁观者晋级为实施者。[②]

当然，并不是所有的亲社会行为都能增加互动中个体的积极情绪体验，这和互动过程中人们是否体验到自主性有关，研究显示，互动过程中的自主性是亲社会互动产生积极效果的前提条件。自主性是行为主体对自己言行有选择感和自由感时的主观体验，是人类基本心理需要之一，也是人际互动过程中能够满足心理健康、提升主观幸福感的标志。自主性可以分为状态性与特质性两种。状态自主性反映情境差异，即在特定领域或行为情境中个体是否体验到自由感，而特质自主性反映的是获得自主性满足的个体差异，特质自主性高的人更容易在不同情境中体验到自由。虽然自主性的获得存在特质差异，但亲社会互动更反映情境性，即在特定的行为环境或事件发生过程中，个体是否体验到自主性是影响其在参与互动中获得积极体验的重要因素。对比研究显示，行为的实施者、接受者及旁观者在互动中自主性满足的途径不尽相同。[③]

从亲社会行为实施者的自主性来看。在亲社会互动中实施者是行为

---

① 李占星、朱莉琪：《道德情绪判断与归因：发展与影响因素》，《心理科学进展》2015 年第 6 期，第 990—999 页。

②③ 杨莹、寇彧：《亲社会互动中的幸福感：自主性的作用》，《心理科学进展》2015 年第 7 期，第 1226—1235 页。

的发出者,自主性的满足可以通过自主动机来实现。自我决定理论根据行为是否出于主观意志(volition),将行为动机分为自主动机(autonomous motivation)和受控动机(controlled motivation),前者实施行为的原因和动力来自个体内部的认同、兴趣和价值观,而后者实施行为的原因和动力来自感知到的压力,如命运、他人或环境等不可预测的外部因素。社会观察和实验研究都显示,自主动机可以增强亲社会实施者的积极主观感受与行为积极效果,拥有自主动机行为的个体体验到了更高的自主性,积极情绪水平也更高,随后的亲社会行为也会增多。当然,自主并不意味着行为完全不受限制,个体在生活中经常需要进行自我控制以使自己的言行符合社会规范,这很容易产生自我损耗(ego-depletion),导致后续亲社会行为的减少。但相比于受控的自我控制行为,自主选择和实施的自我控制所产生的损耗程度更低,个体基本心理需要满足的程度也更高。在亲社会互动中,自主动机驱动下的行为实施者更真诚地希望行为接受者能够受惠,这在心理上满足了三个方面的基本需求:一是激发了行动者更强的效能感;二是满足了关系性需要,有一种"被人在意""被人依靠"的归属感;三是提高了个体行动的自控感,这都提升了实施者亲社会行为的积极体验。进而促使人们愿意继续付出更多的精力和时间,长期参与各种亲社会行为,提升了人们的道德责任感和移情能力,建构了公民自主道德人格。相比之下,受控动机驱动的亲社会行为是行动者迫于内疚或他人惩罚等压力而做出的非自愿行为,这抑制了行动者的能力感,削弱了与他人的亲密关系,关爱的体验更少,也就不能给亲社会行为实施者带来真正的快乐,客观上不一定能够有效地帮助行为接受者,对后续的亲社会行为也难以产生促进作用。①

从亲社会行为接受者的自主性来看。亲社会行为接受者作为亲社会互动中的接受方,通常会得到他人的恩惠。然而,研究发现,他人的援手和恩惠并不总是有效的,一方面和亲社会行为实施者的自主动机水平有关,另一方面,也与行为接受者本身的自主性是否得到尊重和满足有关。具体来说,第一,亲社会行为实施者的自主动机引发接受者的感恩情感。感恩是亲社会行为接受者受到恩惠时产生的朝向行为实施者的感激和愉悦情感,是影响个体主观幸福感的强有力因素,它能有效地降低个体抑郁、物质滥用等心理病理状态,提高个体积极情绪及生活满意度,提升个体主观幸

---

① 杨莹、寇彧:《亲社会互动中的幸福感:自主性的作用》,《心理科学进展》2015年第7期,第1226—1235页。

福感和心理健康水平。但并不是所有的亲社会行为都会引发接受者的感恩之情,受其对行为实施者动机的不同归因影响,当行为接受者感知到行为实施者是自主地、真心地、不计个人代价地为自己提供帮助时,他们才会产生感恩之情。第二,亲社会行为接受者的自主性需要被尊重才能提高其积极体验。亲社会行为接受者作为独立个体,也有自主性需要。但与行为实施者不同,接受者是亲社会互动中相对被动的一方,其自主性体现在互动过程中自己是否感到受到了尊重,自己是否体验到了自由感。研究发现,未表现出需要征兆,也未提出任何要求的被试,在被强行帮助之后,都表现出了自尊水平和价值感的降低,消极情绪的增多。对此,有学者基于相互依赖理论(interdependent theory),针对行为实施者提出了社会善念(social mindfulness)的要求。所谓社会善念,就是个体在人际互动中充满善意地关注、尊重并保护他人选择的需要和权利的行为,这是对行为接受者自主性需要的尊重和保护,能够有效地激发其自由感和积极的情绪体验,从而迅速地建立彼此信任、亲密的关系,促进后续的合作行为。这就要求人们慎重选择表达社会善念行为的恰当时机。① 当然,行为接受者的自主性需要存在个体差异,互倚性自我建构(interdependent self-construal)的个体强调人际联结,对行为实施者的动机不加要求和区分,也不太在意自己的自主性需要是否得到满足;而独立性自我建构(independent self-construal)的个体更重视自己的独特性,更偏好自主定向(autonomy-oriented)的帮助或选择不需要他人帮助。同时,自主性需要也存在文化差异,在个体主义文化中,丧失选择的权力意味着对自主需要的抑制,但在集体主义文化下,关系亲密的内群体成员代替自己做出选择时,也能使亲社会行为接受者体验到积极情感,进而产生积极效果。② 因此,在表达社会善念行为时,实施者需要根据接受者的个性特征及文化差异做必要的区分处理。比较简单的方法就是,向他人实施社会善念行为前询问其是否需要帮助,以避免强行提供帮助所带来的消极结果。③

从亲社会行为旁观者的自主性来看。间接互惠理论认为,旁观者通过两种方式参与亲社会互动,第一,通过观察实施者做出亲社会行为转为随后情境中的亲社会行为实施者。在这种情况下,旁观者是潜在的行为实施

---

① ③ 窦凯、刘耀中、王玉洁、聂衍刚:《"乐"于合作:感知社会善念诱导合作行为的情绪机制》,《心理学报》2018 年第 1 期,第 101—114 页。

② 杨莹、寇彧:《亲社会互动中的幸福感:自主性的作用》,《心理科学进展》2015 年第 7 期,第 1226—1235 页。

者,他观察实施者的帮助行为,同时会评价行为实施者的利他特质和意图,然后基于评价的积极或消极特性来判断行为实施者是否向接受者提供了真正的帮助。如果旁观者评价实施者做出的是出于真心的自主性亲社会行为,就会认为实施者从中可获得幸福感,并推论施受者双方能够建立积极的人际关系,旁观者也会认为行为接受者更愿意回报实施者。于是,旁观者会习得实施者所做出的亲社会行为,自愿地替代性地帮助行为实施者,从而获得积极的情绪体验。第二,通过观察亲社会行为的接受者,进而转为随后情境中的亲社会行为接受者,使亲社会行为得以传递。在此情况下,行为接受者得到恩惠之后,因为满足了需要而产生感激之情和积极体验,被尊重的自主性需要也获得满足,不仅会积极回报实施者,甚至还会模仿实施者向他人做出亲社会行为,即产生"人人为我,我为人人"的亲社会行为的正向传递。此时的旁观者是亲社会互动中潜在的行为接受者,他们同样能识别他人向自己提供的恩惠是否真心实意,同时也会评价他人对自己提供的帮助行为是否尊重和满足了自己自主性的需要,如是,就会产生朝向他人的感恩等积极情绪。同时,感恩的旁观者也有可能自愿成为其他情境中的亲社会行为实施者,使亲社会行为得以广泛传递。①

从亲社会行为的实施者、接受者和旁观者三个角度,都显示了自主性需要的满足对于亲社会行为促进个体积极情绪体验的重要作用,这为指导人们亲社会行为的培养提供了客观的理论支撑。

---

① 杨莹、寇彧:《亲社会互动中的幸福感:自主性的作用》,《心理科学进展》2015 年第 7 期,第 1226—1235 页。

第四章　厘清传统道德，激发移情能力

第一节　弥补传统道德观的缺失

一、传统私德困境及现代转化

随着市场经济的深入，全球化、网络化时代下人们的生活方式发生了很大转变，不但交往空间范围扩大，交往对象和交往方式也日益多元，这都对传统道德理念产生了冲击。在传统文化中，道德资源是十分丰富的。夏商周时期就已形成了相当完整的伦理礼仪体系，如夏礼、殷礼和周礼。春秋战国时期，诸子百家中的儒家围绕传统礼仪制度创立了德性理论，并竭力将其内化到个体人格中。汉武帝时期，儒家学说获得了独尊的政治地位，成为传统封建社会国家意识形态的核心内容。此后，经官方的强力推行和历代儒家学者们持续不懈的努力，儒家德性理论逐渐深入民心，形成了强有力的道德意识、伦理原则和细致入微的道德规范体系。可以说，在漫长的封建社会，上至王公大臣，下至平民百姓，无不是以儒家德性理论为依据，来建构个体生活规范和行为准则，确立道德信念，强化伦理意识和道德责任的。

然而，正是这个堪称礼仪之邦和道德文化根基深厚的国度，公共道德表现却不尽如人意，公共行为失范已成为公认的社会问题。例如，某项社会调查显示，我国公民仅有不到 1/50 的人对家庭成员或直系亲属不信任，不到 1/10 的人对包括远房亲属、朋友、同事及邻居等在内的对象不信任，不到 1/5 的人对单位领导不信任，然而却有超过 4/5 的人对陌生人抱有不信任态度。这就说明，现代国人虽然还像当年乡土村民一样，维持着高水平信任，但这种信任更多的是熟人间情感性的私人信任，还未达到现代陌生人之间能够互信的状态。

之所以如此，和人们的生活生产方式有关。几千年来，中华民族偏居亚洲东部，四面或茫茫大海，或崇山峻岭，或戈壁险滩，形成了相对封闭独立的生存环境，而自给自足的农耕聚居也使人们的婚丧嫁娶等社交活动都可以在熟人之间完成，与陌生人几乎没有交集。因此，传统伦理基本上只涉及"五伦"，即"父子、君臣、夫妇、兄弟、朋友"，涵盖了传统社会主要人际关系。五伦各有其理，可概括为"父子有亲，君臣有义，夫妇有别，长幼有序朋友有信"（《孟子·滕文公上》），在此基础上又衍生出"仁、义、礼、智、信"五常。这种以"血缘"和"地缘"为基础而建构起来的伦理规范调节着熟人之间的关系，但陌生人之间如何相处则出现了盲区。虽然孟子有"老吾老以及人之老，幼吾幼以及人之幼"（《孟子·梁惠王上》），孔子有"己欲立而立人，己欲达而达人"（《论语·雍也》）、"己所不欲，勿施于人"（《论语·卫灵公》）的论述，但相比于五伦来说则显得过于简单且语焉不详。

秦统一六国后，"家国同构"的大一统封建集权制成为两千多年来中华民族基本的政治制度，"国"是"家"的延伸或扩大，整个社会就建构在宗法等级制度之下。正如梁漱溟所说："吾人亲切相关之情，几乎天伦骨肉，以至于一切相与之人，随其相与之深浅久暂，而莫不自然有其情分。因情而有义。伦理关系，即是情谊关系，亦即是其相互间的一种义务关系。伦理之'理'，盖即于此情与义上见之。更为表示彼此亲切，加重其情与义，则于师恒于'师父'，而有'徒子徒孙'之说；于官恒曰'父母官'，而有'子民'之说；于乡邻朋友，则互以叔伯兄弟相呼。举整个社会各种关系而一概家庭化之，务使其情益亲，其义益重。由是乃使居此社会中者，每一个人对于其四面八方的伦理关系，各负其相当义务；同时，其四面八方与他有伦理关系之人，亦各对他负有义务。全社会之人，不期而辗转互相联锁起来，无形中成为一种组织。"[1]可以说，"在以'家国同构'或'天下为家'为特征的中国传统政治社会中，社会伦理和国家制度在很大程度上表现为私德的外推和延伸，即一整套以'孝悌'为核心的伦理制度，其中'三纲五常'便是这种私德体系的结晶。在这种情况下，原本具有公共生活性质的伦理规则也被私德化，因而即便一个人做到了'视国为家''视国事为己事'，也依然没有越出私德的范畴。中国传统社会的这种典型的家长式的封建专制政治所能培育出的只能是这种私德观念"[2]。

---

① 梁漱溟：《梁漱溟全集》（第 3 卷），山东人民出版社 1990 年版，第 81—82 页。
② 阎孟伟：《和谐社会呼唤公德》，《道德与文明》，2011 年第 3 期，第 97—101 页。

　　这种建立在熟人之间的行为规范,在现代公民社会受到了极大挑战。这是因为,虽然传统文化中有"自天子以至于庶人,壹是皆以修身为本"的传统,但就整个社会而言,修身养性并不是为了发展和完善个体人格,而是以维护个体对社会整体绝对服从与孝忠为目标,儒家思想的正统化与皇权实现了政治上的合谋,道德变成了实现政治稳定、皇权集中的工具。可以说,"儒家伦理在展开时所面对的历史——现实情境(专制政治、宗法社会、小农经济)注定了它在政治伦理层面只能成为王权的附庸、文化霸权的共谋"①。虽然传统文化也有"公"的论述,如《礼记·礼运》说:"大道之行也,天下为公。选贤与能,讲信修睦。"但这里的"公"常以"无私"来定义,而"私"代表的是个体利益,与"公"截然对立,"私"的正当性得不到认可,而"公"观念却被赋予强烈的道德优越感。如贾谊《新书·道术》曰"兼覆无私谓之公",《伪古文尚书·周官》曰"以公灭私,民允其怀","公"直接等同于天理、道义,以公为善以私为恶成为基本理念,"大公无私""公而忘私"也成为备受推崇的美德,私人领域巧妙地被取消。在君权神授的天意之下,"天下为公"具化为"君权为公","以公灭私"转化为"顺应天意""服从统治",个体淹没于大一统的夙愿之中,美德最终被异化为"顺从",中国封建社会超稳定结构由此得以巩固。立公废私、先公后私的价值观也成为塑造中华民族精神气质的核心理念。

　　然而,这种传统公私观在现代却产生了一个问题。在传统社会,真正体现个人利益和公共利益、体现个人权利自由的公共生活和公共领域,处于极度缺乏甚至空白的状态。而历史一再验证了人性的幽暗,公共生活场域的缺失,公私领域的混淆替代,使天性自利的人性不断以隐蔽的方式侵蚀名义上的"公",衍生出假公济私、损公肥私、以公谋私等诸多潜规则,所谓的大公无私、公而忘私很多时候沦为空谈和口号。

　　因此,在提升人们的公德意识、重新建构现代行为时,我们首先面对的状况是:"国人大多缺失公共领域(场域)的观念,特别是哈贝马斯、阿伦特的社会维度意义上的公共领域概念,即自由讨论公共问题而获得共识和基于对公共事务的关心并积极参与的公共性观念,对于公共性行为规范的认识甚为薄弱,遵守这些规范、调整自我行为的意愿和能力低下,公共参与的意愿和积极性不强,这是传统社会向现代转换的大敌。"②

　　这些问题在建构现代公民道德意识时是需要改进的。当然,这并不是

---

①　龚刚:《儒家伦理的空壳化问题》,《伦理学研究》,2009年第4期,第63—65＋72页。
②　廖加林、黄永录:《论公共道德研究的理论维度》,《道德与文明》,2011年第2期,第36—39页。

说传统道德文化就一无是处。即使是被世人诟病的传统私德其实也还是有其现代意义和价值的。事实上，私德向外推展后还是可以涵盖一定公德内容的，甚至可以说私德是公德的基础。这是因为，每个人在社会生活中都会形成或大或小的私人或熟人圈子，如家庭、社区、学习或工作单位、团体，它们构成了每个人日常的生活世界，个人道德行为会带来直接后果，因此，较之公德，私德更易于在个人生活中养成并得到遵奉。更为重要的是，私人圈中的道德修养本身就包含着自我对他人、个体对整体、个人对社会的认同，在一个民主、法治的公民社会中，这种认同有利于个体生成并履行公共道德的责任感。从这个意义上说，私德是培育公德的学校。但是，从内涵上说，私德与公德还是有明确界限的。私德归根到底是以私人群体道德为根基的，即使可以向外延伸，也总是表现为私人群体在观念上的扩展。例如，在以"天下一家"为特征的中国传统封建社会中，尽管针对国家生活存在着大量属于公德的道德规范，但对它们我们通常从私德意义上加以理解。因为国家是君主的私业，臣民自认为是君主的子民，在这种外延足够大的"家天下"中，即便"视国为家"也无非是"家天下"中的"家道德"，而非真正的公德观念。公德则不同，它所关注的不是"私群"而是"公群"。所谓"公群"，不外把社会、国家理解为集结公共利益的公共生活共同体。"在这个共同体中，公共利益主要体现在公共秩序、公共财物和公共事业三个方面。由于我们每个人都必然地生活在这种公共生活的共同体中，体现公共利益的公共秩序、公共财物和公共事业，就是我们每个人生存和发展的须臾不可或缺的社会条件，维护公共利益，也就是维护我们每个人生存和发展的社会条件，归根到底也就是维护我们每个人的生存与发展。所以，公德的存在与人们之间是否有血亲关系、是否相互熟识没有关系，它毋宁说是一种'陌生人'之间的道德，是一个公民对公共生活所必须履行的道德责任。"[1]如果不能把国家、社会真正地理解为公共生活共同体，不能把公共利益理解为每个人生存和发展的条件，并赋予它们最高的存在价值，那么无论私德在外延上如何扩张，也绝不会衍生出真正的公德观念。

同时，在构建公共生活共同体时一定要肯定人们对利益的需求。在相对封闭且稳定的传统社会，人们大多一辈子生活在一个有着或近或远血缘关系的"熟人"群体中，在生产生活中可以相互关爱、相互帮助，传统"仁、义、礼、智、信"等美德在强大宗法制度引导下很容易内化为个体自觉行为，否则就会被群体批评或排斥。但随着市场经济深入发展，人们纷纷进入城

---

①　阎孟伟:《和谐社会呼唤公德》,《道德与文明》,2011 年第 3 期,第 97—101 页。

镇,传统熟人社会逐渐被抽空而成为陌生人生活共同体,虽然亲人、朋友、师生、邻里之间的亲密接触和相互关爱依然存在,但人与人之间亲密程度日益降低而呈现出浅表性特征,效率优先的价值取向不断强化着人们之间的竞争,进一步消解了人际交往中本已脆弱的情感纽带,人与人之间的关系也在情感关系中加入了利益关系,或者说,人与人的交往很大程度上是追寻利益的满足,因此,如何与陌生人相处,如何协调自利与他人利益关系是当下公共道德必须面对的问题。在此方面,虽然有孟子"见义忘利"、董仲舒"正义不谋利"、朱熹"存天理,灭人欲"的论述,但都忽略了人们对利益的合理追求,这不符合市场经济环境下的时代特征,因此,树立符合当下时代需求的利益观也是构建现代道德规范的重要内容。

其实,近百年来,在诸多有识之士的积极努力之下,国人的公德意识状况已经得到了极大的改善。特别是清朝末年到抗战时期,一批批仁人志士在批判纲常名教、专制集权的基础上,一次次掀起以塑造具有独立自主人格、法治契约精神和理性思维方式为主题的轰轰烈烈的"公民运动",为中国从宗法专制走向现代公民社会发挥积极的思想启蒙和舆论先导作用。在改革开放之后,随着市场经济的发展,社会公共领域兴起,民众权利意识逐渐觉醒,公民理念以前所未有的气象迅速占领主流话语中心,以"个体权利的正当性欲求"为指归、以"积极参与公共事务"为核心、以"履行批判性公民角色"为义务的公民观日益改变着传统中国社会个体行动和思维逻辑。无论是在对公民权利义务的认知、对公民社会价值观的认同、对公共领域事务的关心还是在参与公民社会活动的行为意向等方面,中国公众已日趋显现出现代社会民主发展所需要的公民素养及品质。从投票选举、参与公共决策到利用媒体网络等表达自己的观点,行使监督政府权力,再到参加各种志愿服务、非营利性公益社会团体或组织等,都见证着我国公民主体的成长历程以及公民力量的强大作用。

二、借鉴西方公民道德养成法

公共社会是由公民组成的,社会是否和谐有序,公民的品性十分关键。在威廉姆·甘斯通看来,合格的公民需要具备四种品德,一是一般品德:勇气、守法、诚信;二是社会品德:独立、思想开通;三是经济品德:工作伦理、有能力约束自我满足、有能力适应经济和技术变迁;四是政治品德:有能力弄清和尊重他人的权利、有提出适度要求的意愿、有能力评价官员的表现、有从事公共讨论的意愿。也就是说,合格的公民能够克制私人欲望的过度膨胀，自主遵守公共秩序规则，同时还具有在公共领域展示自我、发表意见的勇气，具有行动的决心和承担公共世界兴衰、荣辱的责任。实现这些要求对接受了两千多年臣民教育的国人来说，还有很长的路要走，对此，西方的公民社会和公民文化可以成为一个对照。

在西方文化中，至少从古希腊时代开始，国家就是一个公共生活概念。如柏拉图在《理想国》一书中就明确地把"城邦"亦即"国家"理解为一个彼此相互需要的公共生活共同体："在我看来，之所以要建立一个城邦，是因为我们每一个人不能单靠自己达到自足，我们需要许多东西。由于需要许多东西，我们邀集许多人住在一起，作为伙伴和助手，这个公共住宅区，我们叫它作城邦。"①柏拉图的这个看法代表了希腊人对城邦或国家的一般看法，并成为西方社会的建构传统。相应的，公民公共行为规范也就成为哲人们思考讨论的重点。可以说，"西方人的伦理观念自古以来并无'公德'和'私德'的明确划分。在他们看来，尽管在不同的伦理实体中，具体的道德规范不尽相同，但德性只有一种，那就是任何个人，作为公共生活共同体的成员，都不能以侵犯他人的权利和损害公共利益为代价而满足自己的利益，如果自己的行为给他人和公共利益造成了损失，就必须做出相应的赔偿或接受相应的处罚。这种德性，其实也正是西方人根深蒂固的'自然法'所包含的最基本的道义原则"②。在很多西方人看来，公民美德和人类美德是有差异的。例如，亚里士多德就曾提出过："即使不具有一个善良之人应具有的德性，也有可能成为一个良好的公民。"善良之人的德性与良好公民的德性不完全等同，理由是："公民的德性与他们所属的政体有关。"③公民美德主要表现为智慧、节制、勇敢、正义，这四美德是支撑政治共同体的基本价值。

当然，公民美德并不是天生的，而是通过习俗、公共服务、法律、公民教育等形式逐渐养成的。在古希腊城邦，非常注重培养公民对政治共同体的认同和参与热情。首先，严格规定公民的身份。例如，亚里士多德对公民资格的出身和财富做了限定：出身于公民家庭，父母均为公民的人方能保证正宗的公民身份及对城邦的忠诚；衣食无忧的经济基础方能确保公民全身心地投入城邦事务。其次，非常强调参与城邦的政治生活，并且明确规定只有公民才有资格"参与城邦议事和审判事务"，充当陪审员和公民大会

① ［古希腊］柏拉图：《理想国》，郭斌和、张竹明译，商务印书馆1986年版，第58页。
② 阎孟伟：《和谐社会呼唤公德》，《道德与文明》2011年第3期，第97—101页。
③ ［古希腊］亚里士多德：《亚里士多德选集（政治学卷）》，颜一、秦典华译，中国人民大学出版社1997年版，第80页。

成员。那些由于政体更替而成为公民的人,如果没有参与能力和参与事实也不能算是真正的公民,参与公共事务是古希腊公民的重要美德及特征。最后,突出城邦与公民的依存关系。一方面,城邦是由特定数量的公民组成的政治共同体,没有参与城邦议事公民的城邦将失去城邦的资格;另一方面,公民是城邦的公民,城邦是公民存在的理由,离开了城邦,公民身份没有任何意义。在此环境下,古希腊城邦的公民们非常珍视自己的身份并将其视为一种荣耀,甚至可以说,公民身份既是城邦个体政治权利的保障,又是其政治地位的象征。当然,由于只有拥有财产的成年男性才有资格成为公民,具有很强的排斥性,古希腊城邦享有公民权的人数有限,虽然随后的古罗马帝国大大地拓展了公民范围,提出了"世界公民"的概念,但不同种类的公民等级之间地位悬殊,权利义务并不平等。但值得肯定的是,古罗马用法律的形式界定了公民的身份,以权利义务确定了公民的地位,为近现代意义上的公民诞生奠定了制度基础。

到了中世纪,随着封建制度的建立,古典"公民"观念逐渐被"臣民"意识取代,而工业革命后新兴城市的出现推动了市民阶级的崛起。在这过程中,"臣民"意识并非仅仅是历史的倒退,它在一定程度上突破了狭隘的城邦地域限制,使臣民作为政治共同体的成员获得了相对独立的地位,可以说是从古代公民向现代公民迈进的必经环节。随着商品经济的确立和海外贸易的发展,城市中出现了拥有一定私人财产、以追逐私人利益为目的的市民阶级,11—13 世纪,他们通过斗争取得了城市自治权,获得了自由和独立地位,从而成为近代公民的前身,"公民"概念开始出现于西方政治舞台。近代以来,文艺复兴、启蒙运动和一系列资产阶级革命,使自由、理性、权利、民主、独立、平等逐步渗透到公民概念之中,新的公民概念开始普及。到了现代社会,公民概念的外延又不断扩大,成为一个相对稳定的法律概念,逐步指称一国之内的全体社会成员。因此,"纵观整个西方社会发展的历史,可以发现'公民'在其中扮演着重要的角色,无论是古希腊作为特权阶层的公民,还是作为过渡环节的中世纪的臣民与市民,一直到近现代宪法意义上的公民,其角色的实践都为当时社会的运转提供了有力的主体支撑。从这个意义上讲,在西方具有悠久历史的'公民本位'传统构成了西方文化的原教旨主义,而公民身份及其内涵的变迁为我们探寻西方社会体系的运行机制提供了一条有益的线索"[①]。总之,在西方公共生活中的公共法

[①] 刘翠霞:《"公民"还是"美德"——中国语境下"公民美德"概念的适用性考察》,《道德与文明》2011 年第 4 期,第 31—39 页。

则确认了个人之私的合法性,于是每一社会成员之私便成为建构公共生活的基础和前提。由于设定了公共权力的边界,公不但不与私截然对立,还在私的基础上统一起来。

与私人身份相比,有学者认为,公民之"公"主要表现在三个方面。一是政治共同体所有成员共享的平等身份,即所有拥有公民身份的人权利与义务一律平等,选举权、被选举权、受教育权、参与公共事务权,以及对共同体承担的忠诚、纳税与服兵役等都有同等责任和义务,与生俱来,为法律所认可,不因任何法律以外的理由被剥夺。二是它存在于公共领域并实现于公共领域。在私人化的家庭中,个人角色主要是做个称职合格的父母、儿女、妻子或丈夫,但在需要理性地批判公权力、形成公共舆论进而影响政府决策的公共领域,个人必须承担起参与、商谈、辩论和监督国家权力等公民行为,不存在公共领域的地方,便不存在公民身份。三是与私人身份具有隐匿性不同,公民身份是透明和公开的,与公民身份相关的一切言行都是可以公开、人尽皆知的,也只有在公开状态下,公民生活经验才可以被分享,公民德行才可能接受公开评价,公民美德也才有示范的可能。

与公民身份相应,公民美德是个体以公民身份在公共领域应该具备的行为规范,主要处理公民应以何种态度对待他人以及如何处理与非亲近者的关系,如何与他人共同维护公共空间,如何促进公共利益增长等问题。可以说,"与个体美德所关注的私人领域不同,公民美德包括公民公共交往之美德,如尊重、宽容、礼貌、得体等公民风范,这些美德关系到公民在公共生活领域中的优雅形象。……公民美德的公共性再一次显示了好人与好公民的差别:好公民要维护并增进公共利益,为公益事业效力,好人却不一定如此"①。公民美德作为公民履行共同体义务必不可少的素质,具有政治性和公共性,它鼓励个体以公民立场理解并参与公共事务、创造并服务于公共利益,这是公民的权利也是不可推卸的义务。用阿伦特的话来说,公民美德可以概括为三个方面:一是公民献身公共事务的勇气。支撑这种勇气的精神动力根源于公民对于公共事务的无私奉献意识,因为无私才能无畏。二是公民的言行恪守边界、保持适度。由于人类制度与法律的天然脆弱性和人的行动总是具有突破限制、跨越边界的内在倾向,在涉及公共事务的公共领域,公民应该恪守边界、遵守规则、保持适度,避免走极端。三是宽恕与承诺。没有彼此的宽恕,公民在公共领域中的互动与合作就有可能因为利益的多元化而成为泡影;没有庄严的承诺,就不能保证公共契约

---

① 吴俊:《公民美德:特征及其意义》,《道德与文明》2009年第2期,第89—91页。

的贯彻和实施。当然,这只是阿伦特的观点,事实上,公民美德具体表现在哪些方面学术界依然还有争论,但参与公共事务、维护公共利益是人们的共识。或者说,"对公共事务的关注和对公共事业的投入是公民美德的关键标志"①。

相比之下,私德发达的国人们参与公共事务的意识和能力是十分欠缺的:"尤其是在政治参与层面,公民的服从性、被动性参与表现明显,政府动员仍居于主导地位,低度参与成为目前公民政治参与的基本状态,公民参与的组织化、制度化程度较低,导致参与过程中形式主义与非责任化倾向普遍存在,总体上呈现出政治热情与政治冷漠并存、支持性参与和发泄性参与并存、典型性参与和非典型性参与并存、理性参与和非理性参与交织在一起的局面。"②在日常行为中如果不涉及自身利益,通常不会采取积极方式参与公共事务;主要关注与日常生活密切相关的问题和利益,而对社会主要政治问题以及与政治体系相关的抽象价值、观念、原则等问题则表现得较为冷漠和无动于衷。虽然也有很多人经常表现出较强的正义感和仁德心,也乐于参与各种慈善志愿行动,但很多情况下是个人德性的表现,很少与公共活动和公共品性联系起来。

当代中国,随着市场经济的不断深化和扩展,公民社会逐渐形成,建立起与之相应的公民意识和公民身份感尤为必要,鼓励人们参与公共事务、提升参政议政能力是其关键,只有在此基础上,人类社会才能真正建构现代意义上的公民道德:"意指孕育于公民社会之中的、以公共利益作为价值皈依的、位于人类心灵深处的基本道德和政治秩序观念、态度和行为取向,它包含民主、平等、自由、秩序、负责任等一系列最基本的价值命题和伦理判断,它以正确理解的个人利益为前提,使公共利益成为个人利益的延伸,其目标是努力取得公共利益与个人利益的协调一致。"③

三、增加群际接触消解陌生感

从上面的论述来看,提升国人的公德意识主要表现在两个方面:一是学会与陌生人和谐共处;二是提升公共事务参与意识和能力。这是生存环

---

① [美]罗伯特·D. 帕特南:《使民主运转起来》,王列、赖海榕译,江西人民出版社 2001 年版,第 100 页。

②③ 刘翠霞:《"公民"还是"美德"——中国语境下"公民美德"概念的适用性考察》,《道德与文明》2011 年第 4 期,第 31—39 页。

境使然，也是人们必须面对的现实问题。特别是随着市场经济的深化，越来越多的人涌入城镇，虽然带来了经济的繁荣、生产力的发展和便利的生活，但也挤压了人们的生存空间，在快节奏的生活和高强度的竞争压力下人际交往浅表功利，甚至变成了零和博弈中的对立双方。如何激发人们"尊重他人""善待陌生人"的道德情感，如何建立陌生群体间互信合作，如何培养解决公共问题时的交往理性和公共精神，是其中的关键因素。

　　然而，在传统道德文化中，如前所述，陌生人是一直被边缘化的，具体而言，在传统社会中，最重要也是国人最熟悉的行为规范是"三纲五常"，它们以"父子""兄弟"等最亲密的血缘为轴心向外推展到师长、朋友、同乡，从而在熟人之间建立起一个"休戚与共"的生活圈，营造出人与人之间"和为贵"的团结感。在此圈之外的陌生人如果没能通过某种途径或中介成为"自己人"，则因为与"自己"既无血缘亲情，又无朋友之爱、师生之谊，就成了"非我族类，其心必异"的"夷狄"和"异端"，"党同伐异"成了对待陌生人的基本行为方式，在漫长的历史进程中，并逐渐积淀成为一种深层的文化心理结构。在公共生活日益拓展、人口流动日益频繁的今天如果还坚持这一传统观念和态度，不但会导致人际失信，还会产生严重的社会问题。而且，市场经济极大地激发了人们的逐利动机和贪婪欲望，在缺乏健全完善法权体系与道德价值体系的平衡与约束下，自利天性畸变为唯利是图的自我主义。在血缘、亲缘关系的浸润下，个人自我利益与家族、熟人、同事等"自己人"利益捆绑在一起，与其他陌生族群竞争和对立，社会变成了弱肉强食的丛林。

　　对此问题，在提升人们公正意识和建立健全公正制度的同时，增加陌生人和陌生群体之间的亲密关系就成为一个重要举措。在社会心理学看来，打破陌生人之间壁垒最主要的方法就是增进群际信任间的社会认同。所谓社会认同（social identity）是指个体认识到他/她属于特定社会群体，同时也认识到作为群体成员所带来的情感和价值意义。研究发现，社会认同能增加群体内的合作行为，主要表现在两个方面：一是普遍存在的归属感需要让人们渴望加入某个群体和组织，愿意投入一定的时间和精力来与他人保持积极的接触和亲密的联系，也愿意通过服务和合作来建立和维持群内人际关系的稳定和谐。二是普遍存在的群体内偏好心理会增加群体内成员的信任，表现出群体内收益的最大化和不平等的最小化，促进个体的合作行为。例如，在两难困境中个人对群体的认同减少了他/她的贪欲成分（greed component），消解了他/她欺骗和剥削他人的动机，即使冒着被骗被剥削的危险也愿意做出更多的合作行为。①

　　既然人们渴求加入某个群体并有内群体偏好的心理特征，那么，就可以通过改变群体身份来增加群体的社会认同，促进不同群体成员间的信任和合作。大致有两个方法：一是通过寻找群体成员的相似性来构建一个新的、更高一级的、共同的群体身份，把原先的外群体成员纳为内群体成员，弱化群际边界，拉近彼此社会距离，从而增加原来外群体成员之间的信任程度。二是可以通过激活身份的复杂性来降低群际界限的差异性。每个个体在社会中都是具有多重身份的，在某一身份类别上可能属于外群体成员，但在另一身份类别上又是内群体成员，加强共性认知，模糊身份差异，从而增加对原有外群体成员的信任。这两个方法是建立在这样一种认知上的，在现实生活中，存在于群体之中的个体通常会拥有 4—7 种社会身份，它们有些是先天的，如种族、民族、性别等；有些是后天形成的，如对文化的认同、某一群体的志愿者、职业身份、社会经济地位等，这些社会身份信息是人们对其可信性感知和判断的重要依据。相关研究也表明，身份复杂的个体在人际交往中更可能意识到他人与自己的相似性，更能拉近双方的社会距离，甚至将其认同为"圈内人"或"自己人"，从而大大提高对原有外群体成员的可信性评价。②

　　同时，面对面的、直接的群际接触（direct intergroup contact）也是减少群际偏见、增加群际信任、改善群际关系的一种有效方式。这是因为，不同群体之间直接的、面对面的接触会改变人们对外群体成员的看法，提高对外群体成员的信任程度。例如，有调查显示，农民工与市民之间的信任程度会随着交往频次的增加、交往范围的扩大、交往强度的增大而提升，接触程度越高，对外群体的信任程度也越高。甚至只是通过简单的暴露，也会因为熟悉度的增加进而提升了对外群体的喜欢程度和信任程度。当不同群体之间直接的、面对面的接触无法实现时，也可以采用间接群际接触方式，主要有两种形式。一种是拓展群际接触（extended intergroup contact），即通过内群体成员的外群朋友，来增加对外群体的积极态度，例如，如果一个天主教徒有很多新教徒朋友，那么这个天主教徒的天主教徒朋友对新教徒的偏见就会减少。这个方式比较适合两个相对立的群体，因为他们的成

　　① 陈欣、叶浩生：《两难中合作行为研究的回顾和展望》，《心理科学进展》2007 年第 5 期，第743—748 页。

　　② 辛素飞、明朗、辛自强：《群际信任的增进：社会认同与群际接触的方法》，《心理科学进展》2013 年第 2 期，第 290—299 页。

员很少有直接接触的机会,通过内群体成员关系的拓展可以增加群际成员间的熟悉度。另一种是想象的群际接触(imagined intergroup contact),即要求人们在心理上模拟与外群体成员进行互动。观察发现,即使是让人们想象与外群体成员的积极接触,也可以缩短人们与外群体成员的社会距离,改善对外群体成员的态度,提高对外群体成员的信任程度。[①]

当然,不管是直接接触还是间接接触,良好的群际互动需要满足三个关键条件:不同群体成员处于平等地位,以平等身份进行接触;有共同目标,群体成员需要通过相互合作、共同努力来达成;群体间的接触需要有相关法律和制度的支持。只有这些条件都具备,才有可能增进群际信任、改善群际关系。否则,会适得其反。

增加群体认同的具体途径除了直接和间接的群际接触之外,还可以通过打造现代社区文化、增加人们的社区感来实现。社区是人们工作之外生活和娱乐的主要场所,也是现代公民社会的基本构成单元。根据不同的特性,可以分为地域社区(geographic communities)和关系型社区(relational communities)。前者指居住在某一地域的居民组织,后者又称虚拟社区(virtual community,VC),它是随着通信技术逐步发展起来的社会组织模式,主要以电脑网络为中介、基于共同兴趣爱好自由交流信息和资源的社会组织。在此基础上,有学者提出了社区感(sense of community/psychological sense of community)的概念,它并不单纯是一种地域归属或群体认同,而是二者的有机结合,同时包括了地域、情感联系、社会互动等成分。具体来说,社区感包括四个要素:成员资格(membership)、影响力(influence)、需求的整合与满足(integration/ fulfillment of needs)以及共同的情感联结(shared emotional connection)。"成员资格"是指社区赋予成员在社区中的权利和义务,成员对社区具有归属感和认同感;"影响力"不仅指成员能够影响社区发展,而且成员也受到社区的影响;"需求的整合与满足"反映了人们能够从成员资格中获得的利益;"共同的情感联结"强调基于共同的历史、相似的经历等建立的社会联系。可以说,社区"四因素"说融合了个体对社区的归属感、凝聚力和社会联系等成分,将社区感的核心思想转换为具体的、可操作的量化指标。不论是地域型社区还是虚拟社区,社区感不但能促进人们的心理健康,提高人们对生活的满意度,还是社区参与行为的启动器,对公民意识中的"参与意识""公共责任意识""法律

---

① 辛素飞、明朗、辛自强:《群际信任的增进:社会认同与群际接触的方法》,《心理科学进展》2013 年第 2 期,第 290—299 页。

意识""政治效能意识"以及"权利意识"几个维度都有积极作用。在鼓励人们积极参与社区日常事务管理和开展社区公益活动的同时,改善社区自然环境也非常必要。早有研究发现,拥挤的交通和大量的地面停车破坏了人们的安全感和彼此之间的友好度,而绿化良好的公园和功能多元的广场都可以通过增加邻里偶遇机会来增加人们的社区感。当然,人工环境并不直接影响社区感,居民对环境质量的态度则起中介作用。①

总之,在一个日益分化、多元差异乃至个体化的现代社会,越来越多的个体从村庄、地方共同体、单位(企业)、社群等高度集中、整齐划一的总体性亲密群体中游离出来,日益成为为自己而活的原子化个体,原来群体规范对人们的约束鞭长莫及或软弱无力,对个体也很难起到联结、规训作用。在他人身份未知、匿名性得到完全保护且没有机会建立声誉的情况下,人们的合作水平日益降低。因此,尝试构建现代新型利益共同体,鼓励个体成员参与社会公共事务,让每个社会成员理性认知人际间的利益关联,在追求个体利益最大化的同时保持适当的利他性,在利己与利他之间达成一种平衡,是现代公民道德建设的核心。在这过程中,加强群体文化建设,通过各种群体类文娱乐活动增加社会成员面对面接触机会,增加社会成员的亲密度,满足群体成员的关系需求和归属需要,是建构良好社会关系的重要方式。

第二节　培养激发公民移情能力

一、移情心理机制和主要特征

作为社会中的个体,人们常常自觉地在追求自我利益的过程中兼顾合作、关爱等亲社会行为,不仅仅是因为社会规范要求人们这么做,还因为作为社会中有情感体验的个体,人们是有同情之心和仁慈之爱的。例如,孟子就曾论述过"恻隐之心":"所以谓人皆有不忍人之心者,今人乍见孺子将入于井,皆有怵惕恻隐之心。非所以内交于孺子之父母也,非所以要誉于乡党朋友也,非恶其声而然也。由是观之,无恻隐之心,非人也;无羞恶之

---

① 李须、陈红、李冰冰、廖俊、杨挺、刘舒阳:《社区感:概念、意义、理论与新热点》,《心理科学进展》2015 年第 7 期,第 1280—1288 页。

心，非人也；无辞让之心，非人也；无是非之心，非人也。恻隐之心，仁之端也；羞恶之心，义之端也；辞让之心，礼之端也；是非之心，智之端也。人之有是四端也，犹其有四体也。"（《孟子·公孙丑上》）这种"恻隐之心"是人之为人的根本，与"羞恶之心""辞让之心""是非之心"并称为"人之四端"，成为道德行为的重要激发动力。

西方伦理学者对同情（sympathy）进行专门而细致的研究可以追溯到17、18 世纪英国发起的情感主义（sentimentalism）道德学派，主要代表人物有沙夫茨伯里三世、赫起逊（哈奇森）和巴特勒等，在休谟和斯密时达到顶峰。观察中他们发现，在人们的道德动机中，有某种具有独特价值、无私关心他人的显著情感，沙夫茨伯里称之为自然情感（natural affection），赫起逊称之为仁爱，休谟和斯密则称之为人性法则即同情（sympathy）。虽然名称不一，但他们都揭示了同情与人类利他主义行为之间的关联：人类在道德实践中所表现出的利他主义行为的动机是由具有独特价值的人类情感所激发的，主要来自关心或体验、想象他人的利益或境况的欲望和倾向。从现代伦理学的观点来看，这种具有独特价值的人类情感就是同情，而激发它们的那种体验、想象他人的利益或境况的欲望和倾向，在现代伦理学中被称为移情（empathy）。可以说，情感主义学派在西方伦理学术史上最早成体系地提出了同情能力对于人类道德行为的重要意义。①

最近生物学研究显示，移情是进化的结果，是人类共有的一种生理—心理反应，具有神经学基础，是人先天具有的特质。特别是 1996 年意大利帕尔马大学里佐拉蒂和他的同事们在恒河猴大脑中前运动皮质 F5 区域发现的镜像神经细胞，为共情或移情能力的产生提供了最直接的神经生物学证据，镜像神经系统（mirror-neuron system）也被认为是共情可能的神经机制。镜像神经系统主要在高级哺乳动物和人类大脑中存在，是个体动作模仿学习、共情、语言习得和意图理解等社会认知活动的生理基础，甚至被描述为"心理科学的 DNA"或"塑造文明的神经元"，在个体自己实施某行为或观察他人进行同样活动时被激活。例如，当人们目击他人疼痛时，大脑中表征疼痛脑区的镜像神经系统自动激活，使个体"感同身受"地获得了对疼痛的感知和切身体验。该结论得到了大量脑成像研究的支持，如分别让被试观看疼痛表情录像和对被试进行热痛刺激（thermal stimulation），被试激活的脑区相同。亚当·斯密在《道德情操论》一书中也做出过类似论

---

① 王嘉：《从"同情"的有限性看心理层面的"道德冷漠"》，《河北学刊》2015 年第 1 期，第 6—11＋19 页。

述："这是我们对他人苦难的共同感（fellow-feeling）的根源，就是通过改换位置去想象受难者，同时我们开始想象或被他的感受所感染……当我们看到一击对准了并马上准备落在别人腿上或手臂上，我们会本能地缩回我们自己的腿或手臂；并且当这一击落下的时候，我们多少会感觉到，并且像受害者那样感到伤害。"但现代交叉学科的研究为人们理解同情的产生提供了科学依据和实证研究。①

　　当然，也有学者对移情和同情做了不同的区分。在他们看来，同情的发生机制是，人们先有对他人处境感同身受的体验（移情），进而才会对他人的福利表示关切（同情），一般情况下，同情（关切）要建立在移情（体验）的基础上，同情就是附加了仁慈的移情，但不是所有移情（体验）都会发展成为同情（关切），移情只是同情的必要而非充分条件。但无论是同情还是移情，作为个体在面对（或想象）他人情绪情感或处境时所产生的心理现象，涉及个体认知、情绪情感和行为等多个系统之间的交互作用。具体来说就是："当个体在面对（或想象）他人的情绪情感或处境时，认知和情绪情感系统被唤醒，首先建立与他人的共享；然后在认知到自我与他人是不同个体且自我情绪源于他人的前提下产生与他人同形的情绪情感；而后个体对他人的实际处境进行认知评估，结合自身的价值观、道德准则等高级认知来考察'我'共情他人的理由是否成立。若不成立，则过程中止；若成立，那么认知和所产生的情绪情感相结合使得个体产生独立情绪情感，可能会伴有相应的行为（或行为动机）（外显的或内隐的），最后将自己的认知和情绪情感外投指向他人，即共情发生。"②共情是自我与他人关系的核心，也是社会生活的基础，与人们的生活息息相关。

　　从共情产生的过程来看，共情可以分为情绪共情和认知共情两种类型。情绪共情（emotional empathy）指对他人情绪的情绪性反应，即产生和他人相似的情绪体验，这种反应可以是指向他人的（称为共情关注），也可以是指向自己的（称为个人忧伤）。个体最早出现的情绪共情是个人忧伤，这在婴儿身上比较常见，因为缺乏区分自我与他人的能力，婴儿对他人情绪产生共鸣，情绪反应聚焦于自己，随着认知水平的提高，个体能够区分自我体验和他人体验，就可以聚焦于他人产生共情关注。认知共情（cognitive

---

① 王嘉：《从"同情"的有限性看心理层面的"道德冷漠"》，《河北学刊》2015 年第 1 期，第 6—11＋19 页。

② 陈武英、卢家楣、刘连启、林文毅：《共情的性别差异》，《心理科学进展》2014 年第 9 期，第 1423—1434 页。

empathy)是指能够理解他人情绪状态。认知共情需要一定的认知技能，包括辨认、接受他人情绪信息并对之进行分析、加工和选择的能力，可以说观点采择是认知共情的必备技能之一。观点采择是指个体能够推断他人的观点，设身处地地理解他人的思想、愿望、情感等认知技能，也有学者将其分为认知的观点采择和情感的观点采择。前者指预见他人思想、动机、意图和行为的能力，后者指推断他人的体验和情感反应的能力。情感观点采择与认知共情的含义基本一致。

人有自利的天性，较之陌生人人们更愿意帮助家人和朋友。然而，正是具备了这种移情或共情能力，人们能够超越血脉限制，对他人产生关爱之情。可以说，"人类的心理中似乎存在着以资唤醒和发展对他人的各种移情性关切的资源，而移情性关切（如我们对其的直觉理解）将使我们得以成为道德上的正派人或者好人"①。人们之所以能够成为有德之人，能够按照道德所要求的行为规范来对待他人，移情在其中发挥着至关重要的核心作用。

移情作为关爱他人的情感基础，对道德行为的养成发挥着重要作用："一个（基于关怀德性的）道德之人能否生成，也就看他/她有没有移情能力，一旦有移情能力，就可以判断他/她已经成为一个道德上的好人（或德性之人）了，否则就不能进行道德评价。"②人的移情能力越充分，道德能力就越强。当然，研究也发现，人们并不会在看到任何人陷入困境时都能产生移情作用，移情机制是有其规律可循的。

首先，移情是否产生和人与人之间关系的亲疏远近有关。在现实生活中，人们往往对和自己有亲密关系的家人和朋友产生移情。近年心理学研究也证实，较之人们仅仅听到的，或者并不认识的人所感受到的苦楚或危险，人们直接感知到的苦楚或危险所唤起的移情反应更为强烈，移情机制具有一种"重近轻远"的结构特征。这一差别在动物中同样存在。例如，在一项动物研究中，实验者将 2 只小鼠同笼饲养 3 个月，然后对其中一只小鼠进行疼痛刺激，结果发现，当另一只小鼠看到"同伴"受疼痛刺激时，其自身的痛觉敏感性也随之发生变化，但对陌生小鼠则没有类似反应，这说明小鼠只对"同伴"表现出疼痛共情。人类实验也发现，疼痛者与观察者之间的关系对疼痛共情存在影响。③这种"重近轻远"的移情机制与"重亲轻疏"的德性关怀，在结构上表现出一种内外呼应的匹配关系，从而形成一种基于

---

①②③ ［美］迈克尔·斯洛特：《情感主义德性伦理学：一种当代的进路》，王楷译，《道德与文明》2011 年第 2 期，第 28—35 页。

移情的德性关怀伦理学生成性评价机制。即,一个人是否算得上是道德上的好人,关键看他是否具有移情能力,并且这种移情能力是按照"由近及远"路径展开的。例如,在同样不认识的情况下,远处和你身边同时有人落水求助,你舍近求远去救远方的那人;又或者,你不关心和帮助身边亲人而去关心和帮助遥远的陌生人,你都不能称为道德上的好人。正如斯洛特所说:"我们针对不同情境的移情反应(或反应倾向)强度的差别恰好对应着我们针对这些情境所趋于做出的道德评价的差别。"①

其次,移情和人们的性别有关。多项研究显示,情绪共情和认知共情的发展并不同步,前者发展更早一些。婴儿阶段由于认知能力尚未成熟,共情主要表现为情绪共情,新生儿能对其他婴儿的哭声做出哭泣反应,这表明情绪共情的能力可能是天生的,具有种系遗传特征。从已有研究来看,学前阶段儿童在两种共情上均不存在性别差异。进入学龄阶段以后就表现出了明显的不同,女性的情绪共情水平和认知共情水平都显著高于男性。有人追踪考察了一批年龄在 7—14 岁儿童之间的共情发展,结果发现,在控制了青春期状态和父母受教育水平后,情绪共情和认知共情确实存在性别差异,而且这种差异在进入青少年期后进一步扩大。也就是说,女性共情能力在从童年向青少年转变的过程中提高了,然后趋于平稳,但是男性的共情水平一直相对较低,而且没有发生明显的改变,这说明共情的发展受到了年龄和性别交互作用的影响。除了纵向研究之外,很多横向研究也证实了从学龄期开始共情存在性别差异的特征,青少年女性的共情水平高于男性,这在德国、加拿大、英国、新加坡等都得到了印证,说明移情能力的性别差异具有跨文化一致性。女性在共情上的优势在心理测量和客观测量上都得到了证据支持,进入成年期以后这种性别差异依然存在。当男性由于某些原因提高了动机水平以后,也可以表现出与女性相似的共情。②

女性比男性有更强的共情倾向性,不论他人与自己有着怎样的人际关系或利益关系,女性比男性更容易对他人痛苦遭遇产生共情。有测试发现,当女性看到自己的竞争对手在游戏中输的时候,其内侧额叶区域会有一个负波出现,而男性只有在自己输掉游戏时才会出现该成分。当自己不

---

① [美]迈克尔·斯洛特:《情感主义德性伦理学:一种当代的进路》,王楷译,《道德与文明》2011 年第 2 期,第 28—35 页。

② 陈武英、卢家楣、刘连启、林文毅:《共情的性别差异》,《心理科学进展》2014 年第 9 期,第 1423—1434 页。

喜欢的人有痛苦体验时，女性也能有共情反应，但男性不会。女性不仅更容易产生共情，而且在共情过程中生理反应和主观体验也更为强烈。测试显示，女性在加工情绪信息时杏仁核激活程度高于男性，尤其是加工负性情绪信息时更为敏感，再加上女性更多地用到了镜像神经去感知他人情绪，等于提供了客观证据证明女性的主观体验更强烈。由于主观体验更强烈，女性自陈的共情水平也显著高于男性。

女性之所以比男性共情能力高，可能涉及两个方面的因素。一是生物学因素和生理差异，这种差异具有有一定的先天性。神经生物学相关研究发现，荷尔蒙能够影响人们的共情能力和水平。雌激素和睾丸素对共情有交互作用，具体表现为：睾丸素水平低的女性比睾丸素水平高的女性有更高的认知共情，雌激素水平低的男性比雌激素水平高的男性有更高的情绪共情。睾丸素水平高的女性与男性有相似的认知共情水平，雌激素水平高的男性与女性有相似的情绪共情水平。对成人的研究也发现，催产素水平的增加幅度与共情水平显著正相关，这种相关在女性被试身上更加显著。除了荷尔蒙以外，男女两性大脑在情绪加工方面也存在一定差异，这是导致两性共情能力差异的重要因素。二是社会环境对男女个体提出的社会化要求不同。社会化有一项重要内容是形成性别角色倾向（gender-role o-rientation），即性别社会化。在工业和后工业时代，女性的社会角色多以照顾家庭和儿童为主，男性则负责家庭的主要经济来源。由于社会结构的需要，女性和男性在成长过程中形成了不同的性别角色倾向：女性被鼓励更多地表达和更多地关怀照顾他人，因此更有可能对他人的困境予以共情关注；而男性则被鼓励更多地分析问题和更多地动手操作，以关注公平公正为导向，强调的是普遍性而不是具体某个人的需要，因此不易出现对他人困境的共情关注。在社会化过程中，两性逐渐接受了不同性别角色的规范，也就养成了不同的行为模式，以便能够指导他们更好地胜任自己在社会中的各种角色和位置。当女性成功地将性别角色内化后，在与人交往的过程中会比男性更倾向于表现出对他人需要的关注，包括对他人情绪特别是负性情绪的高度敏感。在男女性别生理心理差异和社会角色期望交互作用下，女性的共情能力和水平显著高于男性。[①]

---

① 陈武英、卢家楣、刘连启、林文毅：《共情的性别差异》，《心理科学进展》2014 年第 9 期，第 1423—1434 页。

二、影响共情产生的情境因素

作为人际交往时的一种常见社会心理现象,共情的发生在很大程度上受特定情境和关系的影响。情境是指在一个给定的时空场景中所展现出来的、能够影响个体对目标刺激意义理解的一切事物或信息。就共情而言,个体加工的目标刺激是他人的情绪情感体验,加工的结果是理解他人的情绪情感体验并产生与此类似的情绪体验。这一过程受诸多因素的影响。

(一)主体间的人际和群际关系是共情情境因素的主要内容

作为社会存在的个体,人们总是归属于某个或某些群体,高度的认同感会让人们重视自身群体的利益以及自己与群体成员的关系。当困境中的"他人"带有明显的"外群体(outgroup)或内群体(ingroup)"特征时,个体的共情反应是不同的。人们更容易对同一群体的其他成员表达认同和支持,但对外群体的他人则较难产生共情,甚至还会出现幸灾乐祸的情况。这一现象被称为群体内共情偏差,即归属于同一群体的成员之间可能发生更多、更强的共情反应。这一规律得到了认知神经科学的证实。例如,在实验中人们观看一些描述人类、灵长类动物、鸟类等受伤害的视频时,人们对人类的同情最高,灵长类动物次之,鸟类获得的共情最少。当然,这种偏差只在共情对象处于消极情境时出现。除了种族这样稳定的、不可选择的群体以外,现实生活中那些主动选择参与而形成的群体一旦形成后,群体归属感也同样对个体的共情反应产生作用。当群体归属不明显时,共情对象与共情主体个人之间关系亲密程度则引发不同的共情反应。当他人遭遇诸如疼痛、不幸等不良情形时往往容易引发人们的共情反应,即使存在利益冲突也不妨碍共情的发生,但相比于陌生他人,自己的恋人、家人或朋友更能激发共情反应。[①]

(二)情境中包含的事件因果关系也对共情产生影响

一些情境中的因果关系会比较明显,譬如序列事件在时间上的先后顺序或其他来源的信息提示线索使得共情主体对他人情绪情感产生的原因和意义有所理解。以疼痛共情为例,通常看见他人疼痛都会引起个体的共情反应,但是,对情境的不同因果分析也会产生不同的感知。例如,在实验

① 陈武英、刘连启:《情境对共情的影响》,《心理科学进展》2016年第1期,第91—100页。

中安排被试听到病患在接受治疗过程中因为疼痛刺激发出的持续 3 秒钟的声音，同时伴随视频上一张面孔由中性表情转变为忍受疼痛的表情。在此之前，一半被试得知病患接受的治疗是无效的，另一半被试得知病患接受的治疗是有效的。实验同时收集了神经反应和主观评定两种指标。测试显示，无论是行为学数据还是认知神经数据都一致地表明在治疗无效的条件下被试对病患产生了更强烈的共情反应，但当被试得知治疗有效时对病患的共情反应显著地更弱一些。这一结果说明：当个体将疼痛解释为无效治疗的结果时，会认为这样的疼痛没有价值，更难忍受，而那些有效治疗伴随的疼痛则很有价值，应当承受。也就是说，因果关系的变化使得同样的刺激就有了不同的意义，于是个体的共情反应也随之发生变化。在没有明显提示线索的情形下，个体可以凭借自身的知识和经验提取情境中的因果关系，知识经验的不同和因果关系解释的差异，也会使同等情形下不同个体产生不同的共情反应。有两项研究对比了医生和普通人群对他人疼痛的共情反应，发现医生对他人针刺疼痛的反应比普通人更弱，脑电也有延迟。这说明，医生对他人疼痛的情绪调节有早期效应，抑制了自下而上的负面唤醒过程，这样可以保持理智状态处理他人的疼痛。而且，医生在从业过程中有很多机会接触到他人疼痛的情境，相对而言普通人对他人疼痛的情境接触远远少于医生。因此，医生对他人受到针刺的疼痛可能更倾向于解释为医务治疗的正常现象和必然结果，显得比普通人更为理性，故而负面唤醒体验要更少一些。[①]

（三）情境的真实性和公开性也对共情产生影响

例如，有实验设计了真实疼痛情境、卡通疼痛情境、真实的中性情境和卡通的中性情境四种情境，并安排了两项任务，一是要求被试判断疼痛的强度，要求注意聚焦于疼痛线索；二是要求被试判断手或脚的数量是奇数还是偶数，要求注意远离疼痛线索。结果表明，同样是疼痛情境下判断疼痛强度的任务，卡通情境和真实情境都引发了包括前扣带回皮层以及右侧额中回在内的脑区的活动。但是，两类疼痛情境仍然存在一定的差异：前扣带回皮层的活动与疼痛共情的相关程度在真实疼痛情境条件下比卡通疼痛情境条件下更强。后来的进一步研究发现，卡通疼痛情境引发的脑电反应显著晚于真实疼痛情境，说明个体对情境真实性的加工弱化或延迟了额叶及中央脑区的疼痛共情早期加工。不仅如此，个体评定卡通疼痛情境

---

① 陈武英、刘连启：《情境对共情的影响》，《心理科学进展》2016 年第 1 期，第 91—100 页。

引发的不愉快程度更少,对真实情境引发的不愉快则有更高的评定。由此可见,情境的真实程度对共情反应的发生及强度都有所影响。[①]

(四)情境的公开性或私密性对共情反应同样存在影响

当有人受伤时,多人同时目睹和单独一人目睹,目击者的共情反应可能是不一样的。一项研究以自编故事为实验材料,选取 1856 名 8—13 岁儿童作为被试,考察儿童对不同群体的人的共情反应及助人意图。研究者设计的故事涉及本国人和外国人两种群体,故事中的事件包括强烈需要帮助和比较需要帮助两种类型。儿童读完故事后在公开和不公开两种情境下对故事中的群体成员进行共情反应和助人意图的自评。结果发现:当他人所需的帮助不是非常强烈时,儿童在公开情境下要比在不公开情境下对外群体成员有更多的共情反应和助人意图,对内群体成员的共情反应则不受情境公开性变化的影响;但当他人所需要的帮助非常强烈时,即使是在不公开情境下儿童对外群体成员也有更多的共情反应和助人意图。学者们分析认为:公开情境意味着公共场合,公共场合下社会规范更加明显,因此也促使儿童做出更多的自我表现行为,比如富有爱心、公平、一视同仁等。但当他人所需帮助不是特别强烈时,儿童会有更多的权衡,因此情境公开性与否会影响儿童共情反应和随后的助人意图。当外群体成员强烈需要帮助时,即使是不公开的情境下儿童仍然对外群体成员有更多的共情反应和助人意图,可能是因为他人强烈需要帮助的情形激发了儿童的怜悯和同情,使儿童不再考虑群体认同和情境公开性的问题。尽管该研究的部分结果还需要进一步检验,但情境的公开性对个体共情反应存在影响,当然,这并不是绝对的,还受诸如个体遭遇严重程度等其他因素的调节作用。[②]

当然,影响共情的情境因素不仅包括人际关系、群际关系、情境意义性、真实性、公开性等因素,还与共情对象的身份、性别、年龄、形象等密切相关。譬如,有研究发现,漂亮孩子更容易得到他人共情,相对于男性女性更容易得到他人尤其是男性的共情,等等。同时,情境对共情影响作用还受到共情主体自身因素,如年龄、经验、性别、动机、情绪状态的调节影响。以共情主体性别为例,实验发现,在公平竞争条件下,两性被试都对公平竞争对手表现出了共情的神经反应,即没有显著的性别差异,但在不公平竞争条件下,男性共情反应显著减少,并且伴随着与奖励有关的区域激活增

---

①②　陈武英、刘连启:《情境对共情的影响》,《心理科学进展》2016 年第 1 期,第 91—100 页。

强。这一研究与生活中的刻板印象相一致,即女性比男性更容易对他人产生共情,这和性别角色的社会期望有关。另外,情境的公开性或私密性发生变化也对女性的共情反应有更大的影响,而男性的表现却始终比较稳定如一,这是因为,无论社会情境是否公开,男性都不需要为了表现给他人看而做出某些不同的应对,而女性比男性更容易受到情境公开程度变化的影响。[①]

三、移情能力培养的基本路径

移情(empathy)作为一种既能与他人感同身受、又能客观理解分析他人情感的能力,是人们做出亲社会行为的重要动力,虽然是否做出利他行为还取决于诸多其他因素,如社会诱导、情境限制、潜在代价、帮助他人所需资源和技能的可利用性、分担的责任、痛苦者的特征,以及痛苦者与移情者的关系等,但移情在道德行为中的作用是举世公认的,具有较高积极情绪性、共情能力和高自我效能感的人更关心人,也更容易表现出助人行为。心理学家各种试验也显示,偏爱温暖、亲密、与他人沟通需要的亲密动机(intimacy motive)与道德行为之间有一定正相关,与亲密动机上得分低的被试相比,得分高的被试被同伴认为更"真诚"、更"可爱"、"支配性"更低。可以说,作为人与人之间情感联结的纽带,移情是道德发展的重要指标,也是预测亲社会行为的重要因素。培养人们的移情能力在今天公共生活中依然重要。

虽然移情是人类生物进化过程中生成的自然天性,但有意识地激发和引导还是必不可少的。移情既然是对他人困境、情绪等的感知,提升人们对世界的认知能力十分关键。心理学研究证实,移情虽然会以某些非完善的形态出现在儿童甚至是婴儿身上,但随着儿童对世界和他人生活和情绪有了更好的理解后,才能体会到社会弱势群体的种种不幸,才能在认知和情感上产生移情。当然,引导人们关注他人困境要适可而止,掌握好度。这是因为,引发人们对受害者的共情感受会使人感到悲伤和痛苦,为了缓解这种情绪压力,有些人选择帮助他人脱离困境,有些人则会选择逃离而不是助人,特别是能够通过某种娱乐或转移注意力消解掉负面情绪时,即使唤起了人们的共情也不会必然地带来助人行为。而且,感知他人痛苦自己也会痛苦,这使人们尽量避免唤起共情的情境,如果不幸太多太频繁,人

---

① 陈武英、刘连启:《情境对共情的影响》,《心理科学进展》2016 年第 1 期,第 91—100 页。

们也会逐渐麻木,在产生情感枯竭和同情疲劳(compassion fatigue)后也会变得功利和冷漠。

首先,在提升人们移情认知能力的同时,构建良好的家庭关系非常必要。在《正义论》中,罗尔斯将道德心理发展过程分为权威道德(the morality of authority)、团体道德(the morality of association)和原则道德(the morality of principles)三个阶段,每阶段都形成一种维系当时环境下稳定关系的能力:权威道德阶段是对父母或权威的爱的能力,即权威感;团体道德阶段是友好和信任能力(capacity for fellow feeling),也称团体感或同情力;原则道德阶段是正义感。这些能力按照道德发展的序列逐步形成,并在整体道德人格上互相加强。在权威道德阶段,当父母表达出对孩子明显的爱,包括理解孩子意图,看到孩子在身边感到快乐,支持孩子诉求,为孩子的成功感到高兴时,就会激发出孩子对父母同样的信任和爱,一旦这种信任与爱确立起来,就形成了同情的"伙伴感"或"同类感",即对他人的"依恋"或"归附"(attachment),为第二阶段的道德发展提供了心理基础。这种依恋在第一阶段表现为对父母的爱和信任,进入第二阶段后则表现为对团体中他人的友谊和信任。在此阶段,有两种能力需要完善和提升:一是互惠能力,这是因为,与家庭中亲子双向结构不同,在团体中每个人与他人都是多向结构,每个人都需要恪尽己责,在互利互惠的前提下维护公正体系的稳定;二是移情(empathy)能力,作为重要的人类理智能力(intellectual skills),它可以促使人们通过换位思考来理解他人的需求、欲望、信念、意见,来调整自己的行为促成社会合作,在此基础上晋级到第三阶段,自觉遵守社会契约,合理分配社会资源,遵守公共行为规范,维护社会公平正义。由此可见,亲子关系无论是和谐、关爱还是冷漠、控制,都对人们儿童时期道德的内化起着重要作用,研究证实,温暖、相互尊重的亲子关系中的儿童内化、认同父母和社会规范的速度更快、强度更大,道德行为的养成更顺利。①

其次,学会关爱朋友。心理学家认为,在青春前期,随着人际特别是同性朋友之间亲密需要的日益增长,朋友之间产生了一种合作意识,它使青少年对他人需要日益敏感从而提升了移情能力。与此同时,友谊也提供了发展和提升其他基本道德品质的机会,为了赢得并维持与他人的友谊,人们必须具备一些良好的诸如诚实、公平和善良等亲社会品格。可以说,友

---

① [美]迈克尔·斯洛特:《情感主义德性伦理学:一种当代的进路》,王楷译,《道德与文明》2011年第2期,第28—35页。

谊提供了个体道德成长独一无二的机会,扩展和深化了从家庭中学到的道德知识,将亲人间的信任和移情拓展到家庭以外的朋友身上,提高了个体的社会化程度和亲社会能力。当朋友之间的义气和社会公义之间存在不一致时,也加深了人们对社会规则与个人情感关系的理性思考。事实上,它们之间确实是有一定差别的:"公正是指公平和平等的原则,它应该是一律的和不受个人情感影响的。即我们应当公正地对待每一个人,我们的道德决定不应该受到友谊的影响。而义气则是指由于私人关系而甘于承担风险或牺牲自己利益的气概,它具有一种可靠性或可信赖性,它既是一种美德又是友谊的一个特性。显然,朋友关系比其他关系更需要义气,因为它与友谊的其他特性诸如关心和照顾紧密相联。"[①]如何理性、公正地处理兄弟情义和社会公义之间的矛盾和冲突是人们能否坚守社会普遍规则、遵守社会契约的主要考验。可以说,朋友间的情感纽带既是道德发展的重要背景,又是获得某种道德敏感的前提条件,它是建立并修正个人行为、促进并完善个人社会化的重要学习和演练场。或者说,友谊和道德发展具有不可分割性:"正是通过这种平等的合作,个体才不再将道德视为一种外化的行为,内化才可能得以实现。同伴关系不仅使人们发现了自己与他人分离的界限,而且真正理解了道德的起源。他们在与同伴的交往中学习理解他人和为他人所理解,自律从而代替了他律。"[②]

最后,学会尊重陌生人。移情"重近轻远"的特性使人们更愿意帮助那些与自己有亲密关系的人,这是人之常情,但在公民社会,人们每天所接触和面对的大都是陌生人,而都市文化的特性之一就是人际交往的表面性、无名性、短暂性,在节奏快速、竞争激烈、人口密集的情况下人们很容易"感觉超载",没有精力和办法像对待自己家人和朋友那样投入大量的时间、精力和情感,情感关怀淡漠,当看到他人陷入困境时,即使心生怜悯,但更多时候是冷漠以待,出现"旁观者效应"。这在实验研究和实践观察中都得到了证实。例如,20 世纪 60 年代美国詹诺凡斯案件发生后,学者们做了一系列心理实验发现,当现场只有一人目击他人危急时有 85% 的人会伸出援手,随着现场人数的增加,伸出援手的比例持续降低,甚至现场只有 3 个人时,采取救助行动的比例就下降到 31%。这些"冷漠"的旁观者事实上并不是有人格缺失,也不是社会渣滓,但责任扩散效应使人们更多的时候是等待他人先行动。对于类似公共场所的冷漠现象人们要客观、理性、冷静,但在此基础上也可以积极作为,尽力改善,利用角色扮演、反思体验、艺术感

①② 石伟:《友谊和道德发展关系的理论和研究》,《心理学动态》2000 年第 2 期,第 39—44 页。

染、分享体验、情绪追忆、情景讨论、换位思考、作品分析等移情训练方法，增加人们对他人的情感认知，促进移情能力的养成。当然，人们公共道德素养的形成并不能仅靠提升移情能力来完成，它需要全社会所有人的共同努力，为此，可以通过举办各种集体娱乐活动、改善社会福利、降低竞争压力、提倡慢生活、美化自然环境等措施来引导人们遵守公共行为规范、尊重他人自由和权利，以维护社会的温馨有序和谐，满足和实现人们对幸福生活的美好期待。

第五章　培养道德人格，加强制度保障

第一节　培养现代公民道德人格

一、道德是人格与情境的产物

作为社会群居生活的个体，人们很容易受到他人的影响，甚至不自觉地模仿同伴的姿势、言谈举止和面部表情。同样，在道德决策过程中，外界因素也会制约着人们的选择。例如，在米格拉姆（Milgram）"服从权威"实验中，即使知道学习者受到300V"极剧烈电击"表现出猛烈撞击墙壁的痛苦状况下，40个实验对象中除了5人中途终止实验外，另外35人都超越了300V，甚至有26个实验对象，即总数的65％达到了最高强度450V。这个实验说明，虽然每个人都有独立人格，但在具体情境中还会受到外部环境的压力做出个体并不认同的行为。在此实验中，学者们总结出与服从有关的4个因素：（1）命令者的权威，职位越高、权力越大、知识越丰富、年龄越大、能力越突出的命令者权威越大，越容易让人服从；（2）服从者的道德水平，道德发展层次越低越容易服从；（3）服从者的个人特征，具有权威主义人格特征或倾向的人，往往十分重视社会规范和社会价值，会压抑个人内在情绪体验，表现出个人迷信和盲目崇拜；（4）情境压力，在米尔格拉姆实验中，如果主试在场并且离被试越近，服从比例就越高，而受害者离被试越近服从率就越低。

当然，并不是只有权威能影响人们的行为决策，身边的普通人也会给人们带来情境压力。在著名的艾许实验中，被试最先给的答案是正确的，但听到周围陌生人齐声给出错误答案后，绝大多数人（近75％）都会改变原先答案而给出他人所认可的错误答案。有学者将这种丧失自我个体性与独立思考的现象叫作解消个体性。在人们社会化与团体同化的过程中,解消个体性有时候是必要的,但如果是丧失个人独立思考能力与自信心,就容易导致社会同化的危险。

1971年,心理学家菲利普·津巴多和他的同事做过一个富有争议的"斯坦福监狱实验",这次实验被详尽地记录在《路西法效应:好人是怎样变成恶魔的》一书中。在实验中,津巴多选取了24名被认为非常健康、正常的大学生志愿者,从中随机抽出一半饰演监狱看守,余下的一半饰演囚犯。第一天,大家相安无事,但"囚犯"第二天便发起了一场暴动,撕掉囚服上的编号、拒绝服从命令、取笑看守。津巴多要求看守们采取措施控制住局面,采取包括强迫囚犯做俯卧撑、脱光他们的衣服,拿走他们的饭菜、枕头、毯子和床,让他们空手清洗马桶,关禁闭等措施,这导致实验逐渐失控,原计划两周的实验第六天时被迫终止。这个实验同样提醒人们,人格没有人们想象的那般重要,善恶之间也并非不可逾越,环境的压力可以改变人们的行为。在一个专制独裁的环境中,好人也会犯下暴行,这种人格变化被称为"路西法效应"。

很多物理、生理因素在一定程度上也会影响人们的道德行为。例如视觉影响,人们通常认为好事是光明正大的,而坏事总是暗中进行,明暗有着好坏的意涵。研究发现,同一支球队在身着黑色球衣时比在身着其他颜色球衣时,其攻击行为更多、犯规更多。当人们置身于光线昏暗屋子里时,他们更有可能虚报自己的成绩以换取并不应该属于自己的报酬,类似的行为在人们戴上一副黑色墨镜时也会发生。同样,味觉也和道德有关。喝了苦茶的人比喝了甜水果饮料或白开水的人表现出更多的厌恶情绪,也会做出更严苛的道德判断。人们甚至判断喜欢吃甜食的陌生人更随和、更愿意帮助他人。嗅觉上的刺激同样影响人们的道德行为。与什么气味都没有的房间相比,置身于洒有橘子香味房间中的人会更相信他人、捐更多的款,甚至更会在有风险的情况下将钱分给他人以换取回报。但当人们完成任务的同时被喷了一些臭气剂,他们就会做出更加严苛的道德判断。而冷热触觉同样与道德有关。端热咖啡的人对一起完成任务的陌生人多给予热情、友善等积极评价,而对端着冷咖啡的人则更偏向给予冷漠、难以接近等消极评价。热确实比冷让人做出更多道德行为,但温度过高与过低一样,都会增加人们的攻击和暴力行为。和冷热一样,软与硬这种触觉的物理感受也能改变人们的行为。当人们揉捏一个软球时更倾向于将一张中性面孔判断为女性,揉捏硬球时这张中性面孔更可能被判断为男性,站在硬盒垫子上的人比站在海绵软垫上的人更偏向功利主义,启动了"硬"这一概念的人比启动"软"概念的人在道德判断上更为严苛。[①]

社会心理学家研究表明，在青春期之前人们已经掌握了一定的道德知识，但是否照此行事，在很大程度上还取决于环境因素，例如，在匿名或者去个体化情况下，人们遵守道德规范的坚韧性会大大降低。可见，道德认知和道德行为之间的关系并非人们所想象的那么密切。道德知识和道德推理能力对道德行为具有预测作用之外，情境因素（例如即时强化的可能性）、社会条件（行为的社会可见性、他人的期望）、情感（包括移情作用、罪恶感、自尊）以及个体自己是否感到需要维持道德行为和道德认知的一致性，对道德行为也有一定的预测作用。因此，有些学者提出，道德是人格和环境交互作用的产物，道德是"情境和制度的产物，其实质即道德品质与情境的博弈"[②]。心理动力学家勒温甚至提出了行为是个人因素和情境因素的函数公式：$B=f(A,S)$，来说明态度（A）和外部情景压力（S）共同作用决定了人的行为（B），人格与情境对行为的影响取决于两者的相对强弱，在强情境中，情境因素对行为的影响更大；在弱情境中，人格因素对行为的影响更大。

当然，情境（situation）和环境的概念并不相同，作为社会心理学中的一个重要概念，情境最早由美国社会学家托马斯于 1981 年在《欧洲和美国的波兰农民》一书中提出，指的是行动者对于环境的认知不是纯客观的，而是多少加进了主观成分，是个体从主观上予以规定和把握的环境。或者说，环境是围绕在人们的周围并给人以某种影响的客观现实，是情境的基础，而情境则是行为者从主观上予以规定和把握的客观实在；环境是客观的，而情境则是主客观的统一，更多地关涉活动主体所拥有的文化、精神、心理、内在、主体体验、氛围和人际互动。情境是主体对客观环境的心理感知，对客观环境的理解也就赋予了个体特质和人格差异。

二、道德人格的特质认知取向

"人格"是指一个人一致的行为特征的群集，因为组成特征不同，人格也因人而异，表现出每个人的独特性，这种独特性使得每个人面对同一情况时都可能有不同的反应。根据人们的思维、情绪和行为，学者们提出了五型人格说和九型人格说。如表 5-1、5-2 所示。

---

①②　彭凯平、喻丰：《道德的心理物理学：现象、机制与意义》，《中国社会科学》2012 年第 12 期，第 28—45＋206 页。

表 5-1　五型人格说

因素	双极定义
外向性	健谈的、精力充沛的、果断的/安静的、有保留的、害羞的
和悦性	有同情心的、善良的、关切的/冷漠的、好争吵的、残酷的
公正性	有组织的、负责的、谨慎的/马虎的、轻率的、不负责任的
情绪性	稳定的、冷静的、满足的/焦虑的、不稳定的、喜怒无常的
创造性	有创造性的、聪明的、开放的/简单的、肤浅的、不聪明的

表 5-2　九型人格说

1—完美型	重原则,不易妥协,黑白分明,对自己和别人均要求高,追求完美
2—助人型	渴望与别人建立良好关系,以人为本,乐于迁就他人
3—成就型	好胜心强,以成就去衡量自己价值的高低,是一名工作狂
4—感觉型	情绪化,惧怕被人拒绝,觉得别人不明白自己,我行我素
5—思想型	喜欢思考分析,求知欲强,但缺乏行动,对物质生活要求不高
6—忠诚型	做事小心谨慎,不易相信别人,多疑虑,喜欢群体生活,尽心尽力工作
7—活跃型	乐观,喜新鲜感,爱赶潮流,不喜压力
8—领袖型	追求权力,讲求实力,不靠他人,有正义感
9—和平型	需花长时间做决策,怕纷争,祈求和谐相处

　　人格是构成个体思想、情感及行为的特有模式,包括气质、性格、认知风格和自我调控系统等几个方面的内容。它对个体理解和接受外来信息、是否或在多大程度及速度上改变原有态度、以何种行为方式表达态度都有种种影响。生理基础、成长背景和生活阅历的千差万别注定了个体之间在人格特征上存有较大的差异。实验研究表明,由情感引起的态度改变尽管比较强烈,但缺乏认知基础,纯粹因情感引起的态度变化会随着时间的推移而逐渐减弱甚至消失。而人格则对人们的长期行为有很强的预测作用,它揭示着人们内在最深层次的价值观和注意力焦点,是在生活环境、个人特质等综合因素作用下养成的认知和行为范式,具有一定的稳定性,决定着人们对外在环境的认知方式。通常情况下,面对纷杂的世界人们会迅速地感知到符合自己认知习惯的信息。也就是说,注意过程不只是简单地接收偶然冲击个体的感知信息,它还包括对情境的自我探索以及从正在发生的范例上建构有意义的知觉,个体的认知能力和知觉定势使人们比较容易

关注某些事情而忽视其他事情，人们的预期不仅仅引导人们关注什么，而且部分地影响人们从观察中提取哪些以及如何解释他们所看到或听到的信息。不同的人格对待同一个情境时认知方式和认知角度各有特色，在面对道德情境时，引发的道德情感体验和道德行为也多有差异。例如，同样是面对他人的不幸，成就型的个体还未觉察时，助人型的人就已经迅速地感知到他人困境，并产生强烈的恻隐之心，进而做出道德决策和助人行为。

当前，人格心理学研究有特质取向和认知取向两种视角。特质取向强调人格的特质（倾向）结构，认为存在较为普遍的潜在分类系统；社会认知取向强调人格的认知——情感结构，关注图式、脚本和原型等社会认知单元的作用。与此相应，道德人格研究也分为两类：以沃克（Walker）为代表的人格特质观和以拉普斯利（Lapsley）为首的社会认知观。

沃克等学者从人格结构出发，对道德榜样的人格特质进行了系列研究。1998 年沃克和皮茨（Pitts）运用自由列举、等级评定和相似性分类等方法，探讨了道德榜样、宗教榜样和精神榜样的自然概念。结果显示，道德榜样最被认可的特征是关心做正确的事、忠于配偶、具有明晰的价值和守法，可聚类为六种成分：有原则的/理想主义的、可靠的/忠诚的、正直、关爱/值得信任的、公正、自信，综合为两个维度：自我（如自信）与他人（如关爱），内部（如良心）与外部（如守法）。1999 年，沃克又根据五型人格对被试列举的道德榜样的描述词进行了分析，发现与宗教榜样和精神榜样相比，道德榜样的责任感和宜人性特征最为突出。2004 年，沃克和亨宁（Henning）又研究了公正、勇敢和关爱三种道德榜样的自然概念。维度评定和人格剖面分析均显示，勇敢榜样外倾性特征最强，关怀榜样宜人性特征最明显，公正榜样责任感和经验开放性最突出。层次聚类分析表明，公正榜样人格特征有五类：诚实、公正、有原则、理智、有责任心；勇敢榜样人格特征有五类：无畏、自信、英勇坚强、献身、自我牺牲；关怀榜样特征有三类：有爱心/移情、利他、诚实可靠。多维度测量也发现，公正榜样的特征维度是品格和特殊性，勇敢榜样的特征维度是无私性和能动性，关怀榜样的特征维度是真诚和情绪。这些结果表明，人们对不同类型道德榜样的理解是不同的。对于人格特质的这些研究，也有学者进行了质疑。例如，道德人格并没有像研究者预期的那样表现出跨情境的一致性，它只能说明"已有"（having）的一面，而不能说明"正在发生"（doing）的一面。随着道德心理研究的深入，研究者逐渐意识到道德判断是一个自动的、直觉的过程。学者们对道德人格的研究转向了社会认知取向。[①]

社会认知取向则强调道德人格的个体内部心理过程，主要根据道德认知图式、道德知识结构和认知——情感机制来解释道德人格。此理论认为，道德认知的心理表征启动是道德人格机能一致性的关键，包括社会情境知识、道德自我表征、他人和预期事件、个人目标、信念等因素。这些心理表征被概念化为诸如图式、脚本、原型等社会认知单元，它们彼此影响，共同促成了不同的道德人格。由于在目标系统、社会情境、人际关系等诸多方面存在差异，造就了每个个体独特的情景反应模式，并表现出一致性和稳定性。社会认知取向的人格研究试图解释道德人格的跨情境一致性，但它并不像人格特质学者那样去描述宽泛的或稳定的道德人格，而是聚焦于分析道德认知和道德行为背后的因果机制、认知结构以及社会信息加工过程，分析人们是如何解释其面临的情景，以及如何根据社会认知机制进行转换和理解的过程。社会认知取向的学者们认为，在与社会交互作用的过程中，个体认知中的图式、任务和策略扮演重要角色，它们之间动力交互作用归根结底是基于社会信息加工的过程，道德人格的跨情境一致性、变异、结构、情感、社会脉络等问题的探讨，也是基于社会信息加工过程的机制、结构和过程来展开的。[②] 与道德人格特质相比，道德人格社会认知取向具有六个方面的优势：(1)保留了认知的重要性，认知被看作更为广义上的心理表征、加工和机制；(2)强调自我过程、个人目标和生活任务的重要性，它们赋予个人动机性行为和目的性努力以意义；(3)重视人格的情感。人格被看作是一个有组织的、一致的、稳定的认知——情感系统；(4)强调认知——情感与变化的社会情境双向的相互作用；(5)提供了一种解决人格一致性的途径，即承认适当的情境变化性，可在个人与情境的相互作用中发现人格的倾向性特征；(6)可以把其他研究成果合入道德人格的研究。关于认知和情感的研究，如记忆、动机和自我调节，都可对道德人格的研究产生借鉴意义。[③]

道德人格探究中无论是特质取向还是认知取向，都强调道德行为产生的先在性，在某些学者看来，这是有一定神经生物学基础的。例如，纳瓦兹(Navaez)借鉴了麦克林(MacLean)的三重脑理论，结合神经生物学、情感神经科学和认知科学的相关研究成果，提出了三重道德人格理论(Triune

---

①③　王云强、郭本禹：《当代西方道德人格研究的两类取向》，《心理科学进展》2009 年第 4 期，第 784—787 页。

②　黄华、赵飞：《内隐道德人格及其测量》，《教育理论与实践》2012 年第 7 期，第 49—52 页。

Ethics Theory）。麦克林认为，大脑有三个基本结构：爬虫类脑（reptilian brain），位于前脑底部和运动皮质区上部；古哺乳类脑（paleomammalian brain），即边缘系统及其相关结构；新哺乳类脑（neomammalian brain），主要指新皮质和丘脑结构。这一理论得到了神经生物学研究的证实。在此基础上，纳瓦兹提出，人类在进化过程中也形成了三类情感性的道德倾向：安全道德（the ethics of security），即通过安全措施、维护个人和内部统治来自我保存；情绪卷入道德（the ethics of engagement），即通过关爱和社会联系与他人发生情绪卷入；想象道德（the ethics of imagination），涉及运用推理能力来适应持续的社会关系，并超越于当前的利害相关。[1]

　　具体来说，安全道德与麦克林所说的爬虫类脑相对应。爬行类脑与哺乳动物的某些行为有关，如地盘性、模仿、欺骗、争夺权力、维持常规、遵循传统等，这也是促使人类产生安全道德的本能基础。当自主和安全受阻时，所有的动物都会运用皮质下结构驱动的本能来维持个体生存，而人类安全道德被激发后通常也会力求遵循常规和传统，并通过羞耻、威胁和欺骗来维持内部层级和标准以获得自身的生存。安全道德比较容易达成安全目标，但易于使人变得残忍无情，所赞赏和提倡的美德或原则也主要是群体内忠诚、服从和情绪的自我控制，所谓的高尚就是服从权威人物，或者实现传统认为有价值的任何目标。可以说，安全道德在个体和群体生存中具有一定作用，但其进化水平较低，主要受适宜性和私利驱动，是一种较为原始的道德表现。[2]

　　而卷入道德与大脑的边缘系统及其相关结构有关，这些结构被看作下丘脑/边缘轴上的内脏/情绪神经系统，能给爬虫类脑的功能增添情感色调，使其考虑内部和外部的情绪信号。麦克林认为，这些结构也控制着人类的情绪、个人同一性、持续经验的记忆以及一个人的真实感。在纳瓦兹看来，情绪系统是卷入道德的基础，使人们趋于亲密，比如游戏、恐慌（包括悲伤和社会分离引起的孤独）和关爱。它的功能是由照看者共同建构的，其形成离不开童年期的经验，许多研究已经证实，作为抚养经验的结果，婴儿会对主要的照看者形成强烈的依恋，而依恋关系和照看者在婴儿神经系统发展中具有重要作用。就卷入道德而言，脑回路的正常形成需要适当的关爱，这是成功的社会卷入、文化成员和道德的功能发挥所必要的前提。如果关爱是足够的，那么卷入道德就会得到充分发展，并且会产生同情、心

　　①②　郭本禹、王云强：《道德人格：道德心理学研究的新主题》，《西南大学学报（社会科学版）》2009 年第 4 期，第 784—787 页。

胸宽阔和容忍等价值观,而不充分的关爱会导致社会交际所需的脑回路、激素调节和系统整合的缺陷。而移情等卷入道德是道德行为养成中的重要指标。[①]

在纳瓦兹看来,想象道德是人类道德能力的最高层次。纳瓦兹的想象道德与麦克林所说的新皮质和丘脑结构密切相连。丘脑、新皮质轴上的语义认知神经系统为解决问题和复杂学习提供了能量。而额叶被看作人类进化的顶峰,是人们进行审慎推理的源泉。对道德人格而言,额叶在自由选择情境或模糊情境中发挥着关键作用,一旦损伤就会导致个体反社会行为,并使其不能认识到那样的行为是不道德的。前额皮质尤其与道德有关,能够对来自外部世界和机体内部的信息进行整合,前额皮质上的背外侧前额皮质则在公平行为中具有重要作用,眶额皮质能够控制冲动、调节情绪和预见后果,而前扣带皮质与毕生的情绪调节、移情和问题解决有关。研究发现,前额皮质及其特定单元历经几十年才能完全成熟,而且很容易受到环境因素的破坏,例如,狂饮和玩攻击性游戏等行为会抑制前额皮质的激活,甚至可能会损伤前额皮质。因此,即使生命早期得到很好的关爱,但前额皮质在青少年期和成年早期受到损伤后,不成熟的大脑也会影响乃至抑制道德表现。[②]

三、道德人格养成的过程理论

在道德人格养成理论中,主要代表人物有柯尔伯格(Kohlberg)和布拉斯(Blasi)。他们的观点大致如下。

在柯尔伯格看来,从孩子到青春年少再到成人生活,道德判断能力的发展大致会经历三个阶段:前传统阶段,传统阶段和后传统阶段。这三个阶段每个又可以分为两个亚阶段。第一阶段是前传统阶段,可分为惩罚和服从阶段、个体利己主义阶段两个亚阶段。处于前者的儿童会按照命令的字面意思行事,为避免惩罚和伤害身体服从规则和权威;处于后者的儿童则比较关注工具性目的和交换,在肯定自身利益时也尊重他人需求,在交换、交易和协议中,主张平等和公正。此阶段与个体认识、活动、情感能力相联系,从年龄看处于道德意识和能力发展的启蒙时期。第二阶段是传统阶段,又可分为人际和谐与一致阶段和维护权威与社会秩序两个亚阶段。

---

①② 郭本禹、王云强:《道德人格:道德心理学研究的新主题》,《西南大学学报(社会科学版)》2009年第4期,第784—787页。

前者主要关注他人情感，相信伙伴，保持对共同体的忠诚，服从规则和完成他人预期，是道德概念和道德行为模式形成的重要时期。后者则会在社会普遍意义上思考什么是善，如何维持善的问题，致力于用法律和规则来维护社会秩序、社会福利。第三阶段是后传统阶段，又可分为社会契约定向阶段和普遍伦理原则阶段。前者认为虽然每个人的追求不同，但大家尊重个体基本权利和多元价值，社会形成并共同遵守法律契约，保障个体自由，实现最大多数人的最大善。在普遍伦理原则阶段，作为成熟的理性人，外在的契约和规则已经内化为个体良心，自主决策并为自己的行为负责。在柯尔伯格看来，这些阶段是个体逐渐发展、逐步学习的过程，随着能力的提升，道德意识不断晋级。

布拉斯的道德人格说则是在探讨道德发展或道德品格发展时间接提出的，主要用四类心理同一性描述从儿童晚期到成人期道德人格的发展过程。这四类道德同一性分别是：(1)社会角色的同一性。个体的自我感散布于行为、角色和关系之中，但个体是否真实还没完全确立；(2)观察到的同一性。此时的自我是内在的、自发的、不受他人影响的，是真实自我的行为方式和情绪感受；(3)同一性的管理。个体的行为不仅仅是自发的，还包括价值观、理想、承诺和责任；(4)作为真实性的同一性。当面对冲突的理想和目标时，个体能承担社会责任，保持独立性和自我完整性。根据这四个同一性，布拉斯提出了七阶段说。在布拉斯看来，道德追求是道德人格的核心，而道德追求在本质上是道德意志(moral will)，因此，他主要以道德意志的发展来分析道德人(品)格的发展，而道德意志的发展主要经历了七个阶段。阶段一：儿童经常体验到相互冲突的欲求，但是他们不能将自己与这些欲求区分开来或对这些欲求进行选择，他们的有意行为遵循的是更为直接或迫切的本能欲求，这时不存在意志。阶段二：在追求自己喜好的欲求得到满足的过程中，儿童开始形成意志：他们占有现有的欲求，并将其置于自己的控制之下，他们的意志是具体的——只针对当前体验到的欲求。阶段三：意志逐步扩展：它在越来越多的具体情境中占有越来越多的具体欲望。儿童意志的特征是极度零散化。阶段四：行为和欲求的范畴成为意志的对象。意志有点条理化，但仍未完全脱离具体经验的水平。道德追求是存在的，但仍然是具体的、没有分化开来的，道德意志很少。阶段五：价值范畴从善和美等具体欲求中抽象出来。许多人开始认可并接受道德价值和其他价值。道德意志与其他意志相互竞争，道德是自我概念的一个方面。阶段六：有些人希望某些具体的道德追求成为普遍的，尤其是当这些追求与被拒绝的欲求相冲突时。道德追求成为真实的品质，并使个人生活的方方面面井然有序。可以说这些人具有了道德品格,但重点仍在于避免被拒绝的欲求。所以,常人的生活和自我概念还是根据各种欲求和价值来界定。阶段七:对有些人来说,特定的品德或一般的道德追求成为基本的关注内容,道德意志围绕这些品德进行建构。同时,这些人对道德的"全心全意的承诺"产生了核心同一性和整体的意志。对他们来说,以不完全道德的方式行事是不可思议的。在这七个阶段中,布拉斯尤其强调两点:一是道德人格或道德意志的发展离不开认知和动机系统的发展,如果没有它们为基础,道德人格或道德意志的发展是不可能的,尤其是阶段三到阶段四的发展。要实现这一转变,在认知方面,儿童要形成行为和经验的范畴,并标之以"好的""坏的"等价值判断;在动机方面,儿童要重视事物的某些内在价值,这是儿童理解客观价值及其规范的基础。二是这些阶段并不是对每个人都是必须的。前五个阶段是所有儿童都共有的:作为正常心理发展的一部分,根据稳定的欲求和价值形成某种意志及其结构。但是此后的几个阶段,有些人并不一定以道德价值作为其自我感的核心,因此,最后两个阶段只属于部分人,他们把道德作为其价值的主要源泉,并依据道德组织自己的意志和确立其同一性的核心。可以说,在布拉斯看来,高阶的道德人格并非人人具有。①

第二节　道德法制化是善行保障

一、公民自私行为的传递效应

道德是人格与情境的产物,人格影响对客观环境的感知,而环境也会潜移默化地影响人们的决策和行为。如果周围的人都热情善良、互助友爱,那么身处其中的人们不自觉地也会做出各种亲社会行为,但如果身处自私功利的环境,个体即使有善良的本性也会被感染得麻木冷漠,变得自私自利,而自私行为在功利的社会中是有很强的传递效应的。

自私(selfishness)是一种违反公平、伤害他人利益的自利。自利(self-interest)是人的本能,是推动社会政治、经济、科技、文化发展的重要动力,

---

① 郭本禹、王云强:《道德人格:道德心理学研究的新主题》,《西南大学学报(社会科学版)》2009 年第 4 期,第 784—787 页。

但超过了一定的限度就变成了自私。事实上，为了自利的长远目标，人类也进化出了利他、合作共赢的行为模式，在满足个体需要的过程中，确立了公平正义的价值理念和行为规范，以限制个体过度膨胀的自私贪欲来保证社会秩序的稳定、和谐、有序。例如，在独裁者博弈中，有一笔钱在两个互不相识、互不见面的被试 A 与 B 之间分配，随机指定其中一人，例如 A 为分配者，可以决定分配比例，而 B 无法拒绝。通常情况下，分配者的选择介于完全自私（给对方 0）和完全公平（给对方 50％）之间，呈现出对追求公平的应然自我（ought）和追求利益的需求自我（want）两种倾向的平衡。当然，在实际交往中，人们的行为并不总是这么客观理性。事实上，由于人们之间的关系是互动式的存在，个体的行为常常会受其之前接受的他人对待的影响。例如，以卷尾猴和 4 岁儿童为被试进行的研究发现，他们会把自己从他人那里得到的积极或消极的分配方式传递下去。可以说，人们广泛地应用着"得到什么就给予什么"的策略，无论是慷慨的亲社会行为还是自私、贪婪的反社会行为都具有传递效应（paying-it-forward）。在亲社会行为中，A 帮助 B，B 帮助 C，C 再传递到 D，如此继续下去就会形成一种广义互惠（generalized reciprocity），提升了整体社会的道德水平。但在被自私对待后人们往往会变本加厉。例如，在一项研究中，首先让被试接受一个匿名他人进行的总额为 6 美元的分配任务（共 4 项任务：2 项有趣的和 2 项枯燥的），研究者操纵分配者的行为使其分别呈现出自私（被试得到 0 美元或 2 项枯燥任务）、公平（被试得到 3 美元或 1 项有趣的任务和 1 项枯燥的任务）或慷慨（被试得到 6 美元或 2 项有趣的任务），然后考察被试对自己和另一个匿名他人的分配方式。结果发现，遭受自私对待的被试比其他组被试做出了更多的自私行为，即给自己分配了更多的金钱或更好的任务。这种现象称为自私传递效应：个体在遭遇他人自私对待后也倾向于自私地对待无辜他人的现象。这一效应一旦形成，很容易导致世风日下，道德崩塌，社会也将随之分崩离析。①

个体受到他人自私对待后，也会自私地对待无辜的他人，这可能涉及两个方面的原因：一是他人的自私行为对个体形成了一种不良示范性规范，让个体形成了这种行为是普遍的、合理的印象，进而认可自己可以做出同样的行为。社会规范是个体在社会生活中必须要遵守的一些原则，如不要伤害他人、公平互惠等，根据性质不同，可分为指令性规范（injunctive norm）和示范性规范（descriptive norm）两种类型。前者是社会对个体行

---

① 余俊宣、寇彧：《自私行为的传递效应》，《心理科学进展》2015 年第 6 期，第 1061—1069 页。

为明确而普遍的期待,通过激活个体寻求社会奖励、避免社会惩罚的动机来影响规范其行为,后者是个体在情境新异、模糊或不确定时,根据他人行为来行事的方式。各种研究表明,不道德的示范性规范会促成个体的不道德行为。例如,他人违反指令或法规的行为(如在墙上涂鸦,在禁止停车的地方停车等)可增加人们随手丢传单,通过禁止通行小路,拿走路边邮箱里露出来的装有 5 欧元的信封等不道德,甚至违规违法的行为。当个体感知内群体成员可能会作弊时,自己也会虚报任务完成情况以拿到非应得的报酬。不良的示范可能向个体暗示了不道德和违规行为在某些情境中是合理可行的,并且不会受到惩罚,由此弱化了个体遵守规则的动机,激活了其追求当下利益的欲望,进而导致其做出自私行为。当个体成为他人自私行为的受害者时,利益的受损会进一步削弱其遵守社会规范、追求公平公正的意识,增强其最大化自己利益的动机,从而提高了跟从不良示范性规范的可能性。[①]

第二个原因是,被他人自私地对待后,受害者角色会让个体获得更多的心理权利(psychological entitlement),使其觉得自己经历了不幸或有所损失,之后应该争取更多的利益,因而在做自私事情时不会感到正常情况下的道德压力,减少了对自私意图和行为的抑制。心理权利是人的一种稳定特质,其特点是个体理所应当地要求自己获得更多、损失更少。心理权利倾向高的个体更容易表现出自私行为,例如在公共物品两难游戏中表现得更贪婪、更自私。同时,他人对有受害经历的个体也更宽容,即使其有不端行为也不愿责备,这也助长了受害者以先前经历为由逃避道德责任的倾向。例如,与回忆无聊经历的被试相比,回忆曾经被不公平对待过的被试报告了更多的自私意图,实际的自私行为如丢垃圾,带走研究者的钢笔等也更多,心理权利倾向也更高;那些因不公平原因(程序故障)输掉游戏的被试,比公平状态下输掉游戏的被试,在独裁者博弈中为自己分配了更多的钱。可见,心理权利倾向在被不公平对待的经历和自私意图与行为之间有显著的中介作用。他人的自私或不公平对待会通过提升个体的心理权利倾向来促进其自私行为,被不公平对待的经历使个体觉得有权利为自己争取更多利益,并且不易产生内疚、惭愧等抑制自私的道德情绪,从而提高了自私传递的可能性。[②]

另外,被不公平对待后,还会降低人们的普遍信任。所谓普遍信任(general trust),是指个体对人的善意的一般化期望,是关于人性是善良

---

①② 余俊宣、寇彧:《自私行为的传递效应》,《心理科学进展》2015 年第 6 期,第 1061—1069 页。

的、道德的和可信任的信念。普遍信任的降低会使个体在社会生活中失去确定感，增加不安全感和焦虑感，进而变得贪婪、极端追求个人私利，甚至导致行为模式的改变。例如，在谴责他人自私的同时，受害者获得心理权利后认可自己表现得更自私，即宽以律己、严以待人，导致道德伪善（hypocrisy），而道德伪善反过来又进一步促使个体更加心安理得地自私行事。同时，他人的自私造成了个体的利益损失，会使人们产生相对剥夺感，并随之产生如愤怒、悲伤、敌意、厌恶等一些负性情绪，为了宣泄愤怒和不满个体可能会做出更多的违规行为。当然也有研究表明，负性情绪也能使人的思维更加外部导向，更关注社会规则，从而抑制自私行为。有专家分析认为，愤怒和悲伤这两种负性情绪之所以导致不同的行为，和负性情绪的性质有关。个体遭受他人自私对待时，如果产生的是对他人或泛化外部世界的愤怒和怨恨，就可能进行迁移性的报复，进而通过自私行为来获得补偿；但如果个体体验到的是悲伤难过，则可能更加注意遵从社会规则，不会伤害无辜他人，从而表现得更加公平。①

　　当然，被他人自私对待的经历并不必然引发个体自身的自私行为，其间还受到个体特质和情境因素的影响。个体自身的公正敏感性、道德认同、情境中的道德凸显和匿名性，都可能会在中间起到调节作用，一定程度上增强或削弱自私的传递效应。

　　公正敏感性（justice sensitivity）是一种相对稳定的人格变量，可以预测人们如何及何时对经历的或旁观的不公正现象做出反应。一些人会比较关注公平、公正，在面对不公时有更强烈的负性情绪，对不公正进行反思的时间也更久。而另一些人则相对不敏感，公正不是他们常考虑的问题，不公也不会引起情绪不安。根据个体在事件中的角色，可分为受害者、受益者和旁观者的公正敏感性。研究表明，旁观者和受益者的公正敏感性和亲社会行为倾向及对他人的关注（例如移情、社会责任感、谦虚、宜人性等）正相关，能够促进个体团结，关心弱势群体和在独裁者游戏中更加公平地分配；而受害者公正敏感性与自我关注（例如嫉妒、神经质、报复、偏执等）正相关，面对利益诱惑时更容易做出不道德行为和现实中的违法行为。例如，让被试在线参与公共物品困境游戏：4 人一组进行投资，每轮每人有 20个代币，被试要从中选择一定的金额投入公共池（common pool），如果公共池中的代币超过 40 个，系统会将总额翻倍后平均分配给每个成员。一般认为，在公共物品困境中隐含的规则是公平的投入和获益，那么在此实验

---

① 　余俊宣、寇彧：《自私行为的传递效应》，《心理科学进展》2015 年第 6 期，第 1061—1069 页。

中每个人至少要投入 10 个代币。实验中向被试呈现以前游戏的信息,操纵之前几轮游戏中违背公平原则(投入不到 10 个)的人次分别为没有、几个或很多。结果显示,在没有违规者的情况下所有被试的表现相同。但当有人违规时则表现出了明显的差异。受害者公正敏感性高的个体在有人违规的情况下投入更少,而旁观者公正敏感性高的个体在有人违规的情况下投入反而更多。学者们分析认为,受害者公正敏感性高的个体更加关注维持世界对自己的公平,在被不公平对待时更容易受他人违规行为的不良影响,产生敌意和报复心理,容易导致自私行为的传递。而旁观者公正敏感性高的个体因为更加关注系统的公正,并注意保持自身的公平行为,所以在面对他人自私行为时能更好地抵制负面影响,坚持公平正义,从而抑制自私的传递。①

　　道德认同(moral identity)反映了道德在个体自我概念中的重要程度,即人们在多大程度上认为成为一个道德的人、做道德的事对自己是重要的,并愿意为之付出努力和代价。它是道德动机的重要来源,能积极预测个体的利他性、道德责任感和社会责任感,并负向预测攻击行为。道德认同越强,个体的关注点就越会从自我导向转向人际关系,越能够迅速、持久地在头脑中激活道德相关知识,缓解和减少不道德的认知判断和行为。有研究发现,当个体体验到权力感时,道德认同越高的个体越不可能表现出自私,这是因为较高的道德认同感在个体具有权力时通过增强其道德意识,抑制了自私行为。在遭遇他人自私行为时,道德认同低的个体更可能会关注自我利益受损,减弱了保持道德行为的动机,故而容易受自利动机的影响;而道德认同高的个体则更关注自己行为对他人的影响,容易意识到这是一个道德事件,激活了保持道德行为的动机,从而能坚持公平、公正,在一定程度上抑制了自私的传递。②

　　人的行为是情境与个体特质共同作用的结果,有研究显示,情境中的道德凸显降低了自私传递的可能性。个体是否把一件事、一种行为与道德关联起来,会影响其进一步的是非判断。社会认知领域理论(social domain theory)认为,人们会将社会事件归为道德的(moral)、常规的(conventional)和个人的(personal)三种领域。当个体将事件归为道德领域时,会觉得规则更加普遍通用,不可改变和违反,并将破坏规则的行为判断为更加严重,对其预期的惩罚也更严厉;相比之下,人们对常规领域和个人领域事件的要求会宽松一些。这和人们的道德意识有关。道德意识(moral aware-

①② 余俊宣、寇彧:《自私行为的传递效应》,《心理科学进展》2015 年第 6 期,第 1061—1069 页。

ness)是指个体意识到行为涉及某个或某些道德标准、属于道德领域事件,它通常被认为是道德行为的初始步骤。例如,研究发现,初二和高二年级的青少年认为腐败既属于道德领域事件,也属于常规领域事件,但当他们从道德领域考虑时,会对腐败持非常激烈的批判态度,但当他们从常规领域考虑时,则对腐败表现出一定程度的理解和宽容。这说明个体对同一事件在不同情况下可能有不同的理解,因而产生了不同的道德意识,出现了道德凸显(moral salience)效应。道德凸显是指情境中道德信息明确而突出,容易唤起个体的道德意识。相比于非道德凸显,道德凸显效应下能够降低个体的自私倾向。道德凸显主要受两方面的影响,一是事件后果的严重性,二是道德规范的明确性。个体行为对他人造成的伤害越严重,越能引发个体道德意识。采用独裁者博弈进行的研究显示,分配的结果效价(积极效价下分配收益,消极效价下分配损失)会影响个体的道德意识:相比于收益情境,个体在损失情境下公平概念的可达性更高,公平信念更强,分配给对方的资源更多。这可能是因为,相比于克扣额外收益,让人承担额外损失会给其带来更大的伤害。另外,情境中如果存在关于道德规范的信息,例如"大多数人都认为公平是我们社会交往中要遵守的道德准则"也可以形成道德凸显,这种信息可以作为指令性规范(在此情境下大多数人认可的行为)来降低不良示范性规范的影响。①

　　匿名性则明显地提高了自私传递的可能性。研究发现,如果操纵匿名性(anonymity),即当不呈现他人具体信息、降低被试自身信息暴露的可能性时,很容易发生自私的传递效应。这是因为,当个体接受的不公平分配来自匿名他人、个体分配资源时的接受方也是匿名他人时,他人于个体而言就是一种泛化、抽象的概念,个体很容易把对上一个分配者的愤怒和报复迁移到下一个接受者身上。受害者的可识别性越低,个体道德判断也就变得越宽松越随意。但当行为伤害的是可识别的受害者,特别是呈现受害者的名字、职业、照片等详细信息时,个体对事件的注意投入更多,对行为的思考更深入,进而唤起了对受害者的同情,对自己不道德行为甚至罪行有更严重的认知。同样,当个体自己的分配行为是匿名时,即当接受方不知道分配来自谁,也没有第三方监视与评价时,其自私行事的可能性也会增加。也就是说,当情境中个体的行为与结果之间关系模糊时,相比于关系明显时,个体分配行为的公平性显著降低。这和人们的道德动机有关。在人际交往中,人们之所以会做出友善合作等道德行为,是因为担心自己

①　余俊宣、寇彧:《自私行为的传递效应》,《心理科学进展》2015年第6期,第1061—1069页。

的不道德行为会引发他人对自己的负面评价,导致惩罚和未来的损失,匿名性降低了个体自私行为的心理代价,促使其选择最有利于自己的行为方式。但在非匿名情况下,即使被他人自私对待,个体仍会顾及他人对自己的道德评价,自私传递的可能性大大降低。[①]

二、惩罚对信任的促进和消解

(一)维护合作需要惩罚

鼓励个体对自我利益的追求能够有效地推动经济的发展和社会的进步,但对以协作互惠为社会基本生存方式的个体来说,也会产生一些问题,其中,削弱社会资源公正分配的搭便车现象最为人们所关注,在个体利益最大化的价值驱动下,这一现象在公共物品博弈(public-goods games)中既是客观又是普遍存在的,学者们称之为公共物品困境(public-goods dilemmas)。为了便于理解,学者们设计了实验室模式,给 N 个参与人发放一定数额的实验代币(experimental currency units),让其给所属的公共账户进行捐献(voluntary contributions mechanism),并规定公共账户代币增值后平均分配给该账户的每个成员。参与人捐献越多,公共账户增值越多,个人收益也越大,体现的是"众人拾柴火焰高""我为人人,人人为我"的公共物品供给与消费方式。若参与人都不捐献,那么公共账户没有收入来源,无法增值产生收益,大家都一无所获。少数参与人不捐献或者是少捐献,也能从这种平均分配机制中获利,并且个人拥有的代币将多于那些一直高捐献的人。公共物品博弈将捐献数额作为"合作"(cooperation)指标,不捐献任何东西并且享受由他人支撑的公共账户的行为就被称为"搭便车"(free-riders)。在公共物品博弈中,无论其他参与人做什么决策,搭便车都会使个人收益最大,对个人而言是一个最优策略,但对集体来说将会产生收益为零的最坏结果。也就是说,追求个人利益最大化容易导致对所有人都不利的局面。公共物品捐献是一个自愿的"我助人人,人人助我"的互惠过程,搭便车破坏了这种潜在的互惠规范,在群体内一直遵守捐献规则的他人也很容易产生道德挫折,一旦道德挫折产生,遵守公共秩序规范的人就会对互惠合作等道德价值产生负面性认知,压抑其道德主体性、能动性,产生道德冷漠甚至是道德反感,社会价值体系崩塌后,社会秩序也将无法

---

① 余俊宣、寇彧:《自私行为的传递效应》,《心理科学进展》2015 年第 6 期,第 1061—1069 页。

存续。[①]

　　为了防止搭便车现象出现，经济学、社会学、生物学和心理学从各自学科视角展开了研究，结果发现，在保护个体捐献的诸多因素中，惩罚（sanctions or punishment）是有效的举措之一，它有效地减少了公共物品中的搭便车行为，提高了捐献水平，维持了群体内合作。当然，惩罚的实施者不同，效果也各有差异。根据实施者不同，惩罚可分为第一方惩罚、第二方惩罚和第三方惩罚。第一方惩罚是指搭便车者自我良心的惩罚，道德素养比较高的个体在搭便车时会产生内疚、难过、羞愧和尴尬等消极情绪，良知会促进其做出补偿行为。但如果缺乏良知或者认同丛林法则的个体认识不到自己的违规行为时，自我惩罚也就不会存在。第二方惩罚（second-party punishment）是被害者实施的惩罚，因为是利益的直接受害者，惩罚力度较大。第三方惩罚（third-party punishment）是旁观者对搭便车者实施的惩罚，属于"路见不平，拔刀相助"，它是人们在面对非正义行为时产生的维护社会公平规范的冲动。即使需要付出时间、金钱、精力等成本代价，人们也愿意做出利他性惩罚。心理学统计数字显示，对于搭便车行为大约有三分之二的惩罚是第三方惩罚，因为不是直接受害者，相对比较理性客观，实施力度小于第二方惩罚，当被惩罚无法避免时，被惩罚者也多倾向于选择第三方惩罚。第三方惩罚是保障社会秩序的重要力量，将其制度化和规范化后就成为国家司法系统和监督系统。[②]

　　惩罚的具体手段也有一定的差别。在公共物品博弈中，人们可以通过减少搭便车者的代币收益来实现金钱惩罚，在现实生活中人们则多会采取批评、谩骂、孤立、污名化等社会惩罚。研究发现，批评（disapproval）和社会赞许（social approval）能够显著提高个体的合作水平，社会赞许意味着个体被他人接受和喜爱，这能够带来满意、快乐、自豪感等积极情绪；反之，面对他人的批评或者羞辱，容易引起个体尴尬、羞愧、沮丧、难过等消极情绪，它们都提供了合作的舆论保障。当然，在金钱惩罚、社会惩罚和两种惩罚混合使用的三种形式下，搭便车者更愿意选择社会惩罚，因为利益损失更小，特别是当金钱被认为是身外之物时，金钱惩罚对自尊的破坏力几乎可以忽略。但对社会来说，社会惩罚的成本相对较低，对高道德自尊者的作

---

　　①②　陈欣、陈国祥、叶浩生：《公共物品困境中惩罚的形式与作用》，《心理科学进展》2014年第1期，第160—170页。

用大于金钱惩罚。[①]

（二）惩罚对信任与合作行为的促进和消解作用

1.惩罚促进信任与合作的证据及其解释

惩罚作为人们促进信任和合作的常用手段之一，在人类漫长的进化过程中，已经形成了一定的规则和文化，如在德国、法国等国家，明确地将见死不救等行为定为犯罪，来保证社会的稳定和秩序。惩罚之所以能够促进合作，学者们首先提出了两种解释。

一种解释是博弈论视角。在其看来，无论是金钱惩罚还是声誉惩罚，都可以改变收益结构，使背叛成本高于可能收益，来消解人们的背叛动机。从博弈论的视角看，人际交往就是各种博弈，人们选择合作还是背叛取决于两种行为的成本收益比，当背叛收益高于合作时，人们会选择背叛。例如，在囚徒困境博弈中，当对方合作、自己背叛时收益（如 8 元）大于双方合作时收益（如 5 元），理性的个体就会选择背叛。然而，当对背叛行为进行惩罚（如处以 4 元罚金）时，背叛的个体收益就降为 4 元，低于合作时的收益（如 5 元），惩罚使背叛不再是优势策略从而促使个体选择合作。声誉惩罚同样如此，它虽然不能对背叛者进行直接的经济惩罚，但背叛者声誉上的损失会减少其在未来得到帮助或合作的机会，从而降低其未来的收益，理性个体认识到这一点后也会选择合作。因此，可以说，惩罚是保证个体利益最大化和群体利益均衡的必要手段。另一种解释是进化论视角。在进化心理学家与进化生物学家看来，合作是经过自然选择的人类最佳进化策略，具有惩罚威胁性的"以牙还牙"是保证合作的重要手段。"以牙还牙"是指在交往中个体复制对方上一次交往的策略，如果对方上一次选择的是背叛，在未来的交往中他将得不到别人的信任与合作，同时声誉也会受到影响。"以牙还牙"策略对个体背叛构成了一种实实在在的威胁，在促进合作的过程中，惩罚机制也得以保存和进化，形成了"善有善报，恶有恶报"的价值共识，惩罚成为维护合作和社会正义的关键因素。当然，尽管博弈论和进化论从不同视角为惩罚促进合作提供了有效的解释框架，但也都存在各自的问题。例如，博弈论是建立在基于个体是完全理性的这一假设基础之上的，在其看来，个体能够对所需信息进行理性加工，然后做出最合理的反应。事实上，个体的理性是有限的，一方面是个体认知能力有限，无法把

---

①　陈欣、陈国祥、叶浩生：《公共物品困境中惩罚的形式与作用》，《心理科学进展》2014 年第 1期，第 160—170 页。

握所有的信息；另一方面个体在行为决策中不仅仅是自利的理性计算，还同时存在着利他偏好。博弈论的解释显得比较片面和教条。而进化论的视角完全是数据驱动的，虽然看起来比较公正客观，但容易陷入循环论证导致可信度降低。①

另有学者从情绪角度对惩罚的积极作用做了分析。从合作者的角度来说，搭便车有违社会公平，特别是当自己是直接受害者时，很容易导致人们的不满和愤怒等消极情绪，因此即使需要付出代价人们也愿意做出惩罚行为，以维护社会公平。赏罚有度，不但为社会提供了人们对其他人合作的信任和期望，也为社会树立了规范模式和文化氛围。从搭便车者的角度来看，惩罚可以唤起人们的恐惧心理，从而促使其改变态度并采取合作行为。恐惧唤起与态度改变之间密切相关。社会心理学大量实验证实，恐惧唤起在态度改变中的作用呈倒 U 曲线，即在某一限度内恐惧唤起越强，态度改变越大，但超过一定限度恐惧唤起越强，态度改变反而可能会出现困难，中等程度的恐惧唤起最有可能改变态度。例如，研究者以劝说大学生一天刷三次牙为例，结果发现，无恐惧组被试的行为改变远远超过高、中两个恐惧组被试，过强的恐惧感反而引发了高恐惧组自发的防卫性反应，甚至拒绝相信这种危险，因而改变较小。学者们分析认为，恐惧唤起是否能有效地改变态度取决于事件的有害性、事情发生的可能性、处理响应的有效性三个因素之间的相互作用。惩罚有利于人们养成良好的道德行为习惯，这是个体道德社会化即个体由道德他律转向道德自律、进行道德自我建构的外部强化手段，有其存在的必然性与合理性。②

科尔伯格道德发展阶段理论也为道德惩罚合理性提供了心理依据。在其理论中，个体道德是按照前习俗（0—9 岁）、习俗（9—15 岁）和后习俗（15 岁以后）三个水平、六个阶段的先后顺序向前发展的，在前两个习俗阶段惩罚发挥着重要作用。其中，处于前习俗水平的个体道德判断着眼于行为的具体结果和自身的利害关系，包括两个阶段：第一阶段为"惩罚和服从的定向"，此时的个体缺乏是非善恶观念的，因害怕惩罚而盲目服从成人或权威，其道德判断与是否受到惩罚直接相关，认为凡是免于受罚的行为都是好的，遭到批评、指责的行为都是坏的。第二阶段为"工具性的相对主义定向"，这一阶段的个体判断行为好坏在于能否满足自己（有时也包括他人）的需要，能够满足需要的就是正确的，哪怕这种行为可能会受罚，此时

---

①② 陈欣、陈国祥、叶浩生：《公共物品困境中惩罚的形式与作用》，《心理科学进展》2014 年第 1 期，第 160—170 页。

个体行为的动机是想得到赞扬或好处,把是否得到奖赏作为道德判断的重要标准。习俗水平处于第三和第四阶段,第三阶段为"人与人之间和谐一致的定向",这一阶段的个体以人际关系和谐为导向,奖赏和惩罚为其道德判断提供了较为概括的标准和依据,希望被人看作是"好孩子"并避免他人实际的或想象的责备是其行为的基本动机。而在"维护权威或秩序的定向"的第四阶段,个体尊重道德和法律权威,服从社会习惯和规范,遵守公共秩序,个体道德判断的标准是各种道德规则本身,奖赏或惩戒不再作为道德判断的依据,其行为动机是避免正式的谴责和惩罚,以及避免自己的行为可能给别人造成的伤害。而在后习俗水平的第五、第六阶段,奖赏或惩戒对个体的道德判断不再发挥任何作用。①

总之,由于操作的直观性和有效性,惩罚在人类生活中一直扮演着重要角色。虽然它会引发一些敌意,但在维持合作方面确实有其积极作用,有利于人们确立起德福一致的道德信念。可以说,一个社会的道德赏罚机制,既是个体养成善念、善志的内化条件,也是其善行的外在保证。能够有效惩恶的社会才能真正地扬善。

2.惩罚阻碍信任与合作的证据及其解释

惩罚对信任与合作有促进作用,但也有研究显示,惩罚会阻碍信任与合作。不仅即时交往中的惩罚会破坏信任与合作,交往历史中先前的惩罚经验也会产生消极影响。例如,有学者设计了两阶段的移除惩罚范式实验。在实验中,被试需要完成两阶段的公共品博弈。在第一阶段,若干被试组成一个群体,需要向公共品中捐赠一定数量的金钱,在惩罚条件下,捐赠最少的两个成员将被罚五元,无惩罚条件下则没有该威胁;在第二阶段,两种条件下都不存在惩罚威胁。结果发现,在第一阶段,惩罚条件下被试的信任与合作水平要高于无惩罚条件。然而,在第二阶段,当移除惩罚威胁时,惩罚条件下被试的信任水平和合作水平都出现了明显下降,而最初没有经历过惩罚威胁的被试的信任与合作水平没有这种变化。

惩罚为什么会破坏信任与合作?一种解释是,惩罚释放了不信任的信号或营造了敌对的氛围。在群体层面上,惩罚可能暗示了群体内的信任与合作水平较低,导致群体成员做出与群体规范一致的行为。在交往中,人们可以根据一些微弱的线索来估计群体水平上的行为表现和群体规范,并调整自己的行为以适应群体规范。在信任与合作情景中,被试会努力对群

---

① 刘国芳、辛自强:《惩罚对信任与合作的影响:争论与解释》,《上海师范大学学报(哲学社会科学版)》2014年第1期,第146—152页。

体层面的信任与合作水平做出估计,当惩罚存在时,被试会将其感知为一种群体的信任或合作水平较低的信号,因而也不愿做出信任与合作行为。在个体层面上,当惩罚威胁存在时,个体会认为对方不信任自己,是对自己的行为控制,难以自主产生负面情绪后往往会进行反抗,表现出更低的信任与合作水平,并形成恶性循环。对惩罚消极影响的另一种解释是动机转变,即,惩罚将个体信任与合作的动机由内部动机转变为了外部动机,将个体的行为由伦理性、道德性考量转变为工具性、计算性考量。一方面,制裁或惩罚系统使得个体在决策时更多地考虑成本收益,进行理性判断,而信任与合作往往是非理性的行为。认知神经科学也证实,惩罚威胁会降低大脑中涉及社会奖赏评价区域的激活水平,在增强与理性决策相关的顶叶皮层的激活后,人们会精于计算而忽略了道德考量,合作减少。另一方面,根据认知失调理论,个体会力图使自己的行为与态度保持一致。当不存在惩罚威胁时,个体会认为自己的信任或合作行为是出于自己的道德、亲社会性或利他主义偏好;而当惩罚存在时,个体将自身的亲社会行为归因为外部动机,即为了避免惩罚人们不得不选择合作。因此,一旦移除惩罚,个体的信任与合作水平会出现较大程度的下降。[①]

上述两种解释分别侧重于不同的方面。动机转变的解释更多地关注惩罚对个体信念、态度的影响,而惩罚释放不信任信号的解释则更多地关注惩罚对人际互动与群体规范的影响。人是社会性动物,总是力图做出符合群体规范的行为,这也正是文化对行为影响的来源。但如果惩罚释放了群体不信任的信号,并且影响个体对群体规范的判断,那么这种消极影响就会作为一种群体文化对个体产生弥散性影响,随着交往的开展,这种不信任会迅速扩展到所有群体成员,产生累积性的破坏作用。群体规范一旦形成就难以改变,个体还会主动维护这种规范。而动机转变的解释也提醒人们,一旦个体将自身的亲社会行为建基于成本收益分析,并解释为外部动机的激发,要维持这种亲社会行为就需要外部激励的持续存在和加强。而当惩罚变为一种对信任与合作的外部激励后,惩罚就不能被移除了。多项研究证实,人们对惩罚机制确实会产生依赖。[②]

(三)惩罚影响信任与合作的调节因素

惩罚的作用具有两面性,既能促进信任与合作,也能潜在地破坏信任

①②　刘国芳、辛自强:《惩罚对信任与合作的影响:争论与解释》,《上海师范大学学报(哲学社会科学版)》2014 年第 1 期,第 146—152 页。

与合作。产生这一差异大致和三个因素有关。

1. 信任类型

信任(trust)是指对他人行为和动机的积极预期以及不担心自己被骗、被利用的心理状态和行为。根据建立基础,信任又可以细分为人际信任和制度信任,其中人际信任多基于对他人善心、诚意等的积极预期,与个体的亲社会价值取向有关,是内在的信任;而制度信任则强调对信任行为的成本收益分析,强调外部制度与规范对信任的保障,与社会法规有关,是外在的信任。一般来说,当群体内的人际信任水平较低时,人们选择设置惩罚。不守规矩就得受惩罚,惩罚设置提供了一种制度信任的保障,惩罚的威慑作用,使人们相信惩罚可以减少搭便车行为,使捐献水平保持在一个较高水平。但是,制裁系统也会带来知觉决策框架(perceived decisional frame)的负面效应。由于惩罚具有强制力量,强调人们必须合作,而不是自愿选择是否合作,它剥夺了人们自由做出选择的权利,破坏了合作愿望,容易导致心理阻抗,可能破坏成员之间的人际信任水平,从而拒绝合作。心理学研究表明,惩罚的强度也会影响合作水平,比如在无惩罚、轻微惩罚和重度惩罚三种条件下,与无惩罚相比较,轻微惩罚下的合作水平不升反降。这表明所谓轻微惩罚反而适得其反,轻微惩罚的设置降低了人际信任的水平,又无力构建制度信任的堤坝。惩罚的设置使得合作决策成为一种策略性的成本收益考虑,而不是基于伦理道德的潜在要求。也就是说,惩罚改变了人们的合作动机,从道德的、伦理的善意动机变成计算的、理性的交易动机,这对人际信任是不利的。假如参与人决策时知道存在某种惩罚,就会认为决策是一种市场交易,精于得失的算计而忽略了其中的道德内容。惩罚虽然增加了外在的合作动机,但减少了人们之间内在的信任,一旦移开制裁系统,它对合作的破坏就表现出来。[①]

2. 惩罚的合法性

惩罚的重要作用之一就在于表达规则的存在和有效性,但只有当惩罚机制和效果是公开的时候,才能促进信任与合作。为了检验惩罚的公开性对惩罚效果的影响,学者们设置了三种博弈情景:标准公共品博弈、秘密惩罚博弈以及公开惩罚博弈。在标准公共品博弈中,群体成员需要向公共品捐赠一定量的金钱,公共品中的金钱会被乘以数倍,然后在群体成员间均分,在该博弈中,捐赠最少的个体会获得最大的收益。在两种惩罚情景中,

① 陈欣、陈国祥、叶浩生:《公共物品困境中惩罚的形式与作用》,《心理科学进展》2014年第1期,第160—170页。

群体中捐赠最少的个体会被处以一定比例的罚金，群体中的其他成员获得博弈任务所规定的收益。秘密惩罚和公开惩罚博弈的差别在于，在秘密惩罚博弈中，惩罚信息仅被惩罚者知晓，而在公开惩罚博弈中，所有个体都知道有人受到了惩罚。结果发现，相对于标准博弈，公开惩罚可以促进群体合作，而秘密惩罚则会降低群体合作水平。这是因为，公开惩罚具有合法性，能够传递群体规则，因而促进了合作；而受到秘密惩罚的个体并不能明确识别自己受到惩罚是由于自己破坏了群体规则，不具合法性的惩罚只能引发反抗，而不能促进合作。惩罚释放了群体不信任或合作水平较低的信号，正是由于惩罚没有明确传递一种规范，因而个体将惩罚感知为对方的不信任或群体的信任水平较低。[1]

影响惩罚合法性的另一因素是有关惩罚者，那些具有良好行为的个体施加的惩罚是合法的，能够促进惩罚；当惩罚不是为了追求自身利益时，惩罚是有效的，能促进合作。为了验证这一结论，学者们比较了三种条件下人们对公共品的捐赠水平：人人都可以惩罚他人、完全信息条件下的合法惩罚、不完全信息条件下的合法惩罚。实验分两个阶段进行，在第一阶段，群体成员向公共品进行捐赠，在第二阶段，群体成员获得群体捐赠信息并可以对他人施加惩罚。在人人都可以惩罚他人的条件下，群体内成员在第二阶段知道所有成员的捐赠信息，并可以任意惩罚其他人；在完全信息条件下的合法惩罚组中，惩罚者同样知道所有成员的捐赠信息；在不完全信息条件下的合法惩罚组中，惩罚者只知道群体平均捐赠水平与比自己捐赠少的个体的信息，两种惩罚条件下的惩罚者可以惩罚比自己捐赠少的人。结果发现，在完全信息条件下，人们的捐赠水平最高，而另两组没有差异。这说明，惩罚要起到促进信任与合作作用，惩罚必须具有合法性，即惩罚是公开、公正的，惩罚者要具有良好的行为以及动机。[2]

3. 个体信任或亲社会水平

尽管人们使用惩罚是为了提高社会信任与合作水平，但惩罚对信任也有负面影响，特别是对那些本来信任水平较高或具有亲社会倾向的个体而言。在一个相关实验中，学者们首先使用问卷调查了被试的信任水平，然后使用移除惩罚范式考察了惩罚对信任与合作的影响，结果发现，惩罚只对那些本来信任水平就较高的个体有作用。在移除惩罚后的第二阶段，与本来信任水平较低的被试相比，本来信任水平就较高的被试的信任和合作

---

　　①②　刘国芳、辛自强：《惩罚对信任与合作的影响：争论与解释》，《上海师范大学学报（哲学社会科学版）》2014 年第 1 期，第 146—152 页。

水平有了更大的下降;惩罚强度越高,本来信任水平较高的被试的信任与合作水平下降得越明显。在其他实验中学者们也得出了类似结论:惩罚对亲社会型被试的影响更大,经历过惩罚的亲社会型被试在惩罚取消后的人际信任水平与合作程度更低。究其原因,专家分析认为,惩罚对不同信任水平个体产生的不同影响,可能和惩罚释放的信号与个体预期是否一致有关。当个体所了解到的他人行为与自己的预期不一致时,个体的行为就会受到影响。也就是说,在交往中,如果存在惩罚机制,个体会将其感知为群体不信任或对方不信任自己的信号,这种信号与高信任或亲社会型被试的期望是不一致的,这种不一致就会导致被试的行为发生改变。然而,对信任水平本来就较低的个体而言,他们本来就预期他人会表现较低的信任与合作水平,惩罚所释放的信号与他们的信念一致,因而惩罚不会影响到他们的行为。此外,从动机转变的角度而言,亲社会型被试的信任与合作行为更多地出于内部动机以及道德上的考量,而信任水平较低的个体的信任与合作行为更多地出于外部动机或工具性考量,因而,惩罚会使得信任水平较高的亲社会型被试发生动机转变,破坏其信任与合作。[①]

　　总之,人们一直力求建立一个高信任与合作水平的社会,惩罚是常用手段之一,在社会中被广泛采用,但其负面影响也要引起重视,尤其是考虑到惩罚对信任水平较高的亲社会型个体,或者人们对惩罚产生依赖性时,对惩罚机制的使用需要更加谨慎。要想发挥惩罚促进信任与合作的积极作用,还要注意两个问题。一是有针对性地应用惩罚机制。在社会流动不断加速的现代社会,对制度信任的需求不断增加,这为应用惩罚提供了现实基础,但是,完全没有人际信任也无法建立起高水平的条件信任,因此,应用惩罚时还应考虑到惩罚对象的特征、惩罚强度等因素的影响。二是要建立惩罚的合法性,通过公开的、公正的、透明的惩罚来促进信任与合作,并且要建立惩罚者或惩罚机构的权威性,因为只有那些高信任个体或机构做出的惩罚才具有合法性。[②]

　　①②　刘国芳、辛自强:《惩罚对信任与合作的影响:争论与解释》,《上海师范大学学报(哲学社会科学版)》2014年第1期,第146—152页。

三、道德行为规范需要法律化

(一)道德法律化的必要性与可能性

惩罚虽然对高信任、高合作水平的个体造成一定负面影响,但它对社会中自私、中间状态的群体则有明显的规范作用。而惩罚要想发挥作用,首先要具有合法性,而合法性是建立在公开、公正、透明的基础之上的。符合这一特征的就是法律和司法体系。可以说,在现代文明社会,健全公正的法制是维护亲社会等道德行为的重要保障。诸多社会现实也显示,建立一个秩序良好、人心向善的道德社会,仅仅靠道德本身的力量是难以实现的,还需要法规、制度及社会管理的共同作用。例如,针对社会中见死不救的现象,许多国家都制定了相关的法律:法国《刑法典》中有"怠于给予救助罪",美国有《救援责任法》和《善行法案》,加拿大有《见义勇为法》,在其他如新加坡、德国、意大利、瑞典等国法律中,都有关于救助危难的责任规定。面对救助他人担心被讹的顾虑,美国、加拿大等一些西方国家,则有《好撒马利亚人法》或类似法律来保障救助者的权益,虽然细节不同,但都强调两个重点:一是援救的责任,要是有人目睹他人有难,却任由他人处于危急之地而不伸以援手,以至于他人的生命或健康受到严重残伤,这个人必须受到法律制裁;二是善意之免刑责,要是有人在情况紧急之下施以合理的援手,即使结果不如预期,他也会免于刑责。这些针对救助者免责的法律,在一定程度上解除了人们见义勇为时因被救者出现意外而担责的后顾之忧。可以说,当某个道德义务还未达到社会共识时,法制是必要手段。①

法制建设是现代规范道德的需要。当前,随着人际关系的社会化、利益追求的多样化和价值观念的复杂化,传统熟人社会共同体——德性本位向陌生人个体——权利本位社会转变,大大增加了人们对道德规范认知达成共识的难度。在传统熟人社会中,生产生活方式单一,人际交往简单,人们很容易对一些行为规范达成共识,也担心在熟人面前"丢面子"而自觉遵循这些共识。但在陌生人社会中,大部分时间都是和素不相识的人打交道,无人监督下,个体不易产生羞耻感,道德约束力在那些缺乏道德自觉和良心沦丧的人那里就变得无能为力。而且,传统道德规范本身更多的是理

---

① 李绍伟、池忠军:《有效性社会道德规范建构的普遍化考量——基于哈贝马斯交往伦理学之普遍化原则》,《道德与文明》2011 年第 6 期,第 79—82 页。

念,在应用范围和程度上带有一定的模糊性,这又给现代人的认知和行为选择带来了困难和不确定性。而法律明确了人们的权利义务和行为边界,并有国家强制力保证实施,这就弥补了道德的软弱性。比如"知恩图报""诚实守信"和"拾金不昧"本来是道德义务,但必要时应成为法律义务,故《中华人民共和国物权法》第一百一十二条明确规定:所有权人等权利人领取遗失物品时,应当向拾得人或者有关部门支付保管遗失物等支出的必要费用。所有权人等权利人悬赏寻找遗失物的,领取遗失物时应当按照承诺履行义务。拾得人侵占遗失物的,无权请求保管遗失物等支出费用,也无权请求权利人按照承诺履行义务。正如哈贝马斯所言,道德的软弱性不能通过回到传统伦理来克服,它需要有一种既与道德规范相联系,又能克服道德规范之不足的法律规范来弥补。①

事实上,道德与法律是互为补充的。从法律起源看,法律经历了由习惯到习惯法再到国家法的过程,无论是处于哪个阶段,这些规范本身就蕴含着道德精神,而伴随着法的发展这些道德精神进一步规范化与形式化。现代法律从来就不是只有形式而无道德,宪法原则和许多其他法律原则就是既具有法律性质,也具有道德性质。法律从产生之日起就深刻地体现着道德伦理的精神和要求,同时两者在功能上又是"交叉渗透"的。可以说,作为两个相对独立的实体,道德是法律的基础素材,而法律是道德的外力保证。无论哪个社会,维持其秩序的基本道德规范,都是在被立法者赋予了法律强制力之后,才产生了强大的现实约束力。例如,禁止杀人、强奸、抢劫和伤害人体,调整两性关系,制止在缔结和履行契约过程中的欺诈与失信等,都是将道德观念转化为法律规定的事例。一般而言,凡是法律所禁止和制裁的行为,也为道德所禁止和谴责;凡是法律所要求和鼓励的行为,也为道德所培养和倡导。两者互为表里,虽然属于两套相对独立的规范体系,但却共同维系着公共社会中公平、正义、人道、人权这些基本理念,在调整范围和价值诉求上表现出高度的重叠性和契合性,而只是在行为底线和自我超越间表现出差异。②

这就意味着,并不是所有的道德都能上升为法律。只有那些属于维系人类生活所必需的社会基本道德才有可能上升为法律,那些体现个人较高精神追求、关乎心性修养方面的道德要求因为逾越了人类基本秩序需要,缺乏普遍性,是不能法律化的。即"法律对个人道德行为的节制不应超过

---

①② 李绍伟、池忠军:《有效性社会道德规范建构的普遍化考量——基于哈贝马斯交往伦理学之普遍化原则》,《道德与文明》2011 年第 6 期,第 79—82 页。

'维持公共秩序'以及'保障公民不受伤害与侵犯'的必要程度，换句话说，某些范围内的道德，最好留给个人的良知去斟酌，就好像思想与信仰的自由一样"①。混淆了法律与道德的界限，法将不法，德也将不德，甚至还会以德之名作恶。"法律秩序有别于爱或友谊的秩序，世界上不存在被强制的爱之类的事情。"②法律必须为个人留下私德空间，不能够强迫一个人做到他的才智所能达到的最好程度，不能要求人人都当"圣人"，随时随地展现出自己的无私、奉献与博爱，这些美德确实能展现人性之美、让世界更温馨，值得肯定，但只可以用奖励、提倡的手段去促成，而不能诉诸法律强制。用法理学家富勒的标准来说就是，义务的道德可以纳入法律体系，但愿望的道德只能是个体的自主追求。随着社会的进步与发展，某些道德范畴的行为会转入强制性的法律领域，如家暴和醉驾等，"也许在将来的某个时候，随着其他国家的发展，帮助处于严重危难中的人的义务，会在某些适当的限制范围内从普通的道德领域转入强制性法律的领域"③。相反，一些过去曾被法律禁止的行为却会随着社会的发展以及人们观念的转变被清除出法律范畴而归入道德领域，如婚外性行为、同性恋、堕胎等。因此，在时代不断发展的今天，不能僵化地看待道德法律化，以防陷入道德绝对主义或相对主义。④

2.道德法律化实现路径

道德进入法律最常见的方式就是立法，即将一些道德理念、道德原则和道德规范借助于立法程序直接转化为法律理念、法律原则和法律规范。它一般是由国家立法部门将在社会中占统治地位的、为社会成员所必需遵守的道德规范上升为具有国家意志性并以国家强制力保证实施的法律。从这个定义看，道德法律化主要涉及范围和程序两个方面。

如何确定能够进入法律程序的道德范围并采取恰当的程序呢？哈贝马斯提出了商谈民主理论，在其看来，"只有所有可能的相关者作为合理的

---

① ［英］丹尼斯·罗伊德：《法律的理念》，张茂柏译，新星出版社 2005 年版，第 20 页。

② ［德］海因里希·罗门：《自然法的观念史和哲学》，姚中秋译，上海三联书店 2007 年版，第 188 页。

③ ［美］博登海默：《法理学：法律哲学与法律方法》，邓正来译，中国政法大学出版社 2004 年版，第 396 页。

④ 李绍伟、池忠军：《有效性社会道德规范建构的普遍化考量——基于哈贝马斯交往伦理学之普遍化原则》，《道德与文明》2011 年第 6 期，第 79—82 页。

商谈的参与者可能同意的那些行为规范才是有效的"①。一个规范若是有效的,必须是在交互主体理性讨论的基础上确立和实施的,而不是单方面的权威和命令,以及孤独主体内的纯粹的思辨。也就是说,有效的行为规范必须满足三个条件:其一,所有的利益相关者都能以平等的身份参与,自由地就有关问题进行论辩;其二,参与商谈的人必须有交往理性,能够采取理性的态度进行反思,进而在各种不同世界观、各种不同利益之间达成妥协;其三,道德规范要想发挥效力,就必须得到所有参与者的赞同。之所以强调这三个条件,是因为在纷繁复杂、利益多元的现代社会,仅靠民选的立法代表已经越来越难以充分反映公众意愿和不同的利益需求,况且,随着市场经济的日益发展繁荣,人们的主体意识越来越强,政治参与的兴趣与动力高涨,立法的民主商谈就成为一种展现民意的必要程序和途径。而立法的过程实质上就是利益整合、协调、平衡的过程。在这过程中,最核心的原则就是"普遍化原则",它包含两层含义:一个是共同性的论证和程序原则的普遍化(程序普遍化);一个是经过论证或话语双方共同接受的共同利益的普遍化(实质普遍化)。两者相辅相成,后者是前者的基础,并包含在前者中;前者是后者的表征,并保障后者的实现。也就是说,普遍性的形式内蕴含着利益的共同性,普遍性的约束形式又保障着利益共同性的实现。普遍性既是达成共识与同意的先决条件和一般性要求,也是规范建构的核心因素。具体来说,道德能否法律化必须经由所有利益相关者进行民主商谈,当事人超越了种族性别、文化制度的种种差异乃至诸多局限后,以自由平等的立场、理性说服和合理辩论的方式,对某种道德是否属于社会基本道德、是否为生活所必需,社会成员是否都应当做到等问题进行讨论协商,在公共领域经过广泛和充分的讨论达成共识之后,被统一集中到立法机关,立法机关在充分吸收和慎重协调公众意志的基础上进行权衡,最终做出是否将该项道德上升为法律的决断。公众参与民主商谈不仅是制定"良法"程序的要求,也是检验法律正当性的标准之一,还能间接培育民众积极参与公共事务、自觉遵守法律的观念。②

总之,面对行为失范,仅仅靠道德的约束是远远不够的,还需要健全的法律制度保障,可以说,道德要求的实现依赖于法律的规定。从人类历史

---

① [德]哈贝马斯:《在事实与规范之间——关于法律和民主法治的商谈理论》,童世骏译,生活·读书·新知三联书店 2003 年版,第 132 页。

② 李绍伟、池忠军:《有效性社会道德规范建构的普遍化考量——基于哈贝马斯交往伦理学之普遍化原则》,《道德与文明》2011 年第 6 期,第 79—82 页。

发展进程来看,将基本道德要求转化为法律义务是构成社会稳定和进步的基础。特别是多元利益和价值标准的今天,个人道德责任感和舆论强制力难以防止反道德行为发生时,法律为人们的行为确立了明确的权责边界,并提供了强有力的组织保障。

第六章　加强自我调节,提高道德自觉

第一节　道德养成中的自我调节

一、道德行为失调的自我调节

在社会交往中,人们会尽力规范自己的行为,在个体和群体利益、即时利益和长远利益之间寻求一种平衡。但并非人人、时时都能在日常生活中保持行为的一致性,德行高尚的个体有时会冷漠麻木,而某个作恶多端的反社会者也可能热心救助他人。当不道德行为威胁个体道德自我形象时,个体通常会体验到内疚、懊悔等消极情绪,产生心理失调(moral dissonance)。为了消解负面情绪、避免社会排斥或遭受罚款、入狱等实质性损失,个体会积极采取各种认知或行为策略进行补救,这一过程被称为"道德自我调节"(moral self-regulation)。也就是说,在日常生活中,人们经常会根据自身的道德理想来调整行为,当感知到行为与道德理想不相符时,就会相应地增加或减少道德行为来维护自己理想的道德形象。促成这种道德自我调节行为的过程包括两个方面:一是理想的道德自我形象,是个人对社会道德价值观的内化程度,决定了个人在道德方面想要达成的目标;二是实际的道德自我知觉(moral self-perception),也叫"道德自我价值感"(moral self-worth)或者"道德自我评价"(moral self-regard),体现的是个人对自身道德形象的实时评估,其高低受过往道德行为的影响。① 道德自我调节贯穿道德从决策到行为评价再到责任归因以及行为反馈的各个阶段,

---

① 李谷、周晖、丁如一:《道德自我调节对亲社会行为和违规行为的影响》,《心理学报》2013年第6期,第672—679页。

并表现出不同的策略。

在道德决策阶段，个体通过道德积分（moral credits）和道德证书（moral credentials）两种方式实现道德许可（moral licensing）。在道德行为评价阶段，个体可以采取认知策略以抑制该评价过程，也可以通过认知重构改变不道德行为的内涵或性质以进行自我调节。通常的策略有：（1）动机性遗忘（motivated forgetting），个体遗忘当前不道德行为相关的规范以避免后续的行为评价。（2）道德基础切换，道德基础理论（moral foundation theory）认为，道德涵括伤害／关爱（harm/care）、公平／互惠（fairness/reciprocity）、内群体／忠诚（ingroup/loyalty）、权威／尊重（authority/respect）、纯洁／神圣（purity/sanctity）五个维度。当无法在当前道德基础上做出有利于自己的解释时，个体便会选择其他道德基础进行行为评价，即为道德基础切换。（3）道德标准切换。个体选择适合自己行为的道德标准，或通过削弱行为的不道德程度进行自我调节。（4）去道德化。个体将行为评价的基础从道德领域切换到非道德领域，剥离行为的道德属性而改变行为评价的性质。在责任归因阶段，个体可以通过道德推脱（moral disengagement）将行为合理化或推卸行为责任，通过改变责任归因的结果来减轻自身的不道德感。在反馈调节阶段，个体有时会通过积极的道德补偿（moral compensation）行为，如象征性的洗澡、洗手、刷牙等方式重新树立自己的道德形象，这被称为道德清洗（moral cleansing）或麦克白效应（macbeth effect）。道德清洗之所以能有效缓解道德失调，在于身体洁净（bodily purity）和道德纯洁性（moral purity）之间存在着以厌恶为中介的隐喻关系，人们可以通过消除身体不洁净这种间接方式来消除道德上对自己的厌恶。这一现象在强调人有"原罪"的西方文化中比较常见，但在"面子"文化盛行的中国，面对声名受损时人们多采用道德掩饰的方式以避免难堪。道德清洗与道德掩饰在道德失调中产生的心理机制不同但作用却是异曲同工。①

在道德自我调节的诸多策略中，最受关注的是反馈调节阶段的相关措施。作为群居生活的个体，人们会极力维护自我的道德形象，当道德自我受到威胁时，会努力寻求一些行为途径来尽力弥补和恢复。在道德自我调节过程中，因道德自我形象受到威胁而增加道德行为的现象被称为"道德净化效应"（moral cleansing effect），它不但能减轻不道德行为引发的内疚

---

① 王珏、吴明证、孙晓玲：《道德失调的自我调节策略》，《心理科学》2016 年第 6 期，第 1473—1478 页。

感,还能解除对个体道德自我意象的威胁。例如,在实验中,当被试被强迫对同伴实施电击后,他们更容易答应研究者接下来提出的助人要求,其助人动机并不仅仅是补偿受伤的同伴,还是满足修补受损的道德自我形象的需要。在另一个实验中,随着道德自我知觉的降低,被试会愿意捐赠更多的钱,或者表现出更多的合作行为。事实上,在日常生活中,人们也会常常监控自己的道德自我形象,当其受到威胁时就通过"净化"行为将其维持在理想水平。即使是想象或回忆自己做了不道德的事时,道德净化效应也会出现。这是因为,正常人群对美德的认同程度非常高,都希望自己有一个比较高的道德标准,即使回忆了自己的不道德行为,也不会影响人们的积极认同,反而使人们原有的美德认同受到了挑战,从而做出补偿行为。①

另一方面,当人们感知到自我道德形象高于理想道德形象时,也可能会降低做出道德行为的频率,从而出现"道德许可效应"(moral licensing effect)。比如,当被试的道德自我形象得到肯定后,他们的捐款数目和合作行为会相应地减少;当被试认为自己是一个公正的人时,他们反而更有可能做出一些带有偏见的决定。道德许可效应说明,虽然人们有理想的道德自我形象,但不一定时时刻刻都愿意保持自己乐善好施的圣人形象,因为乐善好施是需要付出时间、金钱、精力代价的。如果个体从过去的好行为中累积了足够的道德信誉,能平衡当前不道德行为带来的道德债务,那么即使做出不道德行为自己也会自我原谅。极端情况下,过高的道德自我知觉甚至会让人感到有"资格"去做一些不道德的行为。总之,道德净化效应和道德许可效应都是道德调节负反馈机制的外部表现:在道德自我调节中,人们将自己的道德形象维持在一个适当的水平,当发现实际的道德自我高于理想水平时就会减少道德行为,出现道德许可效应;当发现实际道德自我低于理想水平时,则会增加道德行为,出现道德净化效应。②

当然,现实情况并不总是如此。在研究中有学者发现,道德净化效应在违规行为中得到了部分证实:被试回忆自己做过的不道德事情之后,作弊比例显著下降,作弊情节的严重性有所缓解。然而,道德净化效应并没有在亲社会行为中得到验证:回忆不道德行为历史后,被试的捐款金额并没有显著提高。在有些研究中道德许可效应不但没有被确认,反而观察到

---

① 王珏、吴明证、孙晓玲:《道德失调的自我调节策略》,《心理科学》2016年第6期,第1473—1478页。

② 李谷、周晖、丁如一:《道德自我调节对亲社会行为和违规行为的影响》《心理学报》2013年第6期,第672—679页。

了相反的结果：被试回忆自己做过的道德行为后，违规行为显著减少（至少表现为作弊严重程度的降低），而亲社会行为显著增多。面对道德净化效应在禁止性道德（proscriptive morality）（体现为禁止违规行为的发生）范畴和指定性道德（prescriptive morality）（体现为鼓励亲社会行为的发生）范畴的不对称出现的现象，学者们认为这可能与人们的"负面偏差"（negative bias）有关，即，比起"趋利"的动机，人们的"避害"动机更加强烈。具体说来，由于负性结果的威慑力更大、主导性更强，人们在禁止性道德系统"避免错误"的动机比在指定性道德系统"做好事"的动机更强。因此，相较于趋向好的、道德的行为，人们会更迫切地去避免坏的、不道德的行为。尽管人们都推崇"做好事"和"不做坏事"，但是禁止性道德系统自我调节会更具强制性、更加严格；而指定性道德系统中的自我调节相对而言更加自由。例如，道德净化效应容易出现在作弊（违规）情境中，而在捐赠（亲社会）情境中则比较少见。也就是说，"道德净化效应更容易出现在禁止性道德调节系统中，而更不容易出现在指定性道德系统中"①。

　　另外，在研究中，也有学者在禁止性和指定性两个道德系统中均观察到了与道德许可效应相反的现象：那些回忆正性道德行为的被试更倾向于做出符合规则、有益他人的行为。这让学者们对道德调节的负反馈机制（即道德感知程度的升高或降低将驱使补偿性道德或不道德行为的发生）提出了疑问。有研究者从社会认知角度指出了道德同一性（moral identity）在决定一致性道德行为中的作用。在其看来，作为自我概念的一部分，道德同一性是储存在记忆中的，由和道德相关的观念、目标、特质和行为脚本组成的一个复杂的知识系统。道德同一性一旦被激活就会促使人们做出与自我看法一致的行为，并且时刻警惕避免做出违反道德自我概念的行为。例如，实验发现，道德同一性激活后会影响被试更多地去当地食品保障机构做义工并捐款、更多地对外群福利机构捐款、更少地做运动犯规行为，以及更多地向红十字会献出时间（相较于金钱）。也就是说，在正性道德词语启动下，如果激活的是被试的道德同一性，则会促使人们做出与自我看法一致的行为，而不是出现道德许可效应。②

　　那么，什么时候人们的道德同一性被激活从而做出一致的道德行为？而又在什么时候人们会遵循道德自我调节的负反馈机制做出补偿的道德行为？在进一步的研究中有学者发现，当人们回忆近期具体的道德或不道

---

　　①② 李谷、周晖、丁如一：《道德自我调节对亲社会行为和违规行为的影响》，《心理学报》2013年第6期，第672—679页。

德行为后,他们更容易表现出补偿行为;然而当被试回忆相隔时间较远、较抽象的道德行为后,他们更容易表现出一致的行为。例如,在一项研究中,实验者先让被试抄写九个道德特质的词语,然后让被试体会这些道德特质对他们人格的意义,或者让他们去想象自己实际会如何做出和这些道德特质相关的行为。实验者发现,那些抽象地描述人格意义的被试会比那些具体地描述道德行为的被试捐出更多的金钱。因此得出结论,具体的道德自我知觉会激活道德自我调节机制,而抽象的道德自我知觉会激活道德同一性机制。这就将两种道德自我调节理论联系在了一起。[①]

总之,在道德自我调节中,各种策略并非彼此排斥,有时还会同时发生并互相作用。它在维护个体自我道德形象、消除消极道德情绪和修复道德自我形象发挥着积极的影响。尤其是道德补偿,个体不但承认行为的不道德性,还会采取一定的行为进行补偿,是一种积极的道德自我调节策略。但是,如果长期对不道德行为采取道德推脱、去道德化等策略,则会降低个体的道德感和责任感,进而对个体的社会适应产生不利影响,甚至还会引发社会中的道德滑坡。有学者就认为,道德滑坡涉及道德清洗和道德许可两种重要的道德自我调节机制。例如,清洁行为在降低不道德情绪体验的同时,还降低了个体在后续任务中的利他倾向。个体通过道德清洗提升了道德自我形象,而这些道德行为反过来又可能会引发随后的道德许可。通过不断地道德推脱以消除先前行为的不道德内涵,个体每次面临新的不道德行为选择时也就不会受到先前行为的影响,进而出现道德滑坡。个体在道德滑坡中降低甚至摆脱了自己本应承担的道德责任,没有进行必要的反省或对受害者及不良后果进行补偿和修复,对社会总体而言是极其不利的。从长远来看,道德失调的最佳调节方式应该还是践行道德准则,遵循道德约束,实现道德追求,即"做一个道德的人"[②]。

二、道德推脱类型和影响因素

作为群居生活的个体,人们无论是在私下还是在公开场合,都会试图维持一个积极的自我道德形象。但多项观察发现,人们也时常会做出一些

---

① 李谷、周晖、丁如一:《道德自我调节对亲社会行为和违规行为的影响》,《心理学报》2013年第6期,第672—679页。

② 王珏、吴明证、孙晓玲:《道德失调的自我调节策略》,《心理科学》2016年第6期,第1473—1478页。

违反自我道德形象的事。有数据显示，人们撒谎和欺骗的次数超过了他们实际愿意承认的程度。例如，在一项随机任务中，当酬劳是以掷骰子的形式决定时，结果显示大约有 40% 的被试会撒谎，报告的骰子数字比实际的数学更大。在现实中，当人们认为有机会欺骗他人且不易被发现时，会倾向于夸大自己的成绩以获取更高的报酬。当然，人们会将欺骗限定在一定范围内，而不是最大限度地欺骗，来维持自己诚实的、道德的自我形象。例如，在一项由青少年、大学生和社会人士构成的大样本研究中，大约 84% 的被试报告自己是道德的，认为自身的道德品质是私我和公我身份的核心。也就是说，人们一方面会有不诚实、欺骗等不道德行为，另一方面又相信自己有一个积极的自我道德形象。在面对自我道德形象受到威胁时，除了做出道德补偿行为来消解个体的内疚外，人们有时还会通过认知途径把自己的不道德行为合理化，以降低、缓解乃至消除个体所体验到的负性情绪。例如，人们会辩解说"大家都这样做""如果我不这么做，我会被解雇的"来合理化自己的行为。这使得人们即使做出了不道德行为也不会内疚或自责，也不会做出补偿行为。对此现象，社会认知心理学家班杜拉于 1986 年提出了道德推脱（moral disengagement）理论。[①]

所谓道德推脱，是指个体产生的一些特定的认知倾向，它通过重新定义自己的行为，使其伤害性显得更小，并最大限度地减少自己在行为后果中的责任，降低对受害者痛苦的认同。通过分析，班杜拉总结了八种道德推脱机制：道德辩解、委婉标签、有利比较、责任转移、责任分散、忽视或扭曲结果、非人性化、责备归因。它们以不同的认知方式，缓解或消除了个体做出不道德行为后的内疚或自责等不舒服状态，按其特征，可以分为四种类型。（1）道德辩解、委婉标签和有利比较三种方式侧重于对应受谴责行为的认知重构，将应受谴责的行为曲解为正义的，或将攻击行为进行伪装，并贴上非攻击的标签；（2）责任转移和责任分散侧重对责任进行置换和扩散，主要是把自己行为归因到社会压力、权威人物或者团体与集体身上，最终将自己的责任推卸得一干二净或微乎其微；（3）忽视或扭曲结果则是最小化、忽略或曲解有害的结果，通过掩饰或缩小等方式尽力减少自己所应承担的责任，或者不直接面对自己行为对他人造成的伤害，抑或将行为结果解释为无伤害的方式；（4）非人性化和责备归因则主要是通过对行为作用对象的重新定义来为自己免责或推卸责任，其有两种具体形式：要么将

---

① 李宏翰、于娟：《道德自我受胁及其应对机制》，《广西师范大学学报（哲学社会科学版）》2013 年第 1 期，第 147—153 页。

受害者贬斥为没有情感和思想、在进化上低于人类的客体（subhuman objects），要么将受害者视为罪魁祸首，而将自己的行为解释为正当防卫。可以说，道德推脱是行为者主动通过对其行为重新定义与界定或者对受害者贬斥来为自己的不道德行为寻找合乎道义的准则，使道德自我调节功能有选择地激活或失效，进而摆脱内疚和自责。因此，具有高道德推脱的个体更有可能做出不道德行为。[①]

为什么有些人做出不道德行为后能深刻反省并做出补偿，但有些人却通过道德推脱机制来为自己开脱？深入研究后，学者们发现，这涉及几个方面的因素。首先，和性别、年龄、受教育程度有关。其中，性别差异显著地影响着个体的道德推脱水平，男性的道德推脱水平明显高于女性，这种性别差异并不会随着年龄的增加而发生显著的变化，但道德推脱的总体水平会随着个体年龄（14—20岁）的增加而明显下降。在受教育程度上，受教育程度越低，道德推脱水平就越高。其次，和个体人格特征有关。其中，移情和道德认同对个体道德推脱水平有显著的负向影响，善于挖苦讽刺他人的讥诮人格对个体道德推脱有显著的正向影响。最后，个体所处的环境、特别是家庭环境也会显著地影响个体的道德推脱水平，积极的父母教养方式会对儿童的道德推脱水平产生显著的负向影响，少年犯的道德推脱水平与其拘留后无安定的住处有着显著的正相关。个体的工作环境也是其中的影响因素，针对狱警的研究发现，随着其参与案件数量的增多，无论是从事对罪犯行刑工作的狱警，还是从事对受害者安慰工作的狱警，道德推脱水平都明显升高。[②]

通过道德自我调节功能的选择性失效，高道德推脱者即使攻击了他人也不会有明显的内疚和自责，因而会有更多的攻击行为和罪错行为。来自追踪数据的研究结果也支持了这一观点。一项长达6年的追踪研究显示：不同道德推脱水平的个体在言语和身体攻击行为、暴力行为和内疚感上存在显著的差异；道德推脱与言语和身体攻击行为、暴力行为之间有显著的正相关，与内疚感有显著的负相关，且青少年早期的道德推脱水平可以显著地预测其后期的攻击行为和暴力行为发生的概率。[③] 对此现象，可以根据道德推脱的影响因素采取相关策略，例如，提升人们的道德认知能力，培

[①②] 沈汪兵、刘昌：《道德伪善的心理学研究述评》，《心理科学进展》2012年第5期，第745—756页。

[③] 杨继平、王兴超、高玲：《道德推脱的概念、测量及相关变量》，《心理科学进展》2010年第4期，第671—678页。

养人们的公共理性。这是因为，作为社会中群居的个体，人与人之间的关系是互动式的存在，当做出不道德行为而不采取补救措施时，也会遭到他人相同的对待，即使通过推脱机制改变了对不道德行为的判断，也是自欺欺人，并没有改变不道德的事实，社会舆论或司法制度还是会追究其责任，并根据后果严重程度采取相应的惩罚措施。事实上，在漫长的人类进化过程中，互助友爱是实现长远目标和幸福生活的最佳策略，在日常生活中，遵守公共规范、坚守契约精神是个体维护社会良序发展义不容辞的责任和义务。

三、道德伪善成因和影响因素

(一)道德伪善行为的心理学分析

在日常生活中，学者们发现，人们普遍存在着一种认为自己比他人更道德的倾向，当个体评价自己与他人道德水准时会出现"优于平均效应(better than average effect)"，高估自己的道德水平但却能相对准确估计他人。在报告自己已经做出的行为时高估也同样存在。例如，在一项慈善捐款活动结束之后要求捐款者报告自己的捐款数额，并将这一数字与他们的实际捐款数额进行比较，结果显示报告的数额比实际的捐赠额高出了很多。或者在自己和他人做出同样违反道德准则行为时将他人行为判断为更不道德。例如，在一项研究中，研究者要求被试写出三个生活中自己或他人做出的不道德行为并进行评价，结果人们普遍认为自己的不道德行为没有他人的不道德行为那么严重，即使对于同样的不道德行为，如拿了不属于自己的钱，人们也倾向于认为别人在做出这一行为后比自己更高兴——因为别人是自我利益驱动的，而自己是"道德驱动"的。甚至公开支持一些希望他人去遵守但自己却不遵守的道德规则，个体无法达到自己所声称的道德水准，其所声称的道德水准与实际道德行为之间有一定的差距。对此，学者们还专门设计了相关实验。在实验中，要求被试为自己和搭档(主试同谋)分配有明显优劣之分的任务，但主试会提前告知被试其搭档会以为这个任务是随机分配的，并留其一人在实验室里做出选择。结果显示，尽管在事后的调查中只有很少的被试(5％)认为把好任务直接分配给自己是公平的，但绝大多数(80％)被试还是这样做了。在随后的访谈中，学者们发现，这些被试并没有曲解或是无视道德规则，因为当被问到什么是道德上正确的分配任务方式时，他们通常会回答：(1)通过随机的方式

（扔硬币），（2）把比较好的任务给对方。这说明道德标准是一直存在的，但是仅存在于表现层面（扔硬币）和道德判断层面（自我报告中对道德与否的打分），却很少出现在道德行为层面（将好任务分配给他人）。这些研究显示，人们有一种希望最大化自己利益的同时"表现得道德"的倾向。学者们将这类现象统称为道德伪善（moral hypocrisy），以此来描述一种让自己表现得道德但尽可能避免利益损失的行为倾向或动机。①

　　为什么人们自认为道德水平优于他人、对他人行为更苛责，或者宣扬自己做不到却要求别人去做的道德准则呢？不同学派做出了不同的解释，其中可以分为两大类，认知取向的道德伪善解释机制和情绪取向的道德伪善解释机制。前者注意、推理及归因等消耗认知加工资源的心理加工过程被称为道德伪善"冷加工"模式，后者情绪、情感及动机等自动化的参与过程被称为道德伪善"热加工"模式。

　　1. 认知取向的道德伪善解释机制

　　从认知取向来分析道德伪善现象总共涉及五种理论。

　　第一种是认知偏差理论。在社会心理学看来，人们在选择性注意及信息加工方面会出现自我服务（self-serving）偏差，使个体将积极的结果如道德的行为进行内部归因，而将消极的结果如自利行为进行外部归因，而且这种归因偏差在面对消极结果时尤为突出。这种"偏向盲点"在很多时候是自身无法辨别的，"即使内省也无法使被试更多地认识到自己的偏向，更不会减少个体在知觉过程中使用这种偏向"②。人们认为自己比他人更道德、更公正、更高尚，这种自我增强极大地提高了人们的自我价值感，因此，在做道德自省时更相信自己，却不太相信别人的自省能力和效果，导致"内省错觉"（introspection illusion）。即使做出了不道德的行为，自我认知系统也会启动对违规行为进行辩护和合理化的自我防御机制，但对他人的不道德行为则倾向于仅仅根据道德标准来进行判断而显得更苛责。这一解释得到了许多行为和脑成像研究的支持。例如，在一项对诚实（honest）和不诚实（dishonest）个体的研究中，学者们发现，被试在有机会获得诱惑和无机会获得诱惑的条件下，诚实个体的反应时间并不存在显著差异，不诚实个体有机会获得诱惑反应的时间显著长于无机会条件下的反应时间，进

　　① 孙嘉卿、顾璇、吴嵩、王雪、金盛华：《道德伪善的心理机制：基于双加工理论的解读》，《中国临床心理学杂志》2012 年第 4 期，第 580—584 页。
　　② 张玮、佐斌：《"旁观者清"还是"旁观者不清"？——偏向知觉的非对称性研究》，《心理科学进展》2007 年第 4 期，第 695—701 页。

一步的脑成像结果显示,不诚实在抵制诱惑时有腹外侧前额叶的激活。这说明,在内因不一致条件下,反应时间更长,需要更多认知的调控,表现为更多认知脑区的激活。另外,从行为的意图和结果角度来看,人们在对自己和他人道德判断上的双重标准还来源于人们在评价自己行为时,更注重行为意图而非结果;但在评价他人行为时则正相反,关注结果而非意图。例如,让被试将手浸泡在冷水中,每多浸一分钟,主试就多向一个慈善组织捐 50 美分。此时被试考虑的更多的是自己帮助别人的意图而不是浸泡的时间,但如果是观察别人进行这个实验,对别人的评价则只取决于别人浸泡的时间而非意图。这就说明,信息的“可获得性(availability)”影响人们的判断:由于人们很容易获得关于自己意图的信息,且容易感知到自己意图的真实性,但对别人的意图等信息的感觉缺失,做最后判断时很容易受易得信息的影响。这种解释相对早期认知偏差解释更具说服力,但其解释效力仅存在于意图和行为结果明显的道德判断情境中。[①]

第二种理论是解释水平理论。解释水平(construal level)是指人们对客观心理表征具有不同的抽象程度,它的高低由人们所感知到的心理距离远近决定,而心理距离既可能来源于时间距离,也可能来源于物理距离、社会距离。心理距离越远,解释水平越高,对信息的加工越简单、抽象、图示化,越能反映事物的核心特征;心理距离越近,解释水平越低,对信息的加工越复杂、具体、非图示化,越能反映事物的表面特征。这就使得人们在评判自己与他人不道德行为时出现“双重标准”,也就是说,当不道德行为的主体是自己时,心理距离很近,解释水平低,较容易从现实情境的角度做出判断;当行为主体是他人时,心理距离很远,解释水平高,较容易从道德准则的角度做出判断。对此,学者们做出假设,“未来的自我”与“现在的他人”同属于高解释水平,这两种情境下会不会出现相似的判断模式? 为了验证,研究者设置了一种高压力环境(考试前夕),让两组被试分别判断当下和未来的自己与当下的他人会以多大的程度做出助人行为。结果显示,人们在为自己未来行为做决定时和为他人当前行为做决定时未出现差异,均比为当前自己做出决定更加慷慨。这是因为,为当前自己做是否助人决定时,被试会更多地考虑具体情境性因素——考试前需要复习,没有足够时间去帮助他人;而对于“未来的自己”和“现在的他人”,尽管也将时间点定在考试前夕,但被试更容易从抽象的道德准则角度做出是否助人的决

---

① 孙嘉卿、顾璇、吴嵩、王雪、金盛华:《道德伪善的心理机制:基于双加工理论的解读》,《中国临床心理学杂志》2012 年第 4 期,第 580—584 页。

定——助人是非常重要的道德准则。①

第三种是事后推理与归因理论。虽然实现自身利益最大化是人类的一项基本需求，但渴望获得自我肯定、维护积极自我的需求也同样强烈。因此，当自己与他人同样做出不道德行为时，个体可以通过道德推脱机制，从认知上改变自己对不道德行为的认知，消解内疚和自责。但对他人的不道德评价则采用普适的规范标准。

第四种是认知失调理论。认知失调理论由费斯廷格于 1957 年提出，是一种解释个体内在动机的理论。在对公开行为和内心信念之间的差异进行研究的过程中，学者们发现，当个体接收到施加于他们身上并要他们改变观点、信念或行动的影响或压力时，有时人们会抵抗住压力不做改变，但有时会改变自己的行为，这又分两种情况，一是表里如一，个体观点、信念同行为一起发生了改变，另一种情况是外在行为或者口头上服从，但内心的信念和看法却没有改变。费斯廷格分析总结后认为，口头服从通常会在两种情境中出现：(1) 要么服从，要么遭受惩罚，当外界惩罚或威胁压力超过个体承受能力、个体无法抗拒和逃避时，不得不在外显行为或口头言语上屈从，但内心信念并未因此而改变；(2)若外界提供了极具诱惑力和吸引力的高额奖赏或特殊奖励时，可以促使个体克服已有原则的约束和阻抗，为获得允诺的奖励而外显地服从或顺从，类似"重赏之下必有勇夫"的情形。当外在压力过大或道德标准太高时，人们迫于压力做出表面上看似道德的声明，但内部认知并未改变，没有产生行善的真实动机，最终也就不会做出声明时所宣称的道德行为；或者人们在外显层面上虽然也做出了善行，但并不具备真实的善行动机，并不是心甘情愿地去行善，只是压力下的服从或出于外在的功利行为，当外在压力约束或利益收益消失时，人们也就依然故我了。这都形成了人们言行不一和道德伪善的动机。②

第五种是社会影响理论(social influence theory)。就伪善而言，该理论认为权威命令、权力或从众压力等情境因素能使个体在特定情境下表现出违反道德原则的行为。为了验证这一观点，学者们通过一系列实验考察了权力因素对道德伪善的影响。例如，实验要求被试写出其过去最有权力和最没有权力时的职位，并以此将被试分成高权力组和低权力组，然后随

---

① 孙嘉卿、顾璇、吴嵩、王雪、金盛华：《道德伪善的心理机制：基于双加工理论的解读》，《中国临床心理学杂志》2012 年第 4 期，第 580—584 页。

② 沈汪兵、刘昌：《道德伪善的心理学研究述评》，《心理科学进展》2012 年第 5 期，第 745—756 页。

机选取两组被试中的部分人参加"多报车旅费"的好恶度评定任务，另一部分被试则参加色子游戏（色子数越大，获得报酬越多）。结果显示，高权力组和低权力组一样都厌恶"多报车旅费"行为，但高权力组在色子游戏中作弊行为显著多于低权力组和随机值，这表明权力会促使权力拥有者更加伪善。但测量任务的差异（即好恶度评定和色子游戏）难以保证判断和比较的对等性。为进行直接比较，研究者们又改进了方案，要被试对两类性质的违规行为做道德判断，一类是"超车"难题，一类是"漏税"难题。结果发现，高权力组对自己因约会迟到而超车行为的道德判断比对别人的判断宽容，低权力组则相当公平；同时，高权力组对他人漏税的判断比对自己的判断苛责，低权力组则相反——对他人的判断比对自己的判断宽容。这都表明权力与道德伪善有密切关系。此外，研究者还发现权力的合法性在道德伪善中有重要作用。当权力不合法时，不仅没有表现出道德伪善效应，反而出现了伪善的翻转模式；当权力合法时，合法权力拥有者对别人行为较自己行为做了更苛刻的判断，出现了极其显著的伪善效应。[①]

　　2.情绪取向的道德伪善解释机制

　　道德判断双过程加工理论认为，情绪先于认知对道德行为发挥作用。由于道德伪善总是在一些特定的道德情境中出现，那么它也和一定的情绪有关。一是自我提升意识。在研究道德伪善的实验中，研究者通常会使用自我与他人同时在场的实验情境，这很容易诱发社会比较。例如，道德榜样会引发上行比较，诱发被试的敬畏之心，使个体感受到"升华"感；但有时高尚行为也会被看成一种威胁，因为强调别人在道德上的优势会使自己显得不那么道德，这就出现了人们在道德维度上自我提升的需求。之所以如此，是因为人们的自我提升倾向往往表现在两个维度上，一个是社会道德维度，如诚实、善良以及乐于助人，另一个是能力维度，如聪明、有创造力以及学识渊博，两相对比，道德维度对个体而言更重要，甚至是绝大多数个体的核心价值观。因此，当他人道德形象优于自己时，人们就会在道德维度上进行自我提升来缓解与他人比较时出现的"不平衡"，或者通过给他人在道德维度上打较低分数的方法补偿自己在积极自我概念方面的损失。但这种道德伪善现象是由情境诱发的，如果给予被试事先的"自我肯定（Self-

　　① 沈汪兵、刘昌：《道德伪善的心理学研究述评》，《心理科学进展》2012 年第 5 期，第 745—756 页。

Affirmation)"的机会,这种效应就会随之消失。①

二是自我欺骗与自我意识。学者们分析认为,个体在做出不道德行为后之所以不内疚自责,还有一种可能是存在自我欺骗(Self-deception)机制,使个体在道德情境下出现对自利行为的错误知觉,误导个体认为自己的自利行为是道德的。为验证这种可能性,学者们在任务分配实验中将硬币的正反面分别贴上"自己——好任务"与"对方——好任务"的标签,以避免被试在抛过硬币之后重新定义哪一面时将好任务分配给自己。实验显示,有50%以上的被试选择采用随机方式(如抛硬币)来分配任务,但最终却只有14%的人将好任务分配给他人。这说明被试在抛硬币的过程中明确知道自己的行为是不公平的,但仍旧做出了自利的选择。可见,直接而明确的分配方式并不能消除或降低道德伪善效应。因此,研究者在对被试自我意识进行控制的基础上开展了进一步研究。首先,他们通过是否让被试面对镜子做决策来将其分为高自我意识组(面对镜子做决定)和低自我意识组(无镜子),然后要求两组被试完成好任务分配操作。结果发现,高、低自我意识组均有近一半被试(分别为10人和13人)选择了抛硬币,且高自我意识组被试恰有50%(5人,等于随机概率)的被试给对方分配了好任务,但低自我意识组仅有约15%(2人)的被试给对方分配了好任务,这说明高自我意识有助于排除道德伪善,意味着有意识的自我否认策略是道德伪善所必需的心理状态。一旦提升他们的自我意识,自身的道德准则就会被唤醒,从而产生行为上的约束力。随后控制道德凸显性和自我意识后的研究结果也支持了这一结论。②

三是道德心理许可(moral psychological license)。可以把它比喻为:人们会把自己的与道德有关的行为看成一个"道德心理账户",曾经做过的道德行为被看作是为账户存钱,而不道德行为则仿佛从账户中取钱。对个体而言,只要能够想起以前自己做出的符合道德规范的行为,就会认为自己在当下可以做出不符合道德规范或有伤道德名誉的行为——只要保证自己的道德账户不欠债就好。但此规则并不适用于对他人行为的评价,如果一个人曾经做出过高尚的行为,但事后又做出了不道德行为,也会被看作是不道德的,可见道德心理许可只对自己有效,它在行为者的知觉中和在旁观者的眼中是有差别的,这也解释了为什么在某些情况下在旁观者看

---

① ②　沈汪兵、刘昌:《道德伪善的心理学研究述评》,《心理科学进展》2012年第5期,第745—756页。

来很不道德的行为却并不会对当事人自己构成困扰。[①]

如前所述,个体自我意识、道德标准、认知资源的分配方案和有限性,社会权力与权力合法性,群体性质(内群体和外群体)及其相关社会偏见等,均会影响道德伪善的产生,可以说,道德伪善之所以产生是多方面原因共同作用的结果。除此之外,还有一些其他变量也会在道德伪善产生过程中发挥作用。从个体层面来说,自尊与感戴,以及个体差异如宗教信仰等都会影响道德伪善。例如,让不同自尊水平的被试在操作任务前写一篇与自己态度相反的短文,随后与其任务绩效进行比较,结果发现,较之于低自尊被试,高自尊被试出现了更明显的态度改变。这意味着与自己态度相反的短文可能启动了个体的道德标准,并进而导致高自尊通过改变态度降低自己的认知失调程度,最终使他们表现出较少的道德伪善行为。还有学者发现,高自尊被试很少产生自我辩解行为,而低自尊被试则会产生许多外显的自我辩解。这表明,高自尊被试较少通过自我辩解来降低认知失调程度,标示着他们较少出现言行不一致现象,道德伪善效应不明显。某些虔诚的宗教信徒也较少产生道德伪善。较之西方文化,东方文化尤其是在东亚文化背景下人们相对更易产生道德伪善。有学者要求亚洲被试在中性情绪条件和两种积极情绪(自豪和感戴)条件下完成道德伪善任务。结果发现,在中性条件和诱发自豪感的条件下,亚洲被试出现了与西方被试同等程度的道德伪善;但在诱发感戴情感条件下,道德伪善效应消失,表明并非所有积极情感都会降低道德伪善,只有感戴这类亲社会情感才能在一定程度上削弱道德伪善。除个体因素外,诸多研究还发现,群体变量和情境因素对道德伪善的作用。例如,顺从、角色、去个性化(deindividuation)、习惯化(routinization)、规则和他人的怠惰(inaction of others),以及公平感、关爱、社会责任、责任归因(Ascription of responsibility)等情境因素均对道德伪善产生不同程度的影响。还有研究显示,事件的时间顺序对道德伪善也起作用,在先声明后行动条件下会产生明显的道德伪善效应,但在先行动后声明条件下则无伪善效应,与现实生活中的行动优先原则相吻合。[②]

道德伪善是个体进行印象管理或欺人(other-deception)的过程,是人们为了在获取自身利益的同时还能在他人而前显示道德。他人是否在场也对人们的道德行为产生影响。在社会互动中,个体暴露在他人面前,如

────────────

①②　沈汪兵、刘昌:《道德伪善的心理学研究述评》,《心理科学进展》2012 年第 5 期,第 745—756 页。

果实际善行（比如实际的捐款数额）无法达到之前向他人声称的道德水准（如声称愿意多捐款），则有可能给他人留下不道德的印象，因而迫于印象管理的压力，个体有可能在他人面前抑制自己的伪善（比如尽可能按照事先承诺的额度进行捐款）。当然，这还要看在场他人的特征而定。根据社会影响理论，社会互动中他人的数量、影响力（strength）和接近性（immediacy）会在一定程度上决定着对他人的影响力。他人数量越多个体就越可能受到他人影响，他人的影响力还因其地位、声望、权力、与个体的关系等不同而不同，接近性指他人与个体在时间和空间上的距离越近，其影响就越大。单个陌生他人在场对个体道德伪善的抑制可能要远远小于多个他人、重要他人或亲近他人的影响。个体想要在他人面前显得道德，给人留下好印象是为了得到他人好评继而在将来获得好的对待，但与陌生人的交往是一次性的，给他/她留下好印象换来回报的概率微乎其微，与其如此，不如追求眼前的自身利益。换句话说，个体在某个陌生他人面前显得道德的渴望可能敌不过其自身利益的诱惑。单个陌生他人在场不能抑制个体的道德伪善，但当在场的陌生他人表现出真善或伪善行为（例如宣称的捐款意愿和随后的捐款行为一致或不一致）时，对个体道德伪善也会产生一定的影响。当在场陌生他人表现出真善行为时，一方面可能使道德标准凸显，使个体难以躲避自身行为与道德标准之间的比较，进而抑制其道德伪善，另一方面，他人的真善行为也可能成为个体学习的榜样，进而抑制其道德伪善。相反，当在场陌生他人表现出伪善行为时，并不会使道德标准凸显，还可能给个体树立不良榜样，使其拥有道德推脱（moral disengagement）的理由，并降低要在他人面前显得道德的印象管理需求。[1]

当然，道德伪善虽然提倡自己达不到的道德标准或对他人的道德行为更严苛，但在客观上也可以在一定程度上提升人们的道德认知和增加道德行为。各种研究也证实，道德伪善不仅可以促使个体改善健康生活方式、积极戒烟、减少超速驾驶、更多地参与环保活动，在增加个体亲社会行为或培养个体亲社会倾向中还可以发挥长期有效的作用。当道德规范还没内化为人们的自主认知和行为时，道德伪善可以起到一种外在的监督作用，甚至可以说，道德伪善是道德他律向自律转变的一种社会监督方式，有其积极作用。但道德伪善很容易消解道德标准的根基和权威，导致人们言行不一的行为模式产生，造就虚伪人格，甚至激发社会潜规则，进而造成社会

---

[1] 傅鑫媛、陆智远、寇彧：《陌生他人在场及其行为对个体道德伪善的影响》，《心理学报》2015年第8期，第1058—1066页。

规范的失效和混乱。因此,在为社会设计恰当规范标准的同时,还要了解伪善的成因,并采取恰当方式和手段来限制道德伪善的蔓延和扩散。

第二节　道德行为养成路径分析

一、道德判断与解释水平有关

道德作为人们在长期社会生活中形成的共同遵守的行为规范,是超越具体情境中抽象的价值观念的具体体现,但它又必须落实在日常生活中而带有情景性。社会心理学研究证实,道德行为是个体人格和环境共同作用的结果,虽然人们大都知道在日常行为中要遵守普遍性的诚信、善良、友爱、守法等道德原则,但在具体行为中由于受到来自情景与认识能力的限制,也会做出撒谎、欺骗、盗窃等违背道德原则的反社会行为。特别是,"当一个决策情景带有时间跨度时,决策行为就会受到场景、时间距离、反馈等过程因素的影响。在追求远期目标的跨期决策过程中,伦理诱惑情景会使人们更容易受到当前因素影响,违背自身认同的伦理原则,产生非伦理行为"[①]。但自觉遵守公共道德行为规范是每个人的义务,也是维系社会良性秩序的前提条件,因此,提高人们的道德决策水平是道德人格养成和道德行为激发的必要前提,道德决策水平的基础是道德判断能力。

道德判断(moral judgment)是人们基于一定标准,对某类行为的善恶好坏和是非对错进行评价、并做出选择的过程。它既表达了某种行为的道德价值和当事人的道德责任,又体现了一定的道德要求,既是选择合作伙伴的重要参考,又对促成合作行为具有重要意义。因此,道德判断产生的心理机制成为学术界研究的重点。近20年来,最具影响力和推动力的是两个模型,即社会直觉模型(social intuitionist model)和双加工模型(dual-process model)。社会直觉模型认为,对不同情景、不同行为,人们都是用道德直觉进行判断,道德判断是一个快速的、自动化的直觉反应,有意识的思考只是用来进行事后解释和说服他人。而双加工模型则认为,道德判断是情绪与认知相互竞争的结果,其中,情绪是自动化的反应,认知是有意识的思考,情绪主导的是道义主义的道德判断,认知主导的是功利主义的道

---

① 严进、楼春华:《伦理诱惑的识解水平》,《心理科学进展》2013年第11期,第2047—2056页。

德判断,两者谁主导道德判断,还要看具体情境。社会直觉模型和双加工模型都承认道德判断受直觉反应的影响,两者最大的分歧是认知过程在道德判断中的作用。近几年来,越来越多的研究证据表明,道德判断不仅仅是无意识的直觉反应,个体理性认知同样发挥重要作用,这使得人们面对相同的行为在不同情境中会引发不同的道德判断。这些发现对社会直觉模型和双加工模型都提出了挑战,特别是在双加工模型中,简单地将情绪和认知分别与道义主义和功利主义道德判断联系起来,并不能揭示道德判断的信息加工过程。对此,有学者提出了道德解释水平理论,它提供了对信息加工的分析,揭示了人们在做出道义主义判断和功利主义判断时关注的信息之间的差异,并进而解释了引发人们不同判断模式的原因。可以说,基于解释水平理论的道德判断研究为揭示道德判断的心理机制提供了新的思路。①

所谓道德识解水平,就是个体认识表征事件时的概括抽象程度和能力,它影响人们的决策偏好、跨期决策、自我控制、价值判断等决策行为,从而对人们的伦理(道德)决策起着重要的决定作用。解释水平理论(construal level theory,CLT)的核心是人们对事物的表征可以分为高、低两个解释水平。高水平解释(high level construal)是指对事件形成概括的、脱离情景的、抽象的表征,强调对事件总体的、高阶目标关联的和本质特征的关注。相反,低水平解释(low level construal)是人们对事件形成细节的、局限于情景的、具体的表征,具有细节的、次要的、情景化的、与高阶目标不相关联的特点。在解释水平视角下,个体对情景可能采用不同的表征方式,进而形成不同的道德判断。多项研究表明:"高水平特征的识解表征可以使得决策者更加关注长远目标,加强自我控制,做出遵循伦理原则的决策;而低水平的识解表征会使得人们注重短期利益,偏好工具性结果,更容易产生违背伦理原则的行为。"②

具体来说,高水平识解对道德的积极作用表现在三个方面。首先,高水平识解能促成"行为是否符合伦理原则"的认知取向。有关"德行与恶行"(virtue/vice)的研究表明,在高水平识解模式启动下,人们对"德行与恶行""好与坏"会做出明显的判断和评价。例如,荣誉、公平、生命等保护性价值(protected value)是人类必须遵守的基本规范和行为准则,不能因金

---

① 李明晖、饶俪琳:《解释水平视角下的道德判断》,《心理科学进展》2017 年第 8 期,第 1423—1430 页。

② 严进、楼春华:《伦理诱惑的识解水平》,《心理科学进展》2013 年第 11 期,第 2047—2056 页。

钱等任何现实利益而退缩和让步。但面对具体问题时，并不是人人都能坚守而不做出违背社会规则的行为，否则一旦蔓延开来就会造成社会崩塌。但高水平识解就能使人们跳脱出具体场景和限制条件的迷惑，抽象凸显出事件的表征意义，辨别出事件的"好与坏"，促进人们意识到隐含在伦理诱惑问题中的伦理原则。伦理意识的产生有利于人们启动自我控制，做出符合伦理原则的行为。其次，高水平识解能促进人们做出与伦理（道德）原则相一致的行为。伦理（道德）决策的核心是个体行为要符合普遍的社会规范，以实现个体与人类社会的长远利益。但在执行过程中却容易被"短期诱惑"所迷惑，特别是在做跨期决策时，"应该自我"有时会让位于"想要自我"。例如，人们在选择电影，当观影时间没到时人们倾向于选择有教育意义的"应该自我"电影，但实际观影时，则更容易选择搞笑轻松的"想要自我"电影。时间距离、心理距离会影响人们的道德决策。高识解水平的人更理性、冷静，能在面临诱惑时控制住当下的情绪和冲动，产生未来锁定效应（future lock-in effects），从更长远的角度思考问题，从而做出更具有全局性、符合长远目标的行为。最后，高水平识解有利于促进决策者的自我控制。面对金钱利益等"即时满足"的诱惑时，高、低识解水平将会激发不同的自我控制倾向。伦理（道德）是人们长期的、应该做的、正确的行为，自我控制强的个体更能抓住事物的核心，更能清晰地认识到目标的延时效用，更关注长远目标和利益，表现出更少的时间折扣效应。也就是说，高水平识解不仅能够使决策者抵制当下的诱惑，还能使个体面对诱惑时保持清醒的认识，给自己设定前瞻性的自我控制（prospective self-control）。总之，根据识解水平理论，"当采用高水平识解时，人们基于伦理原则这样的抽象特征来表征诱惑问题，形成关联伦理原则的判断，更能意识到行为的长远意义，有利于促进伦理行为；反之，当采用低水平识解时，诱惑本身会被表征为一种工具性的实质收益，单独、分离地看待具体行为，'当局者迷'，更容易导致非伦理行为"[①]。

在分析道德识解水平的影响因素时，学者们发现，在对道德情境进行解释判断的过程中，心理距离（psychological distance）发挥着重要作用。它包括时间距离、空间距离、社会距离和可能性四个维度。以此时、此地、自己的、真实的经历为原点，与发生在其他人身上的、过去或将来的、其他地方的和发生可能性很小的事情相比，心理距离不同，道德识解水平不同，个体与某个事物的心理距离越远，对它进行表征时解释水平越高。行为与个

① 严进、楼春华：《伦理诱惑的识解水平》，《心理科学进展》2013年第11期，第2047—2056页。

体之间的心理距离是影响解释水平的重要因素,并最终影响个体对行为的道德判断。例如,当要求美国被试想象某个两难情境发生在巴西(空间距离较远)时,相比于发生在美国(空间距离较近),被试愿意付出更大的代价来换取一个相对较好的结果,即做出更加功利主义的道德判断。类似地,在是否要牺牲下游的鱼类保护上游鱼类的道德困境中,当要求被试想象该情境发生在一年后(时间距离较远)时,相比于发生在第二天(时间距离较近),被试愿意牺牲更多的下游鱼类,即做出更加功利主义的道德判断。心理距离影响人们道德判断的效应不仅存在于涉及自然环境的两难情境中,也存在于关乎人类生命的道德困境中。相关研究表明,在面临是否要牺牲一个无辜的生命以挽救其他感染致命疾病的患者时,当要求被试想象该情境发生在两年后(时间距离较远)时,相比于发生在两天后(时间距离较近),被试更愿意牺牲无辜的生命,即做出更加功利主义的道德判断。这些研究使用了不同的道德判断测量方法,都发现了心理距离在时间和空间维度上对道德判断产生的影响。[①]

　　同样,直接操纵人们对信息的表征方式也是可以引起不同的道德判断的。例如,通过让被试回答"为什么要做某件事"(why)和"如何做某件事"(how)的问题,分别启动他们高解释水平和低解释水平的表征方式,结果发现,它们都会对道德判断产生影响。与接受低解释水平表征启动的被试相比,接受高解释水平表征启动的被试会做出更加功利主义的道德判断,甚至在非常极端的情境下,被启动高解释水平表征的被试中有更多的人愿意牺牲自己的亲人或爱人(极端的道义责任)来换取全世界的公平正义(极端的价值理想)。此外,研究还发现,语言可以促进高解释水平的表征,而视觉可以促进低解释水平的表征。这意味着,通过改变或影响视觉和语言加工过程可以直接操纵人们的表征方式,进而影响道德判断。用视觉工作记忆任务干扰被试道德判断时的视觉加工过程的实验表明,与没有干扰相比,视觉加工过程受到干扰时,被试会做出更加功利主义的道德判断。该研究还发现,视觉认知风格与道义主义的道德判断具有显著的正相关,即越倾向于低解释水平表征的被试,越容易做出道义主义的道德判断。这一结果虽然不能说明因果关系,但也与解释水平理论的假设一致。[②]

　　综上所述,在两难的道德判断问题中,现有研究通过操纵心理距离和直接启动不同解释水平的方式,一致发现了低解释水平导致道义主义的道

---

①② 李明晖、饶俪琳:《解释水平视角下的道德判断》,《心理科学进展》2017 年第 8 期,第 1423—1430 页。

德判断、高解释水平导致功利主义的道德判断。这个结论也表明，人们对信息的表征方式决定了道德判断。可以说，以解释水平理论为基础的道德判断研究为人们理解道德判断提供了新的视角，两难的道德判断研究结果表明，道德判断不仅定量地受到认知加工多少的影响，还定性地受到认知加工类型的影响，即不同的表征方式产生了不同的道德判断。

二、道德行为影响道德态度

道德态度是个体在道德生活中表现出来的一种内在的道德心理倾向，道德行为是人们在一定道德意识支配下进行的具有道德善恶意义的活动。一般来说，道德态度决定和支配道德行为，道德行为是道德态度的外在表现。同时，道德行为也影响着道德态度。在人类进化过程中，虽然具备了同情等亲社会行为产生的生理基础，但更多的道德认知、道德态度是在个体社会化过程中通过直接或间接经验获得的。各种心理学实验也证实，行为在一定程度上会影响个体的态度。例如，在一个实验中，要求两组被试完成同一项任务，一组被试在完成这一工作时上身处于直立状态，而另一组被试则处于瘫坐状态，任务完成后，两组被试均被告知出色地完成了工作，得到了实验者的好评。随后的测试显示，那些处于瘫坐状态的被试较之身体直立的被试，较少地为自己出色工作感到骄傲。直立或瘫坐的身体状态影响了被试的情绪体验。另外，点头或摇头心理学实验也清楚地表明了身体动作与情绪反应之间的紧密联系。在实验中，120名被试被随机分成两组测试一种耳机在运动过程中的使用效果。一组被试在测试过程中被要求做头部垂直运动（点头），另一组被试则被要求做头部平行运动（摇头）。测试时被试面前放着一支蓝色或深红色的笔，测试完成后，另一位实验者询问被试更喜欢哪一种笔。结果表明，做点头运动的被试倾向于选择摆在面前的那种颜色的笔，而做摇头运动的被试则更倾向于拒绝摆在面前的那种颜色的笔，转而选择另一种颜色的笔。在无意中点头或摇头的身体动作影响了情感上的偏爱。类似的实验还有很多。又如，实验者让被试或者做手臂向上弯曲动作，或者做手臂向外伸展动作，同时给被试展示一系列中文字符，并要求其边做动作边给这些字符评估打分。由于被试并不认识中文，这些字符本身对被试没有任何意义。但实验统计结果显示，当被试做手臂向上弯曲动作时，对这些中文字符的评价更积极。学者们分析认为，手臂向上弯曲导致靠近身体，对人们来说具有亲近和积极意义；而手臂向外伸展导致远离身体，则有拒绝和躲避意义。总之，具体的动作可以与认知和情感状态之间建立某种关联,身体的不同动作导致了态度和评价的变化。通过道德行为获得直接经验对于道德态度的形成和强化至为重要,这是因为,相对于仅仅被动地接触情境信息,直接经验使个体对某一问题有更多的认知和情感投入,特别是当个体必须迅速决断时直接经验形成的道德态度更容易被激活进而影响行为决策。

各类观察也证实,善行会增加善意,恶行会增加恶意。人们可以通过做公正的事成为公正的人,通过节制成为节制的人,通过做勇敢的事成为勇敢的人。个体往往先主动采取或被动形成某种行为,重复形成习惯后,就会改变态度。实验也证明,一个参与了环保公益活动的人其环保态度会更坚定,一个充当过志愿者的人其助人态度会更明确,这些道德实践活动经由道德主体整理、类化、加工形成具有组织化的道德经验知识结构,逐渐建构起个体的道德图式,成为道德敏感性的重要基础和来源。所谓道德图式(moral schemas),就是存储于个体长时记忆中并有助于当前信息加工的道德知识结构,它由记忆对象(有关某种特性的特别小的单位)、认知领域(一系列有活性的记忆对象)、心理模型(一个特定情境或经验的全部意义结构)三个层级构成,包含多个记忆对象的多个认知领域构成的一个心理模型。当面临道德情境时,道德敏感的个体会自动化地激活复杂和精细的心理模型,对相关情境做出迅速判断。而道德敏感性在本质上就是一种知识结构,它是个体作用于信息环境并予以伦理形式和意义的心理模板(mental template),涉及内容和结构两个方面。内容是指人们感知不同信息领域的道德主题和观念,其结构涉及人们把这些道德主题和道德思维形式链接在一起的方式,表现为区分(differentiation)和整合(integration)两个方面。区分涉及道德敏感性作为知识结构在内容上的维度数量,整合涉及道德敏感性作为知识结构在维度之间的内在联系。正如新科尔伯格理论所主张的,一个人在发展过程中形成的道德图式是内心深处的一种知识网络,是在个人所经历的各种生活事件的影响下组织起来的,道德图式的网络体现了道德知识建构的系统性,其与生活事件的联系体现了道德认知发展与情境的高度相关,而根据经验来获取新信息则体现了个体道德判断的自动性。总之,"道德内化是个体在社会实践中,通过对社会道德的学习、选择和认同,将其转化为自身内在的行为准则和价值目标,形成相应的个体道德素质的过程"①。

事实上,通过行为来改变人们的道德态度是符合人们的认知规律的。

---

① 唐凯麟:《伦理学》,高等教育出版社 2003 年版,第 161 页。

人们要选择和确立自己的道德规范,首先必须经过一个感性认知的过程。认知(cognition)是指人们获得知识、应用知识的信息加工(information processing)心理过程。感性认知具有直接性、表面性、片面性等特点,它有待于进一步深化,即通过思维对感性材料进行选择、分析和加工,逻辑地得出结论,实现理性基础上的认同。理性认同具有间接性、深刻性和全面性的特点。在理性认同的基础上,道德信念才能真正确立并且坚定起来,进而成为促成道德行为的动力。对世人来说,一方面,他们会自觉地将感性材料付诸理性分析,只有经过理性认同的道德信念才能真正稳定;另一方面,他们也会将理性原则与感性体验相对照,缺乏感性基础的价值目标难以真正成为他们所认同的道德信念。因此,立法者会通过塑造公民的习惯而使他们变得更好。以新加坡为例,新加坡以社会公德水平高而闻名世界,这要归功于"新加坡之父"李光耀长期用严格的法制来规范国民的言行举止,如在 1992 年他颁布进口及销售口香糖禁令并严厉执行之前,在新加坡发售的口香糖品牌多达 128 种,经过 20 多年的管理,现在的新加坡人普遍认为吃口香糖污染环境,是不道德的,商店里根本见不到口香糖,公共场所也看不到口香糖的残渣。道德态度是个体在长期社会生活中形成的,对道德对象持久的、稳定的反应倾向,因此,它是抵制变化的,道德行为要对道德态度产生影响是一个长期的和复杂的过程,有时道德行为只能使道德态度产生短期的、肤浅的变化,这种变化要想继续稳固和深入,需要道德行为在同方向上的持续刺激和不断强化。

对道德态度形成长久一致刺激的就是日常生活。所谓"日常生活",就是以个人的家庭、天然共同体等直接环境为基本寓所,旨在维持个体生存和再生产的日常消费活动、日常交往活动和日常观念活动的总称,它是一个以重复性思维和重复性实践为基本存在方式,凭借传统、习惯、经验以及血缘和天然情感等文化因素加以维系的自在的类本质对象化领域。非日常生活活动领域通常可以划分为两个方面:一是以科学、艺术、哲学等为表现形态的自觉的精神生产;二是以社会化大生产、经济、政治、公共事务等为内涵的有组织的社会活动领域。而日常生活则是旨在维持个体生存和再生产的各种活动的总称,它指向私人领域,是个人生活的自在世界。它区别于由社会活动领域和自觉精神生活领域所组成的非日常生活的自觉性、创造性、变动性,而具有习惯性、重复性、自发性、经验性等特征。日常生活作为个体再生产的各种活动,不仅维持和延续了作为自然属性的个体生命,同时也是培养和践行道德态度和行为的有效场所。道德行为养成的主要目的就是协调人与自然之间、人与人之间、人与社会之间关系的行为规范,它来源于日常生活并践行于日常行为之间,可以避免道德知识和理论与日常行为脱节而沦落为夸夸其谈的口号和空谈。

三、提升道德评价和监督水平

作为社会中群居的个体,人人都有提升道德素养以符合群体规范的义务,同时,也对他人的行为发挥舆论监督作用,这就是道德评价,即根据一定社会道德规范准则体系,对社会中的个体或群体的道德活动做出善或恶、正或邪、道德或不道德的价值判断,以达到"褒善贬恶""扬善抑恶"的目的。道德评价作为维护道德规范的主要力量,也是需要一些条件的。首先,评价主体必须是理性的。这包含两层意思:一是评价主体必须是处在清醒、健全、自主、并能意识到自己的行为以及行为所带来的后果的状态,而不是迷乱、被控制的;二是评价主体做出的思考、判断和选择是合理的。这涉及道德标准的选择是恰当的、道德评价的过程是考虑到各种主客观因素的、推理过程是符合科学规律的、评价结果是公正客观的。其中,了解道德评价中的相关规律,提升道德评价能力,还涉及三个方面的问题。

(一)厘清情绪因素,理性辨别事实

美国心理学家乔纳森·海特曾经指出,道德心理学的第一原则是"直觉在先,策略性推理在后",这就意味着人们首先用道德直觉进行评判,然后寻找理由支持这一评判。这一心理机制是人类进化到今天所能达到的道德认知最高水平,得到了进化心理学的清晰解释和有力支持。在人类漫长的合作生存过程中,失德行为是对其他个体潜在的危险行为,为此人类进化出道德愤慨、敬而远之(排斥)与复仇意愿(惩罚)。也就是说,人们面对失德行为时首先被激起的并非是理性思考或道德推理,而是愤怒与仇恨,"这种愤怒情绪可以激起主体的复仇意愿,用于阻止其他人以后的欺骗行为。而且,复仇这种情绪可以给人带来快感"[①]。道德愤慨与复仇意愿可以吓阻伤害自己或者背叛契约的潜在对手,减少伤害损失与复仇成本,在生存竞争中赢得生机。但是,这种道德情绪机制,在处理简单的人际关系时具有生存竞争优势,但当面对复杂的人际关系时则显得简单粗暴。先于理性思考而发生的道德愤慨,往往使人们难以理性冷静地去确认事实、追求真相与审慎推理,导致道德评价中舆论的偏颇,其危害甚至比失德行为

---

① D. M. 巴斯:《进化心理学》,熊哲宇、张勇译,华东师范大学出版社 2007 年版,第 435 页。

本身对社会的消极影响更深远。因此,从道德哲学与心理学等学科视野审视,这种"直觉在先,策略性推理在后"的规律,很容易导致道德舆论中情感(直觉)先行、事实遮蔽、理性缺位的问题,它们之间因果相连:情感先行意味着依赖道德直觉进行认知与评判,在激发起来的道德情绪、态度对立与激烈骂战中遗忘甚至遮蔽了事实本身;在情绪蔓延与事实遮蔽的舆论氛围下,理性思考与有效交流无法进行,整个舆论场被激烈情绪与对立观点所淹没,引发了广泛传播的道德焦虑。特别是在当今迅速变迁的时代,社会道德生活的多元性与复杂性已经远远超越了个体感受与认知所能把握与评价的范围,因此,排除情感先行带来的事实遮蔽与理性缺位的负面效应,在确认事实真相与审慎推理的基础上进行道德认知与评价,是消解道德舆论中多重误区与不良情绪的必由路径。①

对此,应谨慎冷静地面对当前的各种媒体或信息报道。这是因为,有些个人或集体为了点击率与关注度带来的经济效益和价值,或为了迎合人们对危险、负面信息的感知偏好,会较多地传播一些夸张,甚至编造的虚假信息。在信息大爆炸的当今时代,人们应突破传统认知习惯和客观条件限制,避免泛道德化,或者将本应建立在事实细节与理性推理之上的道德讨论引向情绪化的道德谴责与人身攻击,而应该具体分析事实细节与理性因素,以实证科学态度处理网络时代的海量信息,理性地看待,杜绝简单化。在这过程中,要注意一个心理现象,此现象已被心理学实验证实,就是人们在解读道德相关信息时,对相关事件中个体动机的解读与评价中经常会出现诺布效应:一个失误如果后果是负面的,人们就可能倾向于认为行动者是故意的;当后果是好的,人们可能认为行为实施者是无意图地引发该失误的。在这一动机解读与评价机制作用下,人们可能会将普通的失误或者事故解读为行为者具有故意甚至是恶意的动机,从而推测出行为方的道德滑坡,这就意味着可能对许多意外事故进行泛道德化的思考,给予道德负面的解读与评价。当相关方面试图做出解释与澄清时,还会出现"塔西陀陷阱",即当公权力遭遇公信力危机时,无论说真话还是假话,做好事还是坏事,都会被认为是说假话、做坏事。这一评价机制意味着一旦相关方有失误和失真的记录,那么后面的行动与辩解都可能被负面解读与评价,有

---

① 郁乐:《当前道德舆论中的情感、事实与理性——多重视野下的不良道德情绪及其反思》,《哲学动态》2015 年第 6 期,第 70—75 页。

失公允和客观。因此,理性辨别事实和真相是进行道德评价的首要前提。[1]

(二)道德评价需要综合考虑动机和结果双重因素

在传统社会中,人们的生产生活单一固定,道德人格对道德行为起着决定作用,因此,对道德行为的评价多采用动机论。动机是判断行为善恶的标准,人的行为善恶取决于动机是否善良,与行为效果无关,行为结果的好坏不影响行为的性质和对它的评价。例如,西方中世纪经院哲学家阿伯拉尔就断言,意向是善的行为就是善的,反之就是恶的。休谟也曾说过:当我们赞美任何行为时,我们只考虑到行为的那些动机。康德更是动机论的著名代表,在他看来,除善良意志外再无道德可言。一种行为是否合乎道德,完全在于动机是否出于善意志,即是否遵循"为了义务而义务"的道德法则,只要行为者的动机是好的,无论结果怎么样,其行为都是好的或合乎道德的,相反,如果行为不是出于善意志,即便在形式上与义务一致也不是道德的。动机论确实能反映个体人格,人格善良的人才会做好事,但这也意味着不计后果,即使出现了"好心办坏事"也会比较宽容,反而削弱了人们关注行为后果的道德责任心以及影响了人们采取恰当科学的行为方法。比如看到他人心脏病发了,出于救助善心就背起他人往医院跑,按动机论的观点,这是值得称赞的道德行为,但这却是不科学的,颠簸对心脏病人有害甚至会导致病人死亡。而且,动机是内隐的,即使行为者自己表白也难辨真伪,只能依靠某些事实间接推断,一旦信息消失,再高尚的行为也会被隐藏。况且,即使可以把握行为动机,有时也难以判断其真实性,从而影响对行为评价的准确性。如果一个成心做坏事的人暴露后说自己的动机是善良的,比如小偷说偷盗官宅是为了揭露贪官,用动机论就会把偷盗行为说成是善行,也在客观上为恶人提供了一个开脱罪责的有利条件。再者,如果按康德所说,只有出于道德动机的行为才有道德价值,那么对于那些出于非道德动机的行为,即使能准确把握其动机,动机论也最多只能说它不具有道德意义,而无法对它进行善恶评价。然而,这种非道德动机的行为显然并不是与善恶无关,比如为了受表扬而助人的行为,为了多赚钱而对病人进行过度治疗的行为,就不是没有任何善恶意义。最后,如果动机论的所谓"好动机"仅限于康德所说的对道德义务的遵从,那么,出于同情心、恻隐心、仁慈心和亲情、爱心而救助他人的行为,就会被排除在善行和

---

[1]　郁乐:《当前道德舆论中的情感、事实与理性——多重视野下的不良道德情绪及其反思》,《哲学动态》2015 年第 6 期,第 70—75 页。

道德的行为之外，而这显然有悖常理。①

　　与动机论不同，效果论则以成败论英雄，评价行为的善恶只看效果，只要效果好行为就是善的或道德的，反之就是恶的或不道德的，近代功利主义者边沁、密尔是其主要代表人物。

　　密尔认为，动机虽与行为者的品格有关，但与行为的德性无关，决定道德行为价值的只有效果。他以救落水者为例，说不管救人者动机如何，只要确实把人救起来了，其行为就是道德的。效果论的评价方法注意到了行为的结果，在实用性方面较之动机论有所进步，但同样也会带来一个问题：结果相同的行为会得到相同的评价，动机卑鄙者与动机高尚者享受同等荣誉，这显然是荒谬的，对那些效果不佳的善良行为也有失公允。例如，有三人救助落水者，一人是出于同情，一人是为了赏金，道德境界较差，但根据效果论则会给予同样的评价。而另一人也参与了下水救人，但未获成功，甚至是牺牲了，是否他的行为就没有道德价值呢？可见，不讲动机的效果论也很难对道德行为做出恰当公正的道德评价。②

　　因此，恰当的道德评价应该是动机与效果并重。首先要根据效果判断行为的好坏善恶。从社会功利性角度看，好的效果比坏的效果更有利于他人或社会，更具有道德价值，每个人都应对自己的行为结果负责。其次，根据动机进一步判断道德价值的高低，出于善意的行为给予高度的道德肯定，对于好心办坏事要宽容，对坏心办好事、歪打正着的行为评价要低于善意的动机者。当然，任何一个现实的行为，都不只是包含着动机与效果，还包括目的与手段。例如，就一个人看到他人落水、出于道德直觉就迅速跳入水中救起落水者的行为来说，救人是行为目的，救起是行为效果，下水救人是行为手段，道德直觉是行为动机。只看一个方面是不完整的，必须将构成行为的四种要素都考虑在内，才可能得到客观公正的结论。具体来说，道德评价要关注四个问题。首先，关注道德行为人的主体意识。只有在清醒、自主意识下的行为才具有可评价性。例如，打人是不道德的，但如果是精神疾病的患者或者大脑内被植入了芯片受控于他人者，做出打人行为不是其主体意识控制的，那就不能对其打人行为做出道德评价。也就是说，如果行为、欲望、意图、信念等都是源于主体自身意志或理性而不是受控于他者，该主体就应当承担道德责任；反之，该主体不应承担道德责任，也不可以做道德评价。其次，看行为的效果。有利于个人和群体权益的就

　　①②　郁乐：《当前道德舆论中的情感、事实与理性——多重视野下的不良道德情绪及其反思》，《哲学动态》2015年第6期，第70—75页。

是善的,伤害个人和群体权益的就是恶的。再次,考察实现目的所采用的手段是否正当,是否符合大家所普遍遵循的社会规则,即使不能达到目的和效果,手续得当也会被世人所认可。最后,看行为的动机。若出于善心,可谓好动机,说明整个行为属于有道德意识指导的道德践履,在评价时可为整个行为"加分";若出于不良用心,可谓坏动机,不属于有道德意识指导的道德践履,在评价时会让整个行为"减分";若出于既非道德心亦非不良用心的平常心,可谓一般动机,在评价时对整个行为不存在"加分"或"减分"的效应。通过这四个步骤的分析判断,那些目的善、效果好、手段正当、动机好的行为,就属于道德的行为。①

(三)影响道德他评的心理因素

在道德评价中,虽然理性成熟的个体会以事实为依据、以恰当的道德标准、符合逻辑地进行分析判断,但诸多心理学研究发现,作为活生生有情感的个体,并不能像人们所标榜的那样做到完全的公正无私,在道德评价中还会受到多个心理因素的影响。例如,熟悉性。许多追踪研究发现,人们对他人评价的准确性随着熟悉程度的提高而提高。为了验证这一结论,有实验者将之前不熟悉的 3 个班级的 196 名学生组成每组 4—6 名学生的小组,在 7 周当中,这些小组的成员每周见面 1 次,每次 20 分钟。在第一次见面之前,所有的被试都进行 FFM 特质的自我评价,并在第 1 次和第 7 次见面之后对他们的团体成员进行评定。结果显示,熟悉性效应出现,在FFM 的大多数维度上自评/他评的一致性在第 7 周时都高于第 1 周。当然,熟悉性到底多大程度上影响他评的正确性还需要探讨,为了进一步深入研究,学者们统一了熟悉性的 6 个维度:持续时间、交往频率、对目标的了解、身体上的亲密程度、自我表露以及社会网络的熟悉程度。当人们关系比较亲密后,就会出现"情人眼里出西施"的现象,当评价者与评价对象之间关系比较好时,评价者对评价对象会更加偏爱,对其道德评价会更加积极。对中国大学新生室友的研究发现,在第 15 周时,良好的寝室关系质量会促使室友将被试评价为更善良、人际关系更好。特别是,个体在对伴侣进行评价时经常会出现所谓的"积极幻觉(positive illusions)",即比客观状况更加积极的现象,甚至会将他们的伴侣评价得过分"善良"和"智慧",而且伴侣之间的关系越好,积极幻想程度越高,可以说,积极幻想可以有效

---

① 郁乐:《当前道德舆论中的情感、事实与理性——多重视野下的不良道德情绪及其反思》,《哲学动态》2015 年第 6 期,第 70—75 页。

地预测伴侣之间更高的关系满意度、信任水平、相爱水平以及更低的冲突水平。[①]

　　总之，道德评价是人们根据一定的道德标准判断某人或某事是善是恶、善恶大小和应承担何种道德责任的意识活动。道德评价程序应遵循三个步骤：第一，对评价对象的事实性认知。所有的"善""正当"之类的道德评价都是对事实进行仔细观察、分析以及明智判断后得出的结论。在行为评价中，评价主体对行为者动机和效果、手段和目的的考察必须建立在事实的基础上方能做出正确判断。第二，确定科学、合理的评价标准和评价方式。在道德评价过程中，评价标准和评价方式直接关系到评价结果。对于同一评价对象，不同的评价主体可能会选用不同的评价标准和评价方式，从而得出不同的评价结论。鉴于传统美德的道德评价标准是君子人格，太过高远，普通人难以随时随地地执行，因此在道德标准的选择上基本上采用义务道德或普遍社会规范的标准，愿望的道德或传统式美德可以作为个体追求被鼓励和肯定，但不能做普遍化的标准。第三，结合评价事实和评价标准进行逻辑推理、判断，切记不要将道德扩大化。例如，罗尔斯在《正义论》中将义务分为三类：自然义务、职责义务、分外义务。其实，人们在日常生活中会出于常识，根据以下三个理由来具体确定自身的义务：其一，此现状是由自身行为直接所致（先行行为）；其二，责任对象与自身有着亲密关系（如亲人）；其三，出于一般道德的同情心。综合罗尔斯与人们关于义务确定性理由的常识性认识，可以得出确定一个人对某事、某人负有道德义务的四个基本理由（或依据）：现状由其自身行为直接所致；与自己有亲密关系者；出于职责规定；做人的基本道德（同情与爱）。这四种道德义务的确定性依据的强度有差异，越靠前越清晰、具体、强烈。在做道德评价时这些因素都需要考虑在内。因此，道德标准恰当，推理过程合乎逻辑，多元因素考虑周全，才能得出公正客观的道德评价，才可能在社会舆论中起到扬善抑恶的监督作用。[②]

　　① 张登浩、滕飞、潘雪：《他评：一种有效的人格评价手段》，《心理科学进展》2014 年第 1 期，第 38—47 页。

　　② 郁乐：《当前道德舆论中的情感、事实与理性——多重视野下的不良道德情绪及其反思》，《哲学动态》2015 年第 6 期，第 70—75 页。

第七章　维护道德声誉，修复信任关系

第一节　亲社会行为赢得好声誉

一、利他行为得以进化的原因

亲社会利他行为不但可以提升群体的凝聚力和竞争力，也有利于促进社会的和谐友爱，但对于利他者本人来说，却会损失一定的时间、金钱、精力，甚至是生命。利他行为何以能够在激烈的生存竞争中保持相对的遗传优势并最终通过进化得以沿袭，受到了当代心理学、神经科学、社会生物学等众多学科的关注，在采用实验、脑成像、数学建模等诸多手段的研究探索后，有学者提出了利他行为进化的两条路径，如图 7-1 所示："首先，于个体内部，利他是一种自激励的过程，能够促进身心的正性互动，因而可能在某些特定的时刻提高助人者自身在当时环境中的适应性；其次，于个体外部，利他是一种信号，展现助人者的个人品质，向他人表明自己是一个值得信任和依赖的人，从而促进群体内的他人选择与自己合作、在群体中获得地位，以及增加择偶机会。[①] 双路径描述了助人者的适应性如何通过利他而得以提高的过程，为理解人类利他行为如何进化提供了新的视角。

[①] 谢晓非、王逸璐、顾思义、李蔚：《利他仅仅利他吗？——进化视角的双路径模型》，《心理科学进展》2017 年第 9 期，第 1441—1455 页。

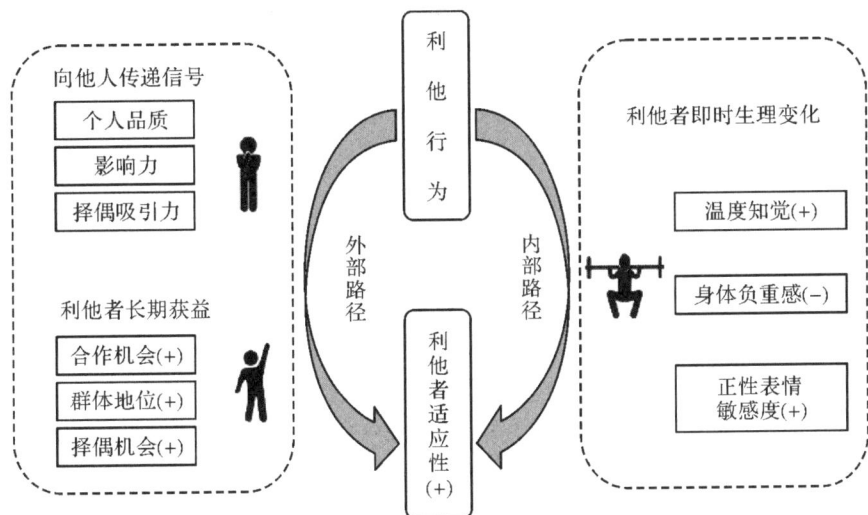

图 7-1　利他提高助人者适应性的双路径

（一）内部路径：利他的自激励效应

从进化论的角度来看，利他行为有利于群体的竞争。多水平选择理论（multi level selection theory）的代表人物、社会生物学家威尔逊（D. S. Wilson）提出："群体内自利的个体胜出，群体间利他的群体胜出。"具体而言，在人类进化过程中，总是存在若干个不同群体，每个群体内都存在着动态而相对稳定的利他与利己阵营。对个体而言，自私的个体可以从利他者那里获得利益且不必为此付出任何代价，在群体内竞争中处于优势地位；而利他个体做出利他行为则需要付出一定的牺牲或承担一定的损耗，处于劣势地位。但对群体而言，当利他带给群体的回报高于利他者付出的代价时，利他能够提高群体的适应性，使该群体在与其他群体的生存竞争中更占优势，利己者或利他行为过少的群体则会在群体间生存竞争中处于劣势而被逐步淘汰。因此，在群体中实施的利他行为在进化选择中得到保存，群体间选择更支持利他的进化，群体朝着更加利他主义的方向发展。多水平选择理论在一定程度上解释了利他是如何在群体间得以进化的，但它也存在三个局限性。首先，随着进化的推进，群体间交流与混合不断增加，无法持续保持不同群体互相独立的状态，而此时群体内选择较群体间选择可能会更占优势。其次，人类在进化过程中始终受到生物遗传与社会文化双重因素的影响，特别是当人类在进化过程中对自然的改造能力不断提高后,自然选择对于进化的作用逐渐减弱而社会文化则在其中发挥越来越大的作用。最后,坐享他人之利的搭便车者(free rider)在群体内更具适应性,而利他个体在生存竞争中则处于不利地位甚至有被淘汰的风险。利他行为得以进化的说服力不足。对此,自我激励说在多水平选择理论基础上又做了补充。①

从内部路径来说,利他有自激励效应。对个体而言,利他行为的"自激励效应"遵循"由心到身"的思路,并且是一种个体内部的良性身心过程,即助人者因为实施利他行为而获得自身的某种生物性反馈,从而提升了个体的正性感受。在特定条件下,利他行为产生的内部效用(包括心理、生理层面)的增益能够弥补甚至足以超过其所引起的外部效用(包括物质资源等)的损失。因此,利他不仅仅意味着将资源单向传递给受助者,更是对助人者本人的一种自我激励过程。这种自激励效应具有三个突出特点:"第一,自激励对助人者的益处不依赖外界环境反馈,仅仅依靠个体主动调动心理资源就可以实现。第二,助人者从利他行为中获得即刻的回报,其收益发生在当下而不必等到未来。第三,助人者从利他行为中获得确定的收益,因这个过程是指向个体内部的而排除了外界的诸多不确定因素。"② 这一结论得到了诸多实验的证实。利他对助人者生理心理系统的多个侧面都能产生积极的正性影响,能够提升温暖感知、降低身体负重感、增加对正性表情的敏感性等。例如,手捧一杯热咖啡(相比于冷咖啡)使人们觉得周围的人更热情,自己也变得更友善;而做出助人利他行为也可以提升被试的温暖感知。帮别人搬东西时被试将箱子重量估计得更轻,身体负重感(feeling of physical burden)和心理疲劳感更低。利他行为越多的人越能够感知到周围他人的亲切友好和生活的美好。自激励效应使利他者在适应性方面获得了一定提升:在危机情境下,虽然利他在客观上消耗了行为者的物质资源,降低了利他者的外部效用,但自激励效应使利他能够为利他者带来内部效用的增益,当这种内部增益能够弥补甚至超过外部效用的损失时,利他者在整体上的社会适应性就会比自私取向的个体更高。

在群体内部,利他的个体通过内部效用增益和其他利他者的利他行为共同弥补了其外部增益的损失,获得了更高的适应性和更大的生存概率,利他在群体内得到进化;在群体之间,当利他带给群体的回报高于利他者付出的代价时,利他能够增加群体的适应性,使更多的利他群体在与其他

---

①② 谢晓非、王逸璐、顾思义、李蔚:《利他仅仅利他吗? ——进化视角的双路径模型》,《心理科学进展》2017 年第 9 期,第 1441—1455 页。

群体的竞争中具备优势而更容易获胜，利他在群体间得到进化。在遭遇危机时，利他行为为助人者产生的内部效用增益很可能大于行为本身所消耗的外部效用成本，从而使助人者在净适应性上比利己者更占优势。因此利他在群体内和群体间的多水平自然选择过程中胜出，并在漫长的人类进化中，逐渐延伸到更广阔的情境而最终成为一般情境下人际交往行为的基本表现形式之一。[①]

(二)外部路径：利他行为的信号作用

利他行为对助人者的意义不仅体现在其自身的心理过程与生理系统的正性互动中，还作用于个体与群体内其他成员的人际互动过程中。人类经常会不求回报地帮助需要帮助的人，比如捐钱给慈善机构等。这种利他行为对助人者也有积极意义，在竞争性利他理论(competitive altruism)看来，在互助合作的社会生存环境中，每个人都倾向于选择那些有更多资源或更多利他意愿的人做自己的合作伙伴，因此在选择伙伴之前，个体都会经历一个评估阶段，在此阶段，每个人都面对群体内的所有人，包括需要帮助的人和利己者。这时如果人们表现出利他行为，就会在其他观察者心中树立起利他者的形象，吸引未来的合作者或者配偶的注意，从而使自己从众人中脱颖而出，得到机会提供者的青睐，获得更多的利益。高成本信号理论(costly signaling theory)也认为，利他行为因其需要消耗时间、物质资源，甚至需要冒一定风险，也可以看作是一种高成本行为，但利他者向他人传递出其具有慷慨、地位等积极人格特质(quality)信号后，有助于被他人选择，并被其他人视为一种资源。伙伴选择会导致个体间的竞争，有更多资源或者更慷慨的利他者在被选择的过程中更容易胜出，被选为合作伙伴，从而得到更多回报和帮助，并且有更多的机会繁衍后代。这一结论在实验中也得到了证实，利他行为会通过其他观察者给助人者带来利益。例如，当捐赠行为可以被同小组同学看到时，相较于不能被看到的情况，被试捐赠行为显著地增加。当在自助收款盒前放置一张眼睛图片时，人们向其投放的金额是放置无关图片时的三倍。当有人观察时，被试更多地选择不计得失的合作方式。可见，当行为公开时，做出亲社会行为的可能性增加。[②]

从短期看，利他行为使利他者付出代价，但从长期看，利他行为会使利他者在未来的合作关系中、群体中以及配偶选择方面获得长期利益。特别

---

①②　谢晓非、王逸璐、顾思义、李蔚：《利他仅仅利他吗？——进化视角的双路径模型》，《心理科学进展》2017 年第 9 期，第 1441—1455 页。

是在未来的合作关系中,利他者会得到两个方面的好处:一是利他者会得到更多合作的机会。例如,在公共资产实验中,每个人可以决定拿出自己一定数目的钱作为小组共同资产(本金),赚钱后的总和会平均分给小组内的每一个人。结果发现,参加公共资产实验的小组成员在下一轮游戏时会更愿意选择投入金额较多的利他者为合作伙伴。二是利他者会在之后的合作关系中得到更多的利益。因为相信利他者是值得信赖的合作伙伴,人们更愿意在与利他者的互惠合作关系中投入更多的资源。在配偶选择方面,利他者也具有更多优势,人们都更愿意选择利他的异性作为长期伴侣,即使是短期交往女性也更愿意选择利他的男性。在群体中,利他也对个体具有重要意义。首先,人们会更尊重利他者,更愿意将利他者选为团队的领导。其次,利他者会得到更高的社会认可。当个体在小组中表达出参加慈善活动意愿时,同小组的人对其有更高的评价,包括更愿意与之交朋友。最后,人们会更愿意对利他者做出不求回报的利他行为。①

竞争性利他理论解释了发生在没有亲缘关系的陌生人之间且无法得到直接互惠的利他行为产生的原因。在其看来,群体中的每个人都既是旁观者,也是利他行为的潜在参与者。为了给观察者留下好印象,人们尽可能做出利他行为;而观察到他人的利他行为之后,为了成为利他者的伙伴,观察者也会和其他观察者竞争,做出更多的利他行为。因此,获得名誉成为促进个体进行利他行为的动力。当然,利他行为通过外部路径提高助人者适应性也存在一些限制。首先,信号机制只有在利他行为是公开展示、可被观察到的情况下才发挥作用。因此助人者获得长期收益的前提是自身的利他行为能被他人捕捉到,而匿名性利他行为的利他者则无法获得上述收益。其次,助人者依赖于外界的反馈获得收益,在时间上是延迟的,发生在未来而不是当下。最后,由于受助者和其他人的行为受到诸多因素的影响,他们并不必然会回馈助人者,因此助人者能否在将来获益也具有不确定性。②

总之,利他是一种美德,是构建和谐社会所提倡和推崇的精神。但帮助他人的同时常常伴随着自我资源的消耗,因此人们往往认为对于利他者本人而言,利他行为长于付出而鲜少获益。但在漫长而又残酷的进化进程中,利他行为不但被保存下来,还进化成为人类的一种基本行为习惯,这和利他行为促进身心和谐、获得长期利益密切相关。正如常语所说,"赠人玫

---

①② 谢晓非、王逸璐、顾思义、李蔚:《利他仅仅利他吗?——进化视角的双路径模型》,《心理科学进展》2017 年第 9 期,第 1441—1455 页。

瑰，手有余香"。从外部路径来说，助人者通过利他行为向他人传递出关于自己具有积极品质的信号，从而提升自己在合作、地位及择偶上的优势；从内部路径来说，助人者通过自激励效应，在积极情绪与人际利他之间呈现"促进资源增加"的互惠过程，个体富有正性情绪时更容易做出利他行为，而做出利他行为又增进了正性情绪，提升了身心整体效能，使利他行为更具有可行性和持续性。[①]

二、亲社会名声促进社会行为

亲社会名声（prosocial reputation）指行动者获得的亲社会特质声誉，反映了行动者在他人眼中的亲社会性及其水平。它可以是定性的描述，例如他/她是个好人，也可以是定量的评定，例如，他/她是慷慨的、利他的、善良的、友好的。亲社会名声影响人际间的社会互动，有益于个体社会适应。首先，亲社会名声可以提高个体的社会地位，研究表明，个体的亲社会性和道德特质影响其在他人心中的印象，享有仁慈和慷慨名声的个体也会享有更高的社会地位与威望，亲社会性得分高的个体更可能成为群体中的领导者；其次，亲社会名声能够增加个体的人际吸引力，例如，拥有合作与助人名声的个体更易获得他人的信任，在交友及择偶中更具优势，有慷慨与可靠名声的个体，社会支持网络也更好，而有自私名声的个体则会受到群体排斥；第三，亲社会名声帮助个体获得更多的社会资源，例如，有利他名声的个体在独裁者游戏中会被分配更多的金钱。

亲社会名声是"人们基于行动者的亲社会行为对其亲社会特质进行评价的结果，个体或组织亲社会名声需通过亲社会行为来获得，大量研究结果表明，未做出亲社会行为的个体或组织不可能有亲社会名声。亲社会行为是行动者获得亲社会名声的唯一途径"[②]。但是，同样的亲社会行为未必会给行动者带来同等水平的亲社会名声，行动者的特征和行为情境也会影响亲社会名声的获得。例如，对于同等数额的金钱帮助，人们会认为贫穷的捐赠者比富裕的捐赠者更加慷慨；私下送给同伴礼物的儿童也会比公开送礼物的儿童被认为更加友好。亲社会名声获得过程中的影响因素主要

---

①　谢晓非、王逸璐、顾思义、李蔚：《利他仅仅利他吗？——进化视角的双路径模型》，《心理科学进展》，2017 年第 9 期，第 1441—1455 页。

②　苑明亮、张梦圆、寇彧：《亲社会名声与亲社会行为》，《心理科学进展》，2016 年第 10 期，第 1655—1662 页。

有自我获益和宣传方式两个方面。

从行动者的自我获益来看,亲社会行为常常会有意无意地给行动者带来外部的物质获益与内在的情绪获益,但两者对行动者的亲社会名声却有不同的影响。"物质获益降低行动者的亲社会名声。"[①]这是因为,人们的亲社会行为原型由利他性、遵规公益性、社交性、特质性四个维度构成,其中最具代表性的是利他性。人们心目中的亲社会形象通常是无私和自我牺牲的,与物质获益相对立,"好人应该吃亏"或"吃亏的才是好人",对无获益甚至付出牺牲的行动者才给予更高的亲社会名声,通过亲社会行为而获得物质利益的个体不是真正利他的,与名声无益。相比之下,情绪获益则会提高行动者的亲社会名声。与没有获得正性情绪体验的个体相比,捐赠后报告自己体验到情绪获益,如快乐、有好心情的行动者会获得更高的亲社会名声。这是因为,人们通常认为情绪是自发产生的,能真实反映个体的人格特质和行为意愿。当个体违反情绪规范即未表现出预期的或恰当的情绪时,反而会引发旁观者的愤怒,增大人际间的社会距离,并引起旁观者对其做出消极人格特质的判断。因此,行动者因帮助他人而感到快乐会被人们认为是行动者对他人真正关心的反映,亲社会名声也随之提高。事实上,物质获益及情绪获益都只是人们判断行动者利他动机的线索,当行动者因为助人而有物质获益时,人们会怀疑其利他动机,因而降低其亲社会名声;当行动者有积极情绪获益时,人们会认为其具有纯粹的利他动机,因而提升其亲社会名声。当亲社会行为既给行动者带来物质获益的同时又带来情绪获益,或者行动者因为物质获益而产生情绪获益,以及情绪获益伴随而来意料之外的物质获益时,人们可能会先依据各种线索对行动者的动机做出复杂的判断,然后才赋予其某种水平的亲社会名声。如果认为行动者具有利己动机,其亲社会名声就会打折扣,如果认为行动者完全出于利他动机,其亲社会名声会提高。[②]

宣传方式也是影响行动者亲社会名声的重要因素。宣传就是传播颂扬,指通过一定的手段将某种信息传播于世,主要包括自我宣传和他人宣传。自我宣传是指个体对自己积极行为与品质的主动宣传,但人们普遍认为,自我宣传的行动者并不是真心地帮助他人,而是为了寻求认可、获得社会名声和地位,动机是自私的,是一种自夸(bragging)行为,其亲社会名声也会因此而降低。然而,做好事不为人所知,行动者也就不能获得亲社会

---

① ② 苑明亮、张梦圆、寇彧:《亲社会名声与亲社会行为》,《心理科学进展》,2016 年第 10 期,第 1655—1662 页。

名声，其他中立机构的宣传则不会被质疑动机，可以提高行动者的亲社会名声。但他人宣传也要有度，不宜被反复宣传。研究表明，当捐赠行为已为人所知时，社交网站上的再次宣传会引发人们对行动者助人动机的怀疑，降低其亲社会名声；而当人们不知道个体捐赠时，宣传则可以提高行动者的亲社会名声。当然，宣传的内容也同样关键。例如，与单纯的自夸相比，当个体在自夸的同时也呼吁他人从事亲社会行为会获得更高的亲社会名声。①

总之，行动者的亲社会名声需要通过亲社会行为来获得，但人们会基于行动者的动机来评价其亲社会特质。人们对行动者的动机是纯粹利他的、还是掺杂了自利的因素非常敏感，利他动机提高行动者的亲社会名声，而潜在的自利动机则损害行动者的亲社会名声；而行动者的贫富水平、行为的公开性、自我获益以及宣传方式等也会通过增强或削弱行动者的利他动机来影响其亲社会名声。但亲社会名声对行动者具有重要的社会适应价值，获得和维持亲社会名声也是行动者从事亲社会行为的目标之一。研究发现，亲社会名声可以从内外两个方面有效地促进亲社会行为。②

亲社会名声对亲社会行为的外部激励是通过间接互惠和同伴选择过程产生的。间接互惠（indirect reciprocity）是指个体起初的帮助行为随后得到了更广泛的他人或社会的回报。研究表明，个体获得的亲社会名声会增加其未来获得他人帮助的机会，或者获得金钱、社会地位、其他额外福利的可能性。因此，亲社会名声可以通过间接互惠过程给行动者带来好处，进而激励其再做出后续的亲社会行为，提升或维护自己的亲社会名声。实验发现，5 岁儿童就具备了对亲社会名声的敏感性，当他们被人观察或者知道自己将来会与旁观者进行互动时，对亲社会名声的关注会使其表现出更多的亲社会行为。对于成人而言更是如此，甚至只是用眼睛观察就可以激发他们对亲社会名声的关注，进而增加其合作行为。其他研究也证实，在公共物品游戏实验中，引入间接互惠过程后，建立利他与合作名声的需要，可以阻止人们对公共物品的过度使用，并促进人们的合作行为。同时，在社会生活中，人们也希望拥有良好的同伴与合作关系，拥有亲社会名声的个体更可能被他人选为互动伙伴，而自私的个体则会受到他人的排斥，该过程被称为基于名声的同伴选择。因此，亲社会名声可以通过带给行动者同伴选择优势而激励其再做出亲社会行为，提升或维护自己的亲社会名

---

①② 苑明亮、张梦圆、寇彧：《亲社会名声与亲社会行为》，《心理科学进展》2016 年第 10 期，第 1655—1662 页。

声。研究证实,在公共物品游戏实验中,引入同伴选择过程后,被试更在意自己的亲社会名声,而且会由亲社会名声引发被试竞相地表现出利他行为。总之,人们通过亲社会行为建立亲社会名声,而亲社会名声又通过间接互惠和同伴选择过程为人们带来社会适应获益,所以亲社会名声可以通过这样的外部激励促使人们再做出更多的亲社会行为。①

亲社会名声也通过自我概念产生内部激励。自我概念(self-concept)是个人对自己的信念和评价,它按照一定的结构存储大量有关自我的各方面信息,继而激发、维持和调节个体的行为。亲社会自我概念指个体对自己的亲社会水平的认识与评价。研究发现,如果激活个体的亲社会自我概念,其捐赠水平有所提高并且合作行为也有所增加。在社会化的过程中,个体反复获得的亲社会名声可以促进其亲社会自我概念的形成,并进而使其做出与自我概念相一致的行为。研究表明,5岁儿童就已学会管理自己的亲社会名声,当告知他,他被同伴认为是亲社会的好孩子时,就会表现出更多的亲社会行为;8—9岁儿童还会因为自己获得的稳定的亲社会名声,而逐渐学会用亲社会人格特质词来描述自己——我是乐于助人的,做出跨情境的亲社会行为。这都说明,亲社会名声也可以激活与强化行动者的亲社会自我概念,进而对个体产生内部激励,促进其亲社会行为。有研究表明,捐赠后获得的亲社会名声,可使个体强化慷慨和善良的亲社会自我概念,个体在以后的捐赠活动中会表现得更加慈善;拥有清晰、稳定的亲社会自我概念的个体,更可能使用自我信息来指导行为,例如,他们会因为别人评价自己是"乐于助人的"而更多地做出帮助他人的行为;而他人的助人性评价信息并不影响亲社会自我概念不清晰的个体的帮助行为。②

总之,亲社会名声作为个体亲社会行为目标,既可以通过外部社会奖赏激励,也可以通过个体内在的自我概念激励。毕竟追求社会价值感(sense of social worth)是人类的基本动机之一,它反映了个体感知到的自己被他人重视的程度,以及自己行为对他人生活的重要性,可以说,社会价值感的提升会促进个体的亲社会行为。

三、赢得声誉换取长远的利益

作为社会中互助合作共同生存的个体,道德形象是人们是否能够得到

---

① ②　苑明亮、张梦圆、寇彧:《亲社会名声与亲社会行为》,《心理科学进展》2016年第10期,第1655—1662页。

他人信任与合作的标签，因此，人们希望在满足自身直接利益需求的同时，也能够获得道德声誉、好的名声，用传统伦理学术语来说，就是见利思义。当然，在市场经济条件下，纯粹的道义、完全的无私利他也是存在的，但对于社会中绝大多数个体来说，舍利取义、获得良好的道德声誉和名声还存在着一定的功利性目的，便是获得更长远利益而争取更多机会和可能的生存策略。这一心理得到了诸多观察和实验的证实，当然，这一策略在自然界也广泛存在，如猩猩会在族群中分享肉食，但会以得到交配权作为回报；画眉鸟会通过帮助行为来确立自己的威望等。在复杂的人类社会中，人们更善于利用名声的价值和效用，达到间接互惠的目的。用竞争性利他（competitive altruism）理论的话来说就是，"人们之所以表现出利他行为，是为了在他人心中营造可靠的名声，并且利用这种名声信息让他人感到自己是诚信的、有资本的、关心团体的，甚至是可信的或聪明的，从而把名声作为自己'是一个好搭档'的信号。这种信号能够使自己在未来从其他人中脱颖而出得到机会提供者的青睐，获得更多的利益"①。为了他人或团体个体放弃当下利益，虽然会导致部分利益的损失，但在一定条件下却可能获得好名声，进而在未来赢得更多的机会、更大的利益。从现实生活来看，这种舍利取义的行为策略是有效的。大量事实也证明，在挑选合作伙伴时，人们会优先选择那些名声好的个体。

为了获得长远利益，人们愿意放弃当下收益来获得好名声，而名声的形成与作用依赖于在场他人，这是因为人们的行为只有经过他人观察、传播才能转化为名声。大量研究发现，"当人们面对的博弈情景有作为旁观者的第三方在场时，相比在纯粹的利他情境下更偏向于表现出舍利取义的行为"②。例如，相对于独自一人的情况，有朋友或他人在身边时，人们会做出更慷慨的捐赠行为，更倾向于购买售价较高但功能一般的绿色环保产品。即使只是呈现眼睛形状的图片，让被试认为自己的行为会被他人看到时，也会促使被试做出更多损耗自己利益的利他行为。与此相反，当人们处于匿名状态下，或被告知其行为无人关注时，利他行为都会显著减少。当被告知后续任务会更换搭档时，被试的合作行为也随之减少，转而趋向获得直接利益。

当然，在场他人不同特性在名声形成中也发挥不同作用。其中，"社会身份是影响舍利取义行为倾向的最重要的影响因素"，这是因为，"社会身

<hr />

①②　谈晨皓、王逸博、崔诣、晨王沛：《名利博弈中的舍利取义行为》，《心理科学进展》2016 年第 12 期，第 1907—1916 页。

份往往能够直接提供给我们社会赋予的诸如能力、性格等多方面的信息，从而反映出与之合作所能带来的价值的大小"。① 如果对方掌握着重要的资源，或是有很强的能力能帮助自己去获取更大、更多的收益，人们也更愿意放弃当下的利益获得好的声誉。例如，有研究证实，当对方的身份是自己的上级时，人们在分配时会更为对方的利益考虑；由于女性掌握了决定男性求偶行为成功与否的权力，当女性在场时，男性会比同性在场时更倾向于牺牲利益以获取名声；在他人会向掌握资源者传递信息时，人们更倾向于在这些人面前牺牲直接利益追求好名声。另外，人与人之间的社会距离、亲疏差异也是声誉形成的影响因素。在现实中，不同社会距离的群体保持长期互动关系的难易程度有别，个体从中获得长远利益的可能性也就各异。由于舍利取名行为是一种旨在通过吸引他人合作以获得更大利益的策略，仅仅考虑对方在客观上是否能够提供更大的利益并不足以保证个体能够顺利从中获利，这还取决于对方是否愿意给自己机会，否则即使对方能力强、潜力大，但如果对方不愿给自己提供利益，舍利取名就是一种浪费，最后造成个体利益的真正损失。诸多事实也证明，社会距离越近越可能提供帮助。例如，当被告知自己的分配行为会被熟人看到时，被试会表现得更为合作；当有自己所属群体的人在场，人们更倾向于牺牲利益，做出舍利取名行为；人们更倾向于在重要关系他人面前做出昂贵的道歉行为；即使 5 岁儿童，也会倾向于在内群体成员面前牺牲即时利益以获取关心团体利益的好名声。这些都说明，人们会根据他人的客观回应潜力调节获取名声的行为。

可以说，"以能力为代表的客观回应潜力限定了在名利博弈中获取名声能够带来的最大利益，而以社会距离为代表的主观回应潜力则反映了个体主观认为通过名声能够达到的利益水平。前者决定了在博弈者眼中博弈对象能够提供利益的上限，后者决定了博弈者认为自己的实际获益的可能性，两方面的评价共同影响着名利博弈中是否做出舍利取义行为的倾向，成为名利博弈中是否出现舍利取义行为的核心影响因素。"② 在场他人的社会地位和能力以及社会距离是道德声誉获得的关键因素。这些都从侧面间接说明："人们能够认识到名声对于获取未来利益的作用，并且会将其作为一种策略性的牟利手段。"③

---

① ② ③ 谈晨皓、王逸博、崔诣、晨王沛：《名利博弈中的舍利取义行为》，《心理科学进展》2016年第 12 期，第 1907—1916 页。

第二节　社会信任的修复与重建

一、道歉是信任修复重要手段

信任是建立在对他人意向或行为积极预期基础之上的，而敢于托付或愿意承受风险的一种心理状态，不但是社会良性有序运行的保障，也是维持亲密合作的前提。信任作为一个动态过程，信任衰退、违背时常发生，如果没有及时修复，就会导致报复或不合作等各种消极影响。信任修复的最常用方式是言语修复，包括道歉、沉默、否认等。沉默是一种不回应且不作为的策略。否认则指失信方不承认信任违背行为与自己有关，把信任违背行为归因于其他原因且不愿承担任何责任的消极做法。而道歉则是一种承担责任并表达歉意的积极行为，包含语言表达、解释、承担责任、补偿、承诺五个方面，信任修复效果也最为显著。这是因为，道歉不但承认了过错，还传达了失信方的后悔情绪，以及避免再次发生信任违背行为的意愿，降低了信任方对再次受到伤害的担忧，从而可以修复信任方对失信方的信任。相较于沉默和否认，道歉的信任修复作用主要体现在两个方面：（1）道歉可以增加受害者对事件的控制感，使其感到有能力预测事件未来的结果。多成分道歉往往还包括做出解释和表示后悔，解释是致歉者提供给受害者的关于事件信息的控制，使受害者有权了解、掌握事件发展的因果关系。后悔则代表了致歉者对行为所做的回顾控制，表示将来可以通过自身努力避免此类事件的再次发生，提高受害者对未来事件发展态势的控制感。（2）信任并非是一种理性认知过程，还包括情绪情感因素，道歉可以通过减弱受害者的愤怒和失望等消极情绪，提升双方的合作预期，促进信任修复。而否认和沉默不但不能减弱受害者的消极情绪，反而有可能增强其消极情绪，阻碍信任关系的修复。因此，道歉传达了冒犯者愿意为对受害者造成的伤害承担责任、并表示后悔以及想要和解的意愿，相较于沉默和否认，它就能更好、更有效地修复信任。[①]

道歉是指当冒犯者意识到自己的冒犯行为后，为重建与被冒犯者的关

---

① 袁博、董悦、李伟强：《道歉在信任修复中的作用：来自元分析的证据》，《心理科学进展》2017 年第 7 期，第 1103—1113 页。

系,向被冒犯者承认错误、表达懊悔并请求原谅的一种关系补救策略和行为。道歉是关系和解、冲突解决和危机缓解的有效途径,有效的道歉不仅可以促进个体身心健康,也能缓解矛盾,促进社会和谐。

冒犯事件发生后,冒犯者会感到内疚,被冒犯者会感到生气和愤怒,而道歉就是消除内疚释放压抑的有效途径。因此,为了修复被损坏的社会形象、避免社会排斥、赢得宽恕与和解,冒犯者在冒犯事件发生后会倾向于道歉,特别是在无意冒犯后,内疚和自责会让冒犯者更愿意道歉,故意冒犯则道歉率很低。相较于外归因的人来说,将冒犯事件归因于自身原因时冒犯者道歉的可能性更大。当然,道歉有一定的冒险性,一旦道歉就有可能被指控为罪魁祸首,遭到社会的拒斥和惩罚,因此只有当冒犯者确定道歉有好的结果时才更倾向于道歉。而且冒犯者越重视这段关系越有可能道歉,这也正好体现了道歉在关系修复方面的社会功能。相较于朋友,人们认为对陌生人感觉更有义务道歉,这可能和将道歉看作是一种社交礼仪而非关系修复的工具有关。人们通常认为,男人比女人要面子,道歉更少,实验记录也证实,女人比男人记录了更多的冒犯事件、道歉也更多。但进一步分析后发现,这和女人对冒犯事件的认知阈限低于男人有关,对于同样的情境,女人比男人对冒犯事件的评估更严重,也认为更值得道歉,但在同等冒犯事件中男女选择道歉的比例不存在显著差异。[①]

道歉是一种相对简单、成本低廉的冲突解决方式。道歉最直接的目的就是寻求宽恕与和解,但这取决于被冒犯者对道歉的接受程度,也就是说,宽恕与和解都是在被冒犯者接受道歉的前提下发生的。宽恕是被冒犯者对冒犯者的一种心理变化过程,包括认知、情绪和行为上的宽恕。而和解则是冒犯者和被冒犯者间的关系转变过程,是关系得到修复的一种外在表现形式。宽恕与和解可以发生在个体间,也可以发生在群体间,但社会和谐与民族和睦大多是公众道歉的结果。

宽恕涉及两个人,当一个人在心理、情感、身体或道德方面受到另一个人深度而持久的伤害后,宽恕可以使被冒犯者从愤怒、憎恨、和恐惧中解脱出来,并不再试图报复冒犯者的内部过程。道歉促进宽恕的原因可以归结为三个方面:(1)道歉传达了冒犯者感到羞愧和对他人造成了伤害的信息;(2)道歉表明冒犯者想修复以及不再做出类似冒犯行为的意愿;(3)道歉提升了被冒犯者对冒犯者的印象,增加了被冒犯者对冒犯者的共情,增强了

---

① 吴海艳、王玲、喻承甫、梁勤、杨曹芬、刘欣:《道歉:对冒犯事件的关系补救行为》,《心理科学进展》2015 年第 4 期,第 711—720 页。

道歉促进宽恕的安抚作用,在亲密关系中这种作用会更强。道歉宽恕模型将道歉促进宽恕的过程分为四阶段:(1)冒犯者决定道歉;(2)被冒犯者接收道歉;(3)被冒犯者对道歉的认知评价(如真诚性);(4)被冒犯者决定宽恕与信任。其中的每一阶段都会受不同因素的影响:冒犯者的道歉意愿、沟通方式和被冒犯者的聆听、被冒犯者对冒犯者和冒犯行为的认知、道歉和冒犯行为的间隔时间和冒犯者道歉后的行为一致性。[①]

　　冒犯事件发生后,冒犯者若想维持关系则需要和解,道歉就是促进关系和解的有效手段。具体来说,冒犯者通过道歉释放内心的自责与内疚,重获归属与社会认同,免于遭受报复,同时也学会承担责任和提高自制力。被冒犯者接收道歉,减少愤怒和怨恨等负性情绪,提高自我价值感、控制感、安全感,从而减少报复性行为。也就是说,冒犯者通过道歉承认错误、表达懊悔、承诺不再犯错,表明他/她是值得信任的。从而在认知上使被冒犯者对冒犯者形成积极印象,情绪上使冒犯者减少内疚、被冒犯者减少生气和愤怒,行为上使冒犯者不再犯、被冒犯者减少报复,最终促进双方的关系和解。和解需求模型认为,冒犯事件发生后,冒犯者和被冒犯者的心理需求存在差异。在情绪资源的受损上,冒犯者的形象受损,被冒犯者力量感丧失;在同伴资源寻求上,前者需要被接纳,后者需要获得赋权感。为此,前者想要维护道德形象,后者希望获得力量。可见,冒犯事件发生后双方被剥夺的心理资源不同,产生的心理需求也不同,而满足双方不同需求的有效举措则是给予宽恕或提供道歉来促进心理资源的恢复,如图 7-2 所示。[②]

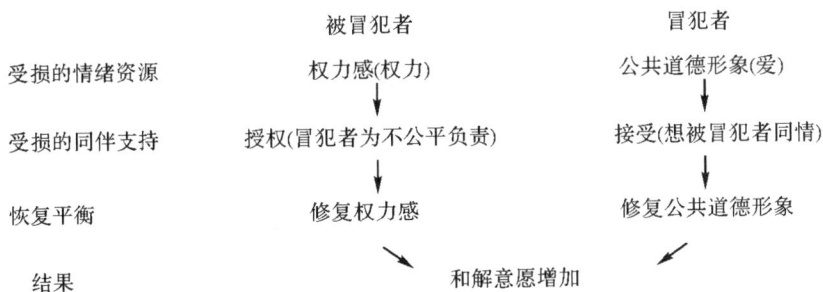

受损的情绪资源	被冒犯者	冒犯者
	权力感(权力)	公共道德形象(爱)
受损的同伴支持	授权(冒犯者为不公平负责)	接受(想被冒犯者同情)
恢复平衡	修复权力感	修复公共道德形象
结果	和解意愿增加	

图 7-2　和解的需求模型

　　道歉与辩解、补偿等存在关联但有区别。道歉表明冒犯者承认错误并

　　①② 吴海艳、王玲、喻承甫、梁勤、杨曹芬、刘欣:《道歉:对冒犯事件的关系补救行为》,《心理科学进展》2015 年第 4 期,第 711—720 页。

愿意承担责任,而辩解则是冒犯者试图将责任推到其他原因上,是对消极结果的一种归因转移,逃避责任也不感到懊悔。补偿是对冒犯事件造成的损失进行物质或行为上的弥补,道歉不补偿可能引发对道歉真诚性的质疑,道歉与补偿的区别在于前者属于言语层面,后者属于行为层面,道歉在内容表达上可以包含补偿,但这种补偿只是言语上的承诺并非实际行动。

　　影响道歉有效性的因素有很多,主要受冒犯者的性别和地位、行为表现,被冒犯者的认知,道歉表达的形式和内容等因素的调节。在冒犯者方面,男人比女人道歉更有效,冒犯者道歉后的行为一致将获得更多的信任和宽恕。在道歉的形式与内容上,晚一点道歉更好,因为被冒犯者需要时间表达不满;共情对道歉有效性影响最大;道歉时真诚最重要、懊悔其次、诚实第三;请求宽恕的道歉比不请求宽恕的更有效,道歉伴随的非言语成分如声调、面部表情和眼神接触对其有效性也有影响,身体接触如握手、拍肩或背让人感觉更真诚。在被冒犯者方面,有研究表明其性别、自我概念等都会影响道歉的有效性。在冒犯情境方面,当冒犯者有意冒犯时道歉反而会阻碍宽恕。另外,道歉的发生不仅取决于冒犯者,也可能受到社会文化方面因素的影响,如道歉是冒犯者主动还是在社会压力下的被动行为后会影响道歉的效果。基于前人研究,有学者整理出了道歉整合模型,如图 7-3 所示。[①]

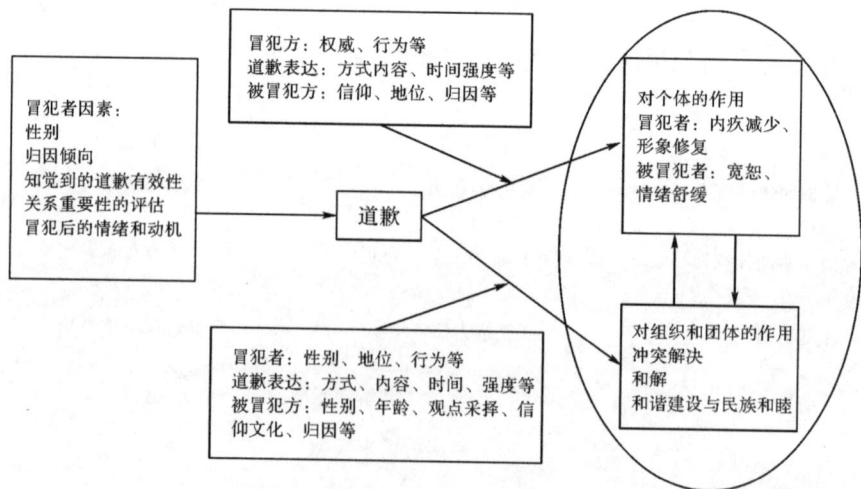

图 7-3　道歉的整合模型

————————

① 吴海艳、王玲、喻承甫、梁勤、杨曹芬、刘欣:《道歉:对冒犯事件的关系补救行为》,《心理科学进展》,2015 年第 4 期,第 711—720 页。

　　当人们冒犯或者伤害到他人时，首先会想到通过道歉来表达自己的后悔和诚意，获得他人的原谅，从而使双方关系得以继续。同样，在社会现实环境中，群际冲突或者伤害事件发生之后，群体道歉也是修复关系的重要方式，"不但可以减少受害群体的愤怒情绪，恢复双方的自尊，提升彼此的共情水平，还可以改变受害群体对侵犯群体的人性归因和认知评价，减少彼此对伤害的认知分歧，是修补群际关系的重要策略之一"①。但群体道歉比个体道歉复杂，怎样道歉才有效，涉及侵害群体、被害群体以及相关客观因素。

　　从侵犯群体来讲，道歉是一种有勇气的行为，它开启了群际关系修复至关重要的第一步，但怎样道歉是关键。(1)群体道歉的有效性很大程度上取决于侵犯群体怎么说。虽然没有统一说法，但基本上，道歉包括承认错误、承担责任、表达懊悔、做出承诺四种基本的要素。道歉是否有效并不取决于道歉是否具有全面性，或者包含的成分的多少，而是应该根据不同的伤害情境、程度以及受害群体的具体要求和心理需要来采取恰当的方式，否则，道歉的有效性就大打折扣，甚至可能适得其反。(2)群体道歉作为一种象征形式的群际关系修补行为，其有效性还取决于谁来道歉、怎样道歉等形式性因素。特别是对于一些历史事件，在哪儿道歉以及如何道歉才能彰显出群体道歉的仪式感和象征性是十分重要的。它需要特定的人物、特定的场合、合适的言语、恰当的行为和时机，也就是说，群体道歉不但取决于说什么，还涉及在哪儿说、谁来说以及如何说的问题。(3)群体道歉后的赔偿行为或者相应的行为改变与其言语承诺相一致时才会真正得到被害群体的原谅，才能真正促进群际关系的和解。否则，会被怀疑道歉动机不真诚，道歉行为也难以被受害群体接受。例如，加拿大政府对中国移民刚刚进行道歉时，受害群体表现出对政府一定的宽恕心理，但在随后的一年内，言语道歉之外并未有后续的具体行为，宽恕水平随之降低。(4)群体道歉是否真的表达出对曾经的伤害行为产生了真正的内疚、羞愧以及愤怒等消极情绪体验，或者是否更愿意提供赔偿，都是寻求真正和解的姿态。如果侵犯群体的道歉并不真诚，则可能被归因为"责任转移(obligation shifting motive)"的动机或政治策略，是一种自我为中心、缺乏诚意的道歉，难以获得受害方的谅解，关系也就得不到缓和或修复。②

　　从被害群体来说，侵犯群体道歉是修复群际关系的第一步，但受害群体是否接受则和"道歉是否迎合了自身的情感需要，以及是否感知到道歉

---

①②　艾娟:《影响群体道歉有效性的因素》,《心理科学进展》,2016 年第 9 期,第 1478—1484 页。

者的诚意等"①有关。有效的道歉必须能够引发受害群体积极的情感效应、减少愤怒,增加对侵犯群体的满意感,给受害群体一个公正、重建其尊严与势力的机会。也就是说,受害群体希望得到对方的道歉从而修复受损的自尊和颜面,尤其是内群体认同水平较高的受害群体,更加重视群体道歉所表达出来的对自身价值的肯定和尊重程度,这是影响他们对道歉接受程度和对侵犯群体宽恕水平的前提。同时,道歉符合受害群体对未来双方关系和解的强烈期望也会增加道歉的有效性。在双方都愿意和解的情况下,受害群体在接收到对方的道歉后,更愿意相信其对内群体的伤害是独立事件、此后也不会再发生类似事件,也就更愿意宽恕对方。在这过程中,受害群体对道歉真诚性的感知尤为重要,它和四个因素有关。(1)受害群体对侵犯群体认知信念的影响。如果受害群体认为侵犯群体的性格或品性是难以改变的,侵犯群体成员的可塑性很差、顽冥不化,道歉的有效性就会大打折扣。但如果受害群体感知到道歉中表达出较强烈的懊悔,也会改善对侵犯群体成员的品性认知,进而提升道歉的积极效果。(2)被害群体对侵犯群体低人化偏见的影响。如果受害群体认为,侵犯群体不具备或不能真切地体验复杂、独特的人类情感,如内疚、共情等,即使侵犯群体在道歉时表达出此类情感,受害群体也可能认为侵犯群体的道歉缺乏真实感与真诚性,对其道歉的信任程度也随之降低。(3)受害群体对侵犯群体道德水平与道歉情感一致性的感知。侵犯群体的道德水平较高,并且在道歉中表现出深深的内疚感时,受害群体就认为侵犯群体道歉中表达出的情感体验是真实的,与其道德水平是一致的,更容易引发受害群体的宽恕,当感知到它们之间不一致时,道歉引发的宽恕效果最差。(4)相关外在因素的影响。例如,当弱势群体认为强势群体的道歉并非是为了改善目前弱势群体的状况,而是为了保持自身现有地位时,更倾向于认为强势群体的道歉是伪善的、无诚意的,也就不愿意宽恕对方。当然,不同群体对受害的感知力是不同的,同样的伤害,有些群体认为无关紧要,有些却认为罪不可恕,这都影响了对侵害群体道德意图和效果的感知。②

　　群体道歉作为一个复杂的群际关系修复过程,其有效性还受到双方主体之外其他因素的影响。例如,群际关系质量会影响道歉效果。也就是说:"先前群际关系的质量影响着后期群体道歉的感知和接受,群际关系质量较高,平时交好的两个群体发生冲突后,群体道歉会更容易被对方接

---

① 艾娟:《影响群体道歉有效性的因素》,《心理科学进展》2016年第9期,第1478—1484页。

受。"①受害群体对侵犯群体的信任程度和水平越高，道歉的有效性越强。伤害程度、道歉的时机和内容也会影响道歉的积极效应。有研究指出，对于一些造成严重伤害后果的政治事件而言，道歉的时机可以适当拖后一些，这样做可以有效避免受害群体对道歉真诚性的怀疑，避免激发更多的愤怒和复仇情绪；在道歉的内容上也可以有一定的变化性和选择性，随着创伤事件的时间远去，道歉的内容可以倾向于选择一些去责任化的表述，减少关于"不公平""错误"或者"犯错"之类的说法，多倾向于表达歉意以及懊悔等情绪。同时，不同文化理念对群体道歉的效果影响也有差别。文化类型和价值观会影响道歉的频率、形式、倾向性和内容，甚至还会影响群体道歉的意愿和自发性。例如，在中国传统文化中，集体主义观念中比较强调面子、权威和声望，道歉意味着软弱，会有损颜面和地位，甚至会降低集体自尊感，所以道歉在传统伦理学中鲜有讨论，群体道歉行为也比较少。另外，群体事件的性质、道歉的风险与收益等也是影响道歉的重要因素。

总之，群体道歉的价值是值得肯定的，也是当下社会诸多群体修复受损群际关系所采用的较为简单、有效的策略之一。当然，其中的关键是情绪的中介作用。由于情绪在道德行为中的先导作用，信任也并非是一种理性的认知过程，信任修复过程中的情绪至关重要。根据情绪是否为人类所独有，可以把情绪分为原始情绪和次级情绪，原始情绪是个体对环境最原始基本的情感情绪反应，是此时此地、立即性的，对情境做出的基本直接的反应，包括迷惑、害怕、惊慌等，次级情绪是自我反思后的再次反应，是反应性的情绪而非基本情绪。通常认为，次级情绪的产生需要有自我意识和一定程度认知能力，因此只有人类才能体验到，包括悲痛、懊悔、苦恼、内疚和悔恨等。例如，内疚是人类独有的情绪，动物不可能拥有。能否从失信者的道歉中体验到真诚的次级情绪是信任能否修改的关键，这是因为，"体验到这些次级情绪才能够使信任者产生共情，且共情能够预测宽恕，甚至是宽恕的必经之路"②。道歉的有效性取决于信任方是否感受到了他人的次级情绪，如果只是道歉却不做出补偿行为会被受害者认为缺乏诚意，关系也难以得到修复。

当个体违反道德标准或者伤害他人时，人们最容易产生的次级道德情绪是内疚和羞愧，两者同时存在又有区别：与违背内在标准导致内疚不同，

① 艾娟：《影响群体道歉有效性的因素》，《心理科学进展》2016年第9期，第1478—1484页。
② 严瑜、吴霞：《从信任违背到信任修复：道德情绪的作用机制》，《心理科学进展》2016年第4期，第633—642页。

违背外在标准容易导致羞愧,但这两种道德情绪都有助于道德行为的产生。在信任修复方面,研究证实,内疚比羞愧对补偿行为的推动作用更明显、更积极。"内疚是一种建设性的情绪,促使个体修复受损的关系,而羞愧比内疚更加强烈、痛苦,促使个体想要逃避当时的情境,并常常推动个体表现出防御性的愤怒。有时候,受信方甚至会把信任方的痛苦误认为是对自己的憎恶,从而恼羞成怒,这样一来,信任关系反而更难修复。从这些角度来看,内疚比羞愧更加具有积极的社会意义,更有可能是促进关系和解的重要因素。"①大量研究也显示,内疚会促使个体做出修复人际关系的行为,但高水平的内疚会导致个体过分自责,只有适当水平的内疚才能促进关系的修复。

在研究中,学者们发现,内疚和共情两种道德情绪对亲社会行为的产生有 50% 的解释作用。内疚通过鼓励个体实现其道德标准来激发亲社会倾向,共情通过鼓励个体感受他人的痛苦来激发亲社会倾向,它们互相补充共同作用于道德机制。因此,信任方的共情也是决定信任修复效果的重要因素。共情是在对他人的遭遇进行评价时产生的独特的反应,它使个体设身处地地感受他人当前情绪,并力图减轻他人的痛苦。当真诚的道歉能够引发受害者的共情时,也必将容易得到宽恕和谅解,相关模型如图 7-4 所示。②

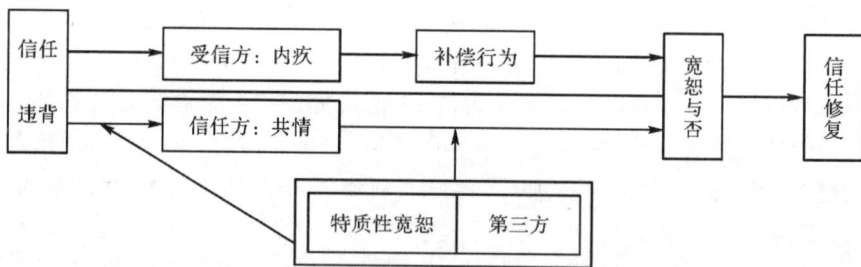

图 7-4 基于信任修复的道德情绪模型

二、自我惩罚促进互惠与合作

在人类文明不断提升的过程中,人们已经逐渐养成了合作关爱等亲社

---

① ② 严瑜、吴霞:《从信任违背到信任修复:道德情绪的作用机制》,《心理科学进展》2016 年第 4 期,第 633—642 页。

会行为模式，为此，人们学会了自我控制，来抑制自私的行为动机。已有研究表明："个体的自我控制能力和他人对自己的信任有着强烈的正相关。"①高自我控制的个体更有责任感，也更容易赢得他人的信赖，当同伴犯错误时更包容。但当个体违背社会规范后，也会自我惩罚（self-punishment），甘愿承受伤害或蒙受损失。在不同文化背景中，违规后的自我惩罚是一种普遍现象，如欧洲的苦行僧、日本武士战败后切腹以死谢罪等。人类为什么损害自身利益来实施自我惩罚，学者们从情绪和互惠两个角度做出了解释。

从情绪角度来看，当个体做出与外在规范和内心信念不符的行为时，负性情绪就会引起生理和心理上的不适，使个体产生洗刷自身罪恶、摆脱负性情绪负担的需要。在没有外界惩罚时，个体会主动对自己实施惩罚以抵消犯下的罪来寻求内心平衡、降低负性情绪。自我惩罚中涉及的负性情绪主要是内疚。学者们发现，在让被试回忆或做出违规行为后引发的负性情绪中，除了内疚还有悲伤和羞耻，但在实验中发现，悲伤和羞耻对自我惩罚没有什么影响，能够促进被试做出自我惩罚的负性情绪是内疚。为了消解内疚，人们会自我惩罚，研究显示，自我惩罚也会调控负性情绪。例如，在实验中让内疚组被试回忆自己排斥他人经历引发内疚情绪后，以参加身体敏感性测试为由要求他们将手尽可能长时间放在冰水里。结果发现，内疚组被试比中性情绪组被试自愿将手放入冰水的时间更长，会进行更强的物理性自我惩罚。随后访谈得知，自我惩罚有助于减轻被试的内疚感。在引发被试内疚情绪后，相比于让被试自愿将手放入温水中一段时间（非自我惩罚条件），让被试自愿将手放入冰水中一段时间（自我惩罚条件），能更有效地减轻被试的内疚感。根据自我肯定理论（self-affirmation theory），自我惩罚可以看作是一种情绪管理策略，在违反社会规范后，负性情绪的产生会导致个体内心的失衡，自我否定机制启动，自我认同感和自我形象受损，而当自我惩罚成功减少违规者的负性情绪后，个体的自我否定机制停止，这将有助于自我肯定的重新建立。另外，个体主动牺牲自己的利益去制止不道德、不公平的行为，也会促进个体所在群组的合作行为，提升群组的竞争优势，可以说，自我惩罚这种牺牲自身利益的个体行为，也会起到维护集体社会规范的积极作用。当然，情绪说主要关注情绪与自我惩罚的关系，其优点在于能够简单而清晰地阐述自我惩罚的产生原因和效用。但

---

① 范伟、钟毅平、傅小兰：《自我控制对欺骗的影响》，《心理科学进展》2016 年第 7 期，第 997—1008 页。

问题在于,将自我惩罚产生的非情绪性积极作用解释为自我惩罚情绪调控的副产品,过度简化了人类的高级认知过程,一定程度上低估了个体对自身行为的认识和运用能力。[①]

与之相反的是,已有研究发现个体能够有意识地、策略性地运用自我惩罚来为自己的利益服务。对此,互惠说又作了理论上的补充。作为群体生活的个体,当需要通过与他人合作和积极互动来获得更多的利益时,人们愿意通过牺牲短期利益做出慷慨助人、维护社会规范等积极行为来提升自身声誉,以期获得或维持优质的合作互惠关系。当做了不合社会规范的事情或对他人造成一定伤害后,自我惩罚可以改变自己在别人眼中原有的消极违规形象,修复受损的互惠关系,以获取与别人再次合作的可能。自我惩罚的本质就是个体放弃短期利益,以获得更多的长期利益、实现利益最大化的策略性行为。根据互惠关系的不同,自我惩罚又可分为直接和间接互惠关系修复。

直接互惠(direct reciprocity)就是互动的双方互助互惠来获得较大的长期利益,简单来说就是我帮你然后你帮我。违规行为出现后,违规者和受害人关系恶化,直接互惠关系终止,违规者的利益受到损害。此时违规者会做出一些补救措施,用自我惩罚来表达歉意。实验也证实了这一观点。例如,在试验中先让被试误以为自己做出了违规行为,然后给被试电击自己的机会,并设定了三种情况:无人在身边、受害者在身边、无关人员在身边。结果发现,当受害者在被试身边时,被试给予自己的电击强度显著高于无人在身边和无关人员在身边的情况。如果自我惩罚只是因为违规所引起的内疚导致的,在三种情况下高强度的自我惩罚都应该出现,然而实验结果显示,高强度的自我惩罚仅在有受害者在被试身边时出现。因此,研究者认为自我惩罚是一种违规者针对受害者发出的懊悔信号,以此来寻求受害者的原谅,尝试修复与受害者的关系,以期保存再次与受害者建立互惠关系的可能,实现自己未来利益的最大化。相关研究也表明,这种有代价的懊悔展示确实是有效的。观察发现,当罪犯表现出懊悔时,普通人会认为其作为未来伙伴的价值增加且更有可能在未来与之合作互惠时,对罪犯采取的制裁方式会较为温和。当然,相比于无代价的懊悔展示,

---

① 朱睿达、张棽、申学易、刘超:《自我惩罚:影响因素、模型与展望》,《心理科学进展》2014年第12期,第1935—1943页。

被试会将有代价的懊悔展示理解为更真诚的道歉。[①]

　　间接互惠(indirect reciprocity)认为，个体在帮助别人的过程中会获得好的社会声誉(reputation)，而人们更愿意与有积极声誉的个体合作互惠。个体的违规行为不仅会影响其与受害者的关系，还会损害自身的社会声誉。社会声誉受损后，违规者将不得不承担被社会群体排斥以及遭到其他社会成员惩罚的风险。同时，社会群体还可能因此不再将违规者纳入互惠活动中去。出于总体利益的考虑，当自我惩罚的损失小于被他人惩罚的损失或自我惩罚的损失小于未来互惠的获利时，违规者会以自我惩罚的方式向作为非受害者的其他社会成员传递一种"我愿意服从社会规范"的信号，从而避免他人的惩罚和获得群体的原谅。虽然还没直接的实验证据支持个体的自我惩罚是为了提升名誉、维持间接互惠关系，但人们以提升自身声誉为目的而牺牲自己利益的行为是存在的。如：在私密即难以获得声誉提升的情况下，仅有少数人愿意为陌生人提供帮助；而在其他社会成员面前，即可以获得声誉提升的情况下，更多的人愿意向陌生人伸出援手。[②]

　　自我惩罚作为针对自己实施的惩罚，可以避免利他惩罚(altruistic punishment)的不足。利他惩罚是个体牺牲自己利益对别人违规行为施加的惩罚，它可以有效地增强群体合作，但也存在着三个缺点：一是利他惩罚成本较高，惩罚者和被惩罚者双方的收益都会减少，甚至代价高于其所促进合作的获利，因此利他惩罚也称高代价惩罚(costly punishment)；二是被惩罚者可能对惩罚者心存怨恨，而对惩罚者实施报复进行反社会惩罚(antisocial punishment)，最终导致双方恶意地相互惩罚；三是有研究证实，一旦利他惩罚机制被撤除，个体之间不能相互惩罚后，群体的合作水平立刻降低。而自我惩罚则可以避免这些问题成为一种更优选的合作促进手段。首先，自我惩罚只会对自身造成损失，这使得自我惩罚行为的成本低于利他惩罚；其次，自我惩罚不会对他人的利益造成损害，惩罚者不必担忧遭到报复，避免相互的恶意惩罚，对群体的整体利益都是有益的；最后，利他惩罚的作用模式是"惩恶"，一旦利他惩罚机制消失，不合作行为会迅速反弹，与之不同的是，自我惩罚是"扬善"。个体在违反社会规范后，以自我惩罚的方式向其群体发出一种愿意为错误负责的信号，倡导承担责任和公平合作。这更容易让其他成员形成对遵守社会规范的内在认同，使整个团体的合作氛围更持久。最后，现实生活中也不是在所有条件下都存在惩罚他人

_____

　　①②　朱睿达、张爨、申学易、刘超：《自我惩罚：影响因素、模型与展望》，《心理科学进展》2014年第 12 期，第 1935—1943 页。

的条件,有时个体无法做出利他惩罚,而自我惩罚具有更高的可实施性,在修复社会关系、促进集体合作中有积极作用。①

自我惩罚是一种复杂的社会心理和行为,受到各种心理生理等因素的影响。有无补救机会和代偿机会是人们是否实施自我惩罚的最主要影响因素。不少研究都发现,个体在伤害他人后会促进弥补,做出补偿他人、帮助他人的亲社会行为,来修复受损的人际关系。当存在补救机会时,被试出于利益最大化的原则,会寄希望于补救而不是选择自我惩罚。但当没有补救机会时,被试只能通过自我惩罚来表示自己的懊悔,以期获得原谅来保证自己的长期利益。在有代偿机会的情况下,个体也会放弃自我惩罚而选择他人代偿,但潜在的问题是,这种行为或许会损伤个体与代偿者的互惠关系。总之,自我惩罚服务于个体利益最大化原则,是人们在做出违规行为后用来修复人际互惠关系的方法之一,它与补救和代偿都是用于修复与他人互惠关系的方法,个体会在利益最大化原则的指导下根据需求对不同方法进行取舍和应用。②

三、人际感恩促进亲社会行为

感恩是积极道德情绪的一项重要内容,包括特质感恩(trait gratitude)与状态感恩(state gratitude)两种不同形式,状态感恩按对象属性又可分为对人、对自然、对上帝的感恩等。人际感恩从形式上属于对象为人的状态情绪感恩,是"个体由于接受他人善意提供的具有一定价值的恩惠而诱发的一种愉悦的、心怀感激而意欲报答的认知性情绪"③。人际感恩的产生离不开恩惠的馈赠,属于积极认知性情绪,它与特质感恩均属感恩,但两者又有区别。首先,两者产生的途径不同。人际感恩作为状态情绪感恩,它的产生有赖于对恩惠情境的评估,而特质感恩则是个体已存在的一种情感特质。其次,两者的内容体验不同。特质感恩的对象不局限于人,还可以包括自然等层面,而人际感恩仅仅是对他人的感恩。最后,两者的功能表现不同。特质感恩与个体的幸福感、身心健康等因素的关系密切,然而,需要认知评估的人际感恩却可能不会直接增强个体的主观幸福感。特质感恩

---

①② 朱睿达、张檠、申学易、刘超:《自我惩罚:影响因素、模型与展望》,《心理科学进展》2014年第12期,第1935—1943页。

③ 梁宏宇、陈石、熊红星、孙配贞、李放、郑雪:《人际感恩:社会交往中重要的积极情绪》,《心理科学进展》2015年第3期,第479—488页。

可能多与个体的心理结果相关,而人际感恩则更可能与人际间的关系有关。

感恩和负债感(indebtedness)也有不同。负债感是指接受恩惠后,个体认为有义务去偿还的情绪。由于负债感与人际感恩均为接受恩惠后的常见反应,早期研究者曾将两者当作同一情绪。然而,近来的研究发现两者有所不同:首先,两者的引发动机不同,施恩者善意、无私、自主的动机容易引发人际感恩,而回避性、自私、受控的动机则与负债感紧密相连。其次,两者的情绪效价不同,人际感恩的体验往往是愉悦的,而负债感则令人不舒服甚至内疚。最后,两者的情绪结果不同,产生负债感的人更可能采用"一报还一报"的回馈模式,而人际感恩可能会激发较为丰富的回馈内容与方式。"滴水之恩,涌泉相报""投之以桃,报之以李",中华传统文化中的报恩与人际感恩也存在一定的区别。首先,报恩的内涵不单单是一种情绪,还是从认知到情绪再到行为的一个连续体。而人际感恩仅为一种认知性情绪。其次,报恩的外延因人际关系类型的不同而派生出不同的子概念,比如孝为报亲恩,忠为报君恩,节为报夫恩,义为报友恩等。最后,中国文化中的报恩具有一定的针对性,即恩惠可能并非指日常生活中的小恩小惠,而是指大恩大德。所以,从概念上看,传统文化中的报恩要比人际感恩复杂且多变。[①]

人际感恩作为积极的道德认知情绪,可以有效地促进个体亲社会行为,巩固与维持二元亲密关系,提升团体内部成员的融入度。(1)诸多研究表明,体验人际感恩会让受惠者和施恩者个体都表现出亲社会行为。例如,在网络掷球实验中,人际感恩的激发作用会让受惠者不顾经济效益,更多地将球传给施恩者,展现出一种社交接纳。而施恩者在接受人际感恩时会提升自我效能感和更多地体验到自身的社会价值,从而继续做出亲社会行为。例如,实验发现,施恩者受到来自受惠者的人际感恩后,再次对后者帮助的比例大幅度增加,从 25% 到 55%,从 32% 到 66% 等。增强施恩者的社会价值是人际感恩能够强化其亲社会行为的真正内因。(2)一系列研究发现,在亲密关系如夫妻、情侣或重要的朋友等中,人际感恩不仅能够提升双方的关系满意度,也能够让双方做出更多促进关系成长的行为,因而人际感恩对二元亲密关系具有重要的巩固与维持作用。从受惠者本身看,体验人际感恩并将其表达,可以增加受惠者对施恩者的积极认识,从而有利

---

① 梁宏宇、陈石、熊红星、孙配贞、李放、郑雪:《人际感恩:社会交往中重要的积极情绪》,《心理科学进展》2015 年第 3 期,第 479—488 页。

于让受惠者做出保持双方关系的行为。从施恩者的角度看,当施恩者受到受惠者的感恩后,会觉得自己得到了理解、珍视以及关心,其本身感激之心也会被激发,因而会做出更多巩固双方关系的行为。(3)人际感恩可以提高团队内部成员的融入度。人际感恩是一种称赞他人的情绪,会被当作一种社交犒赏使施恩者成为其他成员效仿的榜样,当第三方目睹了人际感恩的产生与传递后,也会对其他成员做出类似施恩者的行为,推而广之,团体内便逐渐形成一种亲社会氛围,成员的融入度不断提高。从这个角度看,人际感恩在团体内各个成员之间建立了一条共有纽带,感恩的程度越强,纽带的作用就越大,成员的融入度也就越高。感恩拓展建构理论也认为,体验人际感恩会拓宽个体的认知资源,使个体以一种更为包容的视角看待自身与施恩者之间的差异性,如模糊两者的不同身份,从而削弱施恩者与受惠者的区别。当原施恩者不在场时,个体也可以将社交网络中的其他人当作感恩对象,从而拉近成员间的人际距离。随着社会交往的进行,这种因流动身份(fluid identity)而导致的间接人际感恩会持续产生,个人的团体融入度也会逐渐提高。①

人际感恩的产生,在心理层面主要包括两个方面:一是对恩惠本身特点以及施恩者行为与态度特点的情境评估;二是受到来自受惠者自身特点、双方关系特点以及其他因素的调节作用。已有研究表明,人际感恩成因78%依靠对恩惠价值、施恩成本与施恩动机的情境评估作用,可以说,情境评估是促使人际感恩产生的关键环节。

对于情境评估的内容,传统观点认为,人际感恩的产生在于受惠者对恩惠价值(value)、施恩成本(cost)及施恩动机(intention)的评估;较新的观点认为,人际感恩的产生依赖于对施恩者行为的响应性觉知。施恩成本、恩惠价值与施恩动机一直以来被认为是情境评估的重要内容,被试对施恩成本与恩惠价值的评估越高,所引发的人际感恩就越强。但事实并不全是如此,对恩惠价值的评估提高时,人际感恩却不一定增强。因此,人际感恩的产生并不简单地取决于对施恩成本与恩惠价值绝对大小的评估,根据范围—频率(range frequency theory)理论,还需遵循两条相对性原则:顺序原则(rank principle)与全距原则(range principle)。前者认为,个体会根据同等程度的恩惠在不同恩惠序列中所得到的不同名次来决定人际感恩的产生程度。后者则主张,个体还会根据同等程度的恩惠在不同恩惠序列中所

---

① 梁宏宇、陈石、熊红星、孙配贞、李放、郑雪:《人际感恩:社会交往中重要的积极情绪》,《心理科学进展》2015 年第 3 期,第 479—488 页。

占全距的不同比例，来决定人际感恩的产生程度。此外，还有研究表明，当施恩者的助人动机是慷慨友善、不求回报时，才能让受惠者产生人际感恩，一旦施恩者表现出回报期待，受惠者的人际感恩程度便会随着回报期待的增高而逐渐降低。如果施恩者的动机友善但并非自愿，而是由于自尊、道德感或社会赞许效应等因素的压迫，人际感恩也会降低。随着研究的深入，学者们针对情境评估又提出了响应性觉知（perceived responsiveness）概念，即指一种情感上的相互依赖，是一方对另一方需要、目标、价值观及自我偏好的积极支持。作为一种评估结果，它是个体感到被对方所理解、珍惜、关怀。实验表明，响应性觉知与人际感恩高度相关，甚至可以预测人际感恩的产生。可以说，传统认知评估的三因素仅仅反映了人际感恩在行为表面的成因，而响应性觉知理论则从行为背后的关系层面透视了人际感恩产生的原因。[1]

　　在情境评估之外，受惠者自身特点（如特质感恩、调节定向、责任感等）、施受双方的关系特点（如类型、疏密度等）及其他因素（如性别差异、文化差异等）也会作为背景因素调节个体的情境评估过程，从而对人际感恩的产生造成额外影响。受惠者自身的特质感恩程度是影响其人际感恩产生的重要因素，高特质感恩日常经历的感恩情绪更多也更为强烈，它不但可以直接诱发人际感恩，也可以通过影响对恩惠价值、施恩成本以及施恩动机的评估过程来间接促发人际感恩。除特质感恩外，受惠者自身的其他特点也会影响人际感恩的产生。例如，受惠者自身的促进定向（promotion focus）会让其在情境评估中更加关注施恩者的慷慨与礼物的美好，或者当受惠者认为自己需要对结果负责时，以及受惠者对施恩者抱有好感时，都会促进人际感恩的产生。同时，施受双方的关系类型与关系疏密度也是影响人际感恩产生的重要因素。在横向关系（如平辈的朋友关系，恋人关系）中，出于长期互惠的考虑亲密关系会比陌生关系能引发更多的人际感恩；纵向关系（如母子关系），尽管也具有较高的亲密度，但因为"孝"（filial obligations）作为义务的影响，激发的人际感恩程度反而不如恋人关系，甚至弱于某些陌生关系。在双方属于因权力、地位等不同而导致的其他纵向关系中，高权力的个体为了与他人保持一定的社交距离会比低权力的个体更不容易产生人际感恩。另外，人际感恩的产生还会受到性别与文化差异的影响。已有研究表明，女性比男性更容易觉察到伙伴的关怀行为，即响应性

---

① 梁宏宇、陈石、熊红星、孙配贞、李放、郑雪：《人际感恩：社会交往中重要的积极情绪》，《心理科学进展》2015 年第 3 期，第 479—488 页。

觉知更强,因而也更容易引发人际感恩;相反的,男性似乎不太容易体验与表达感恩。文化差异也会导致人们对自我与他人关系不同的解读,例如,当施恩者被设定为不熟悉的人时,中国被试比加拿大被试更容易认为对方的施恩行为具有一定的功利性,从而引发较少的人际感恩;反之,当施恩者被设定为被试密友时,这种差异变得不再显著。对中国被试的研究也发现,来自近亲的帮助在被试看来比远亲的帮助更具善意,也更容易激发被试的人际感恩。①

---

① 梁宏宇、陈石、熊红星、孙配贞、李放、郑雪:《人际感恩:社会交往中重要的积极情绪》,《心理科学进展》2015 年第 3 期,第 479—488 页。

参考文献

一、著作

[1]里克尔.恶的象征[M].公车,译.上海:上海人民出版社,2003.

[2]弗洛伊德.论创造力与无意识[M].孙恺祥,译.北京:中国展望出版社,1986.

[3]罗国杰,宋希仁.西方伦理思想史:下卷[M].北京:中国人民大学出版社,1988.

[4]涂尔干.社会分工论[M].渠东,译.上海:上海三联书店,2000.

[5]斯密.道德情操论[M].蒋自强,钦北愚,朱钟棣,等,译.北京:商务印书馆,2016.

[6]马克思,恩格斯.马克思恩格斯选集:第 3 卷[M].北京:人民出版社,1960.

[7]马克思,恩格斯.马克思恩格斯选集:第 1 卷[M].北京:人民出版社,1995.

[8]马克思,恩格斯.马克思恩格斯选集:第 17 卷[M].北京:人民出版社,1963.

[9]王先谦.荀子集解[M].沈啸寰,王星贤,点校.北京:中华书局,1988.

[10]王海明.新伦理学[M].北京:商务印书馆,2001.

[11]休谟.人性论:下册[M].关文运,译.北京:商务印书馆,1983.

[12]布坎南.宪法秩序的经济学与伦理学[M].朱泱,毕洪海,李广乾,译.北京:商务印书馆,2008.

[13]麦克尼尔.新社会契约论[M].雷喜宁,潘勤,译.北京:中国政法大学出版社,2004.

[14]金里卡.当代政治哲学[M].刘莘,译.上海:上海三联书店,2004.

[15]阿克塞尔罗德.合作的复杂性——基于参与者竞争与合作的模型[M].

梁捷,高笑梅,等,译.上海:上海世纪出版集团,2008.

[16]邓小平.邓小平文选:第2卷[M].北京:人民出版社,1983.

[17]迈尔斯.社会心理学[M].侯玉波,乐国安,张智勇,等,译.北京:人民邮电出版社,2006.

[18]梁漱溟.梁漱溟全集:第3卷[M].济南:山东人民出版社,1990.

[19]罗伊德.法律的理念[M].张茂柏,译.北京:新星出版社,2005.

[20]罗门.自然法的观念史和哲学[M].姚中秋,译.上海:上海三联书店,2007.

[21]博登海默:法理学:法律哲学与法律方法[M].邓正来,译.北京:中国政法大学出版社,2004.

[22]哈贝马斯.在事实与规范之间——关于法律和民主法治的商谈理论[M].童世骏,译.北京:生活·读书·新知三联书店,2003.

[23]唐凯麟.伦理学[M].北京:高等教育出版社,2003.

[24]巴斯.进化心理学[M].熊哲宇,张勇,译.上海:华东师范大学出版社,2007.

[25]马克思,恩格斯.马克思恩格斯选集:第23卷[M].北京:人民出版社,1972.

[26]布坎南.自由、市场与国家80年代的政治经济学[M].平新桥,莫扶民,译.上海:上海三联书店,1989.

[27]兰德.新个体主义伦理观[M].秦裕,译.上海:上海三联书店,1993.

[28]哈贝马斯.交往行为理论:第1卷[M].洪佩郁,等,译.重庆:重庆出版社,1994.

[29]亚里士多德.政治学[M].吴寿彭,译,北京:商务印书馆,1995.

[30]麦克里兰.西方政治思想史[M].彭淮栋,译.海口:海口出版社,2003.

[31]马克思,恩格斯.马克思恩格斯全集:第1卷[M].北京:人民出版社,1956.

[32]富勒.法律的道德性[M].郑戈,译.北京:商务印书馆,2005.

[33]柏拉图.理想国[M].郭斌和,张竹明,译.北京:商务印书馆,1986.

[34]亚里士多德.亚里士多德选集:政治学卷[M].颜一,秦典华,译.北京:中国人民大学出版社,1997.

[35]帕特南.使民主运转起来[M].王列,赖海榕,译.南昌:江西人民出版社,2001.

二、学术期刊

[1]郭卫华."道德焦虑"的现代性反思[J].道德与文明,2012(2).

[2]龙静云,熊富标.当前我国道德领域的突出问题及其深层原因探析[J].伦理学研究,2013(1).

[3]杨韶刚.道德心理学的哲学思考——论心理学与伦理学的会通与融合[J].心理学探新,2004(3).

[4]王益文,张振,张蔚,等.群体身份调节最后通牒博弈的公平关注[J].心理学报,2014(6).

[5]范伟,钟毅平,傅小兰.自我控制对欺骗的影响[J].心理科学进展,2016(7).

[6]喻丰,彭凯平.从心理学视角看情境主义与美德伦理学之争[J].华中师范大学学报(人文社会科学版),2013(1).

[7]王敬艳.道德教育的可教性到底源自何处——对"新性善论"引发的学术论争的神经伦理学思考[J].西北师大学报(社会科学版),2014(1).

[8]唐代兴.利益:规范伦理的逻辑起点与目标指向[J].伦理学研究,2013(3).

[9]谢文澜,汪祚军,王霏,等.合作行为的产生机制及影响因素——基于进化心理学视角下的探讨[J].心理科学进展,2013(11).

[10]陈欣,叶浩生.两难中合作行为研究的回顾和展望[J].心理科学进展,2007(5).

[11]刘长江,郝芳.不对称社会困境中的决策:行为的双重模式[J].心理科学进展,2015(1).

[12]易小明,黄立.人类利他行为的自然基础[J].河南师范大学学报(哲学社会科学版),2015(3).

[13]刘国芳,辛自强.间接互惠中的声誉机制:印象、名声、标签及其传递[J].心理科学进展,2011(2).

[14]吴旭阳."公平"本质的实验研究——神经认知与演化的视角[J].厦门大学学报(哲学社会科学版),2014(4).

[15]詹世友,钟贞山."正义是社会制度的首要美德"之学理根据[J].道德与文明,2010(3).

[16]郁乐.当前道德舆论中的情感、事实与理性——多重视野下的不良道德情绪及其反思[J].哲学动态,2015(6).

[17]叶红燕,张凤华.从具身视角看道德判断[J].心理科学进展,2015(8).

[18]谢熹瑶,罗跃嘉.道德判断中的情绪因素——从认知神经科学的角度进行探讨[J].心理科学进展,2009(6).

[19]阎孟伟.和谐社会呼唤公德[J].道德与文明,2011(3).

[20]龚刚.儒家伦理的空壳化问题[J].伦理学研究,2009(4).

[21]杨义芹.中国传统公私观及其缺陷[J].上海师范大学学报,2010(2).

[22]廖加林,黄永录.论公共道德研究的理论维度[J].道德与文明,2011(2).

[23]李绍伟,池忠军.有效性社会道德规范建构的普遍化考量——基于哈贝马斯交往伦理学之普遍化原则[J].道德与文明,2011(6).

[24]斯洛特.情感主义德性伦理学:一种当代的进路[J].王楷,译.道德与文明,2011(2).

[25]徐晓惠,李晶,朱莉琪.婴幼儿对合作行为共享性特征的理解[J].心理科学进展,2014(9).

[26]熊明瑞,张真,施建农.计算式互惠机制探讨——认知和动机的物种比较[J].心理科学进展,2015(10).

[27]焦金波."道德人"及其生成的元问题审思[J].道德与文明,2010(6).

[28]陈欣,叶浩生.两难中合作行为研究的回顾和展望[J].心理科学进展,2007(5).

[29]李爱梅,彭元,李斌,等.金钱概念启动对亲社会行为的影响及其决策机制[J].心理科学进展,2014(5).

[30]甘绍平.论契约主义伦理学[J].哲学研究,2010(3).

[31]郑丽珍.论人权的道德性——兼与莫纪宏教授商榷[J].道德与文明,2011(6).

[32]于沧海.试论道德的两种价值取向:公正与关怀[J].学术交流,2005(5).

[33]梅萍.论利益均衡与伦理和谐[J].道德与文明,2010(6).

[34]刘文,朱琳,温国旗.分配情境下的婴幼儿公平敏感性[J].心理科学进展,2014(4).

[35]张雪,刘文,朱琳,等.基于贡献原则的幼儿分配公平性[J].心理科学进展,2014(11).

[36]卞军凤,燕良轼.5—12岁儿童人际关系差序性对道德公正与道德关怀的影响[J].学前教育研究,2015(6).

[37]林晓婉,车宏生,张鹏,等.程序公正及其心理机制[J].心理科学进展,

2004(2).

[38]罗艺,封春亮,古若雷,等.社会决策中的公平准则及其神经机制[J].心理科学进展,2013(2).

[39]郭永玉,杨沈龙,李静,等.社会阶层心理学视角下的公平研究[J].心理科学进展,2015(8).

[40]杜建政,祝振兵.公正世界信念:概念、测量、及研究热点[J].心理科学进展,2007(2).

[41]周春燕,郭永玉.公正世界信念——重建公正的双刃剑[J].心理科学进展,2013(1).

[42]秦越存.人的尊严是社会保障的伦理基础[J].道德与文明,2013(1).

[43]韦慧民,龙立荣.组织中人际初始信任研究述评[J].心理科学进展,2008(1).

[44]文少司,丁道群.情绪如何影响道德判断:完全差异化的观点[J].心理研究,2015(3).

[45]任俊,高肖肖.道德情绪:道德行为的中介调节[J].心理科学进展,2011(8).

[46]吴鹏,刘华山.道德推理与道德行为关系的元分析[J].心理学报,2014(8).

[47]田学红,杨群,张德玄,等.道德直觉加工机制的理论构想[J].心理科学进展,2011(10).

[48]彭凯平,喻丰,柏阳.实验伦理学:研究、贡献与挑战[J].中国社会科学,2011(6).

[49]钟毅平,黄俊伟.情绪在品德心理中的作用[J].宁波大学学报(教育科学版),2009(6).

[50]陈欣,叶浩生.两难中合作行为研究的回顾和展望[J].心理科学进展,200(5).

[51]唐江伟,路红,刘毅,等.道德直觉决策及其机制探析[J].心理科学进展,2015(10).

[52]钟毅平,占友龙,李琰,等.道德决策的机制及干预研究:自我相关性与风险水平的作用[J].心理科学进展,2017(7).

[53]殷融,叶浩生.道德概念的黑白隐喻表征及其对道德认知的影响[J].心理学报,2014(9).

[54]任俊,李瑞雪,詹望,等.好人可能做出坏行为的心理学解释——基于自我控制资源损耗的研究证据[J].心理学报,2014(6).

[55]何华容,丁道群.内疚:一种有益的负性情绪[J].心理研究,2016(1).

[56]李占星,朱莉琪.道德情绪判断与归因:发展与影响因素[J].心理科学进展,2015(6).

[57]杨莹,寇彧.亲社会互动中的幸福感:自主性的作用[J].心理科学进展,2015(7).

[58]窦凯,刘耀中,王玉洁,等."乐"于合作:感知社会善念诱导合作行为的情绪机制[J].心理学报,2018(1).

[59]刘翠霞."公民"还是"美德"——中国语境下"公民美德"概念的适用性考察[J].道德与文明,2011(4).

[60]吴俊.公民美德:特征及其意义[J].道德与文明,2009(2).

[61]辛素飞,明朗,辛自强.群际信任的增进:社会认同与群际接触的方法[J].心理科学进展,2013(2).

[62]李须,陈红,李冰冰,等.社区感:概念、意义、理论与新热点[J].心理科学进展,2015(7).

[63]王嘉.从"同情"的有限性看心理层面的"道德冷漠"[J].河北学刊,2015(1).

[64]陈武英,卢家楣,刘连启,等.共情的性别差异[J].心理科学进展,2014(9).

[65]陈武英,刘连启.情境对共情的影响[J].心理科学进展,2016(1).

[66]石伟.友谊和道德发展关系的理论和研究[J].心理学动态,2000(2).

[67]彭凯平,喻丰.道德的心理物理学:现象、机制与意义[J].中国社会科学,2012(12).

[68]王云强,郭本禹.当代西方道德人格研究的两类取向[J].心理科学进展,2009(4).

[69]黄华,赵飞.内隐道德人格及其测量[J].教育理论与实践,2012(7).

[70]郭本禹,王云强.道德人格:道德心理学研究的新主题[J].西南大学学报(社会科学版),2009(4).

[71]余俊宣,寇彧.自私行为的传递效应[J].心理科学进展,2015(6).

[72]陈欣,陈国祥,叶浩生.公共物品困境中惩罚的形式与作用[J].心理科学进展,2014(1).

[73]刘国芳,辛自强.惩罚对信任与合作的影响:争论与解释[J].上海师范大学学报(哲学社会科学版),2014(1).

[74]王珏,吴明证,孙晓玲.道德失调的自我调节策略[J].心理科学,2016(6).

[75]李谷,周晖,丁如一.道德自我调节对亲社会行为和违规行为的影响[J].心理学报,2013(6).

[76]李宏翰,于娟.道德自我受胁及其应对机制[J].广西师范大学学报(哲学社会科学版),2013(1).

[77]沈汪兵,刘昌.道德伪善的心理学研究述评[J].心理科学进展,2012(5).

[78]杨继平,王兴超,高玲.道德推脱的概念、测量及相关变量[J].心理科学进展,2010(4).

[79]孙嘉卿,顾璇,吴嵩,等.道德伪善的心理机制:基于双加工理论的解读[J].中国临床心理学杂志,2012(4).

[80]张玮,佐斌."旁观者清"还是"旁观者不清"? ——偏向知觉的非对称性研究[J].心理科学进展,2007(4).

[81]傅鑫媛,陆智远,寇彧.陌生他人在场及其行为对个体道德伪善的影响[J].心理学报,2015(8).

[82]严进,楼春华.伦理诱惑的识解水平[J].心理科学进展,2013(11).

[83]李明晖,饶俪琳.解释水平视角下的道德判断[J].心理科学进展,2017(8).

[84]张登浩,滕飞,潘雪.他评:一种有效的人格评价手段[J].心理科学进展,2014(1).

[85]谢晓非,王逸璐,顾思义,等.利他仅仅利他吗? ——进化视角的双路径模型[J].心理科学进展,2017(9).

[86]苑明亮,张梦圆,寇彧.亲社会名声与亲社会行为[J].心理科学进展,2016(10).

[87]谈晨皓,王逸博,崔诣,等.名利博弈中的舍利取义行为[J].心理科学进展,2016(12).

[88]袁博,董悦,李伟强.道歉在信任修复中的作用:来自元分析的证据[J].心理科学进展,2017(7).

[89]吴海艳,王玲,喻承甫,等.道歉:对冒犯事件的关系补救行为[J].心理科学进展,2015(4).

[90]艾娟.影响群体道歉有效性的因素[J].心理科学进展,2016(9).

[91]严瑜,吴霞.从信任违背到信任修复:道德情绪的作用机制[J].心理科学进展,2016(4).

[92]朱睿达,张燊,申学易,等.自我惩罚:影响因素、模型与展望[J].心理科学进展,2014(12).

[93]梁宏宇,陈石,熊红星,等.人际感恩:社会交往中重要的积极情绪[J].心理科学进展,2015(3).